国家出版基金项目
NATIONAL PUBLICATION FOUNDATION

21世纪中国城市图书馆丛书

CHENGDU TUSHUGUAN

成都图书馆

成都图书馆 编著

天津大学出版社
TIANJIN UNIVERSITY PRESS

图书在版编目（CIP）数据

成都图书馆／成都图书馆编著．— 天津：天津大学出版社，2017.11
（21 世纪中国城市图书馆丛书）
ISBN 978－7－5618－5940－7

Ⅰ.①成… Ⅱ.①成… Ⅲ.①市级图书馆—介绍—成都 Ⅳ.①G259.252.2

中国版本图书馆 CIP 数据核字（2017）第 272818 号

出版发行 天津大学出版社
地　　址 天津市卫津路 92 号天津大学内（邮编：300072）
电　　话 发行部：022－27403647
网　　址 publish.tju.edu.cn
印　　刷 北京华联印刷有限公司
经　　销 全国各地新华书店
开　　本 202mm×265mm
印　　张 27.25
字　　数 528 千
版　　次 2017 年 11 月第 1 版
印　　次 2017 年 11 月第 1 次
定　　价 180.00 元

"Series of China's City Libraries in the 21st Century" Editorial Board

Chengdu Public Library Editorial Board

总　序

中华文化源远流长，历久弥新。中华优秀传统文化是我们最深厚的文化软实力，也是中国特色社会主义植根的文化沃土。要实现“两个一百年”的奋斗目标、实现中华民族伟大复兴的“中国梦”，就必须充分运用中华民族数千年来积累下的伟大智慧。图书馆作为文献机构，汇集了由中华文化五千年精华浓缩而成的一本本图书，具有极高的文化价值。自古代的藏书楼发展至今天的公共图书馆，图书馆的本体在不断生长和变化着，图书馆事业在党和政府的积极扶持下，蓬勃发展，呈现出一片欣欣向荣的景象。

与此同时，我国正在努力构建的公共文化服务体系，是中国特色社会主义事业总体布局的重要内容，是实现经济、政治、文化、社会协调发展战略布局的重大安排。公共文化服务体系的建设关系到最广大人民群众的利益，是促进社会和谐稳定、建构中华民族共有精神家园的重要保障。而公共图书馆服务体系作为其中的重要组成部分和支撑力量，在公共文化服务的标准化、均等化建设和公共文化网络的布局上有其天然优势，责无旁贷。现代图书馆虽然延续了传统图书馆的储存功能，但更加偏重于知识的传播。面向大众的公共图书馆以阅读为中心功能，跳出了传统的知识特权与垄断，实现了书籍和知识的社会化和民主化。在中国当今的图书馆事业中，最具活力的当推公共图书馆，而在公共图书馆之中，又以大中城市的图书馆最有特色。

城市图书馆总是与文化生活联系在一起。城市图书馆是隐藏在喧闹匆忙城市中安静隽永的一隅，巧妙融合传统文明与现代化都市时尚，镌刻属于一座城市的特有的文化印记。在这里，一缕书香、一次活动就将城市的文化生活唤醒了。市民们在图书馆中畅享活色生香的世俗生活与传统民族文化，感受着城市图书馆对于城市文化的保存与维护、传承与发扬。

城市图书馆及其体系是城市化进程中的重要一环。城市中由公共图书馆组成的公共图书馆服务体系和以公共图书馆等公共文化设施为重点构成的公共文化设施网络，是全面推进基本公共文化服务标准化与均等化的重要措施与手段。通过城市图书馆与公共图书馆服务体系建设推动现代公共文化服务体系的发展、提高公共文化服务效能，是当代中国图书馆的发展目标之所在。

城市图书馆是集中展示图书馆职业专业性的场所。图书馆职业从诞生至今一直与非专业化的职业刻板印象进行抗争，我国的图书馆员也在为职业形象的专业化不懈奋斗。好在这样的付出已经收获了回报，我国图书馆职业的专业性已经得到读者的广泛认同。这之间，城市图书馆与图书馆员功不可没。图书馆员将专业性融入图书馆的愿景、规划、改革举措、日常运行、读者活动之中，让市民体会着职业专业性为城市文化生活带来的亮色。

中国的城市图书馆是对外宣传的文化名片。提高国家文化软实力，是党和国家的一项重大战略任务。作为公共文化设施之一的城市图书馆，一直履行着夯实国家文化软实力根基的责任，使中华民族最基本的文化基因与当代文化相适应、与现代社会相协调。在本套丛书中，我们不难发现城市图书馆在此方面付出的努力，这也是我们想要通过本套丛书向外传达的信息。

“21 世纪中国城市图书馆丛书”第一批收录的 12 个图书馆是我国 21 世纪城市图书馆整体风貌的缩影，由南至北分布在近 10 个省，具有很强的代表性。这 12 个图书馆各具特色，在管理运营、文化活动、资源开发与服务等众多方面有许多创新之处被总结积累下来。值此“一带一路”倡议推广之际，双语版的形式能更好地将我国城市图书馆在 21 世纪的创新与特色与世界分享，将优秀文化传播出去，让更多的人了解中国的城市图书馆，进而了解中国。

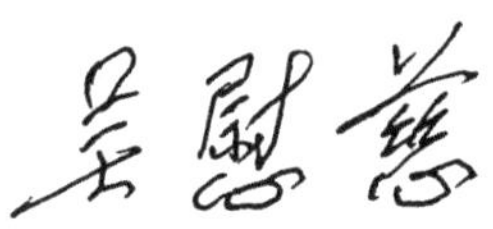

2017 年 9 月 20 日

General Preface

Chinese culture has a long and eternally renewed history. Excellent Chinese traditional culture is the most profound cultural soft power and the cultural fertile soil where the socialism with Chinese characteristics is rooted. In order to achieve "Two Centenary Goals" and realize the "Chinese Dream" of the great rejuvenation of the Chinese nation, we must make full use of the great wisdom that the Chinese nation has accumulated for thousands of years. The library, as the institution of literature, which has collected a large number of books involving the essence of Chinese culture with five thousand years, has high cultural value. The library has been evolving from the ancient library to the public library today. The librarianship, supported by the Communist Party of China (CPC) and Chinese government, shows a vigorous and flourishing trend.

At the same time, China is trying to construct a public cultural service system, which is an important part of the overall layout of the cause of socialism with Chinese characteristics and the important arrangement of the strategic layout to achieve the coordinated development of economy, politics, culture and society. The construction of the public cultural service system, closely related to the people's interests, is an important guarantee to promote social harmony and stability and build the common spiritual home of the Chinese nation. The public library service system, as an important part and supporting strength of the public cultural service system, has its own natural advantage and responsibility in the construction of standardization and equalization of public cultural services and the layout of the public cultural network. Although modern libraries retain the storage function of traditional libraries , they focus more on the spread of knowledge. With reading as the core function, public libraries are open to the public. They get rid of the traditional privilege and monopoly on knowledge and realize the socialization and democratization of books and knowledge. The most dynamic libraries in Chinese modern librarianship are public libraries , among which the ones in the large and medium-sized cities are the most distinctive.

City library is always associated with cultural life. As a quiet and meaningful place hidden in the noisy and busy city, city library offers a subtle blend of traditional civilization and modern urban fashion, engraved with the unique cultural mark belonging to a city. One book or one activity will wake up the cultural life of a city. Citizens in the library can enjoy the rich and colorful secular life and the traditional culture, and feel the efforts of the city library in preservation and maintenance, the inheritance and spread of urban culture.

City libraries and their system are an important part of the process of urbanization. The public library service system composed of public libraries in cities, and the public cultural facilities network focusing on the public cultural facilities such as public libraries, are the important measure and means to comprehensively promote the standardization and equalization of the basic public cultural services. To promote the modern public cultural service system and improve the efficiency of the public cultural services by constructing the service system of city library and public library is the goal of Chinese libraries.

City library is a place to intensively show the professionalism of the library profession. Since the birth of the library profession, it has been resisting against the non-professional stereotypes. Librarians also strive to establish a professional image. Fortunately, such efforts have been paid off. The library profession has been widely recognized by readers. City libraries and their librarians have made a great contribution to it. Librarians integrate the professionalism into the vision, planning, reform initiatives, daily operation and reader activities of their libraries, so that the public are able to enjoy the beauty of urban cultural life created by the professionalism.

City library in China is a cultural card for publicity. Improving the national cultural soft power is a major strategic task of the CPC and the nation. City library, as one of the public cultural facilities, has been performing the duty to consolidate the foundation of the national cultural soft power, and coordinate the most basic cultural genes of the Chinese nation with contemporary culture and modern society. It is not hard to find the great efforts of city libraries, which we want to spread through the series.

12 libraries of the first batch included in "Series of China's City Libraries in the 21st Century" are the epitome of the overall scene of China's city libraries in the 21st century. From the South to the North, they are distributed in nearly 10 provinces and have strong representativeness. These 12 libraries with their own characteristics have a lot of innovations in various aspects such as management and operation, cultural activities, resource development and service. On the occasion of promoting the Belt and Road Initiative, the bilingual version will be helpful in sharing the innovations and characteristics of China's city libraries in the 21st century with the world, and spreading the excellent culture, trying to enable more people to know China's city libraries and to know China well.

Wu Weici

Sept. 20, 2017

目 录

成都文化与成都图书馆

城市图书馆与城市服务

目 录

馆藏资源体系与特色馆藏

CONTENTS

Chengdu Culture and Chengdu Public Library

CONTENTS

City Library and City Services

CONTENTS

成都圖書館

成都文化与成都图书馆

辛亥秋保路死事纪念碑

01

第一章
成都的历史和文化

成都是国务院首批公布的24个历史文化名城之一，至少在三四千年前就已经有高度发达的文化成果，是长江上游无可争议的文化发源地之一。成都，古为蜀国地，秦并巴、蜀为蜀郡并建城；三国蜀汉时期因织锦业发达，专设锦官管理，故有“锦官城”之称；五代时期蜀遍种芙蓉，故称“芙蓉城”，“蓉城”之称由此而来。金沙文化与稍早的三星堆文化所代表的古蜀文明是成都地区历史上第一个在全国位居前列的辉煌时期。

在古代的历史上，成都曾经先后建立过多个地方性的政权，最著名的是三国时期由刘备、诸葛亮建立的蜀汉，时间为42年；五代时期由王建所建立的前蜀，时间为18年；由孟知祥建立的后蜀，时间为31年。此外，还有一些短期的地方割据性政权。

古蜀时期的川西地区曾经有过五代蜀王，最后的两代蜀王杜宇（又称望帝）和开明（又称丛帝）的都邑都在成都，今天还保护得极好的郫县望丛祠就是后人悼念这两位古代圣贤的文化圣地。

公元前5世纪，开明九世把古蜀王国的都城从广都樊乡迁到今天成都市的市中心，成都也就形成了有文献可考的早期城市的雏形。由那时开始到如今，成都一直是四川盆地的经济、文化与行政中心，而且城市的中心位置从未迁移，成都这个名称也从未改变。这在我国所有历史名城中是唯一的。这一特点展示了成都这座历史文化名城在川蜀地区的稳定中心地位，也是川蜀文化长期保存与延续的基础载体。

古蜀的开明王朝时期，全国正处于群雄割据的战国时期。公元前316年，秦国的大军灭掉了古老的蜀国和巴国，在原来的蜀国地区设立蜀郡，成都地区成为中原政权管辖下的一个地方行政区，首府仍在成都。公元前311年，蜀郡守张若率领军民在成都地区修建了三座经过统一规划的城池，它们就是今天的成都、邛崃和郫县。此后不久，当时的蜀郡守李冰又率领民众兴修了伟大的水利工程都江堰，取得了巨大的成功，让成都地区排除了长期的水涝，成为既没有旱灾也没有水灾的自流灌溉区域，造就了农业稳定、水运便利、百业兴旺的天府之国。都江堰水利工程也成为中华文化史上的一个奇迹。

秦国统一巴、蜀，为成都地区带来了先进的社会生产力，极大地促进了成都地区与中原地区在经济文化等方面的交流。都江堰的水利系统工程使得成都地区的农业、手工业与交通运输业得到全面发展。繁荣的经济为社会文化领域的多方面发展奠定了基础，秦汉时期的成都是当时全国最为发达的“五都”之一，这是成都地区在历史上第二次位居全国前列的辉煌时期。

东汉末年的农民起义和随之而来的诸侯混战，造成了全国经济文化的停滞不前，随后的三国鼎立阶段仍然是战争连年不断。成都地区的蜀汉政权虽然有著名政治家诸葛亮的治理，但因为连年征战极度消耗国力，成都地区虽然尚属社会安定，但经济文化繁荣不再。直到隋王朝统一全国，特别是在唐代初年比较宽松而稳定的社会环境下，成都地区的经济文化才又出现了一次快速发展，再一次进入了全国的先进地域行列。唐代的成都经济繁荣，人才辈出，获得了“扬一益二”（《资治通鉴》卷二五九）的美誉，不仅吸引了各地大批文化名人慕名而来，就连唐王朝的两个皇帝唐玄宗、唐僖宗在躲避中原战乱时，也都选择了富裕而平安的成都。一代诗仙李白描绘成都的名句“九天开出一成都，万户千门入画图”，正是这种繁荣景象的写照。成都城区的人口众多，工商繁荣，社会管理事务繁杂，因此分立为成都县和华阳县两个县分别进行治理，这在我国所有的城市中也是罕见的。成都的这种繁盛局面大体上一直保持到了南宋，当时仍然是“繁盛与京师同”（周密《癸辛杂识》续集卷上）。因此，唐宋时期是成都地区历史上第三次位居全国前列的辉煌时期。

南宋末年，曾经在欧亚各国横冲直撞的蒙古铁骑南下，在四川盆地的丘陵地区受到了坚决阻击。成都的官府全部迁入云顶山上的石城，与蒙古军队对峙了十几年。虽然蒙古军队曾经先后三次攻入成都城，可仍然无法立足，只能从四川盆地西面的高原地区南下，先攻取云南，实现了大包围格局，最后才攻占了整个四川。由于长期战争的严重破坏，曾经以“扬一益二”著称于全国、花团锦簇一般的成都地区，一度沦落为全国经济文化的后进地区。

元代末年，红巾军大起义基本上未对蜀中造成大的破坏，原属红巾军的湖广随州（今湖北随县）人明玉珍率领湖广地区的几十万军人及其家属进入四川，接踵而来的是第一次移民潮，特别是湖广地区的移民大量迁入社会生活相对安定的四川盆地。历史上著名的“湖广填川”指的就是元末明初我国的第一

湖广填川时期留下的客家建筑

次移民活动高潮。

经过了元代与明代300多年的稳定发展，成都地区的经济得到了一定的恢复，人口也有一定的增加。传统的丝织、造纸、印刷、金银器、漆器等工艺制作都恢复了生产，成都重新成为川西地区的商业中心城市，并进入了全国30多个工商都会的行列。在文化领域，则出现了在整个明代著述最多的百科全书式的大学者杨慎。

明末清初，包括成都在内的整个四川地区遭遇了连续80多年的战乱与天灾，遭受到了历史上最为惨烈的一次浩劫。清代初年，四川地区的行政官员只能在阆中设衙办公，一直到顺治十七年（1660年）才开始在成都重新修建官衙，并于康熙四年（1665年）回到成都官府办公。附近州县更是在此之后才陆续开始修建官衙。中华人民共和国成立之后，文物工作者对成都城区的建筑进行了普查，竟然没有发现一处明代建筑，可见各种文献上关于成都城“举城尽为瓦砾”的记载是可信的，明末清初的战火将成都几乎彻底毁灭。

在如此严峻的形势中，清政府采取了一系列的措施，再次有组织地向四川地区移民。这次大规模的移民潮延续了100年左右，形成了“湖广填川”的第二个高潮，使成都成了当时国内罕见的移民大都市。这一特定社会历史背景自然地造就了成都人特有的开放精神与包容的社会心态，成都地区的经济和文化在一个几乎是全新的社会氛围中逐渐恢复。

清代末期，维新思潮逐渐在全国流行，1898年成都出现了数学会，出版了《数学报》，这是新学在成都兴起的重要标志之一。在此前后，新式学堂不断开办，前往日本留学的川人越来越多。西学东渐，民智渐开，成都逐渐成为西南地区宣传新思想、传播新文化的中心。

1911年6月，成都各界士绅为了抗议清政府掠夺川汉铁路和反对向外国出卖四川路权，掀起了一场轰轰烈烈的保路爱国运动，最后发展成为有数十万人参加的武装斗争。这场大规模的爱国运动不仅动摇了清王朝在四川的统治，还为武昌起义创造了良好的条件。

1912年开始，成都一度是四川地方军阀之间长期混战的中心，直到全国抗日战争爆发以后，军阀混战才得以停止，四川也逐渐转变为抗日战争的大后方。

保路运动纪念碑

1949年冬，成都解放。从此，成都的历史翻开了崭新的一页。

中华人民共和国成立后，成都很快恢复生机，在经济文化建设方面继续保持着全省的中心地位。20世纪60年代，国家的三线建设把四川作为重点地区，成都是三线建设的指挥中心。沿海地区大量企业内迁，使成都的机械、电子、航空、冶金、化工产业和通信能力有很大发展，并成为全国三大电子工业基地之一，成昆铁路也在1970年1月建成通车。三线建设对四川地区，尤其是成都市的经济建设和社会发展有极大的促进。

1989年2月，经国务院批准，成都市的经济和社会发展计划在国家计划中实行单列，享有省一级经济管理权限，成为全国14个计划单列城市之一。2007年，成都市全国统筹城乡综合配套改革试验区获国务院正式批准，成为继上海浦东新区和天津滨海新区之后，又一个国家综合配套改革试验区。

今天的成都市总面积1.24万平方公里，总人口1400多万，下辖十一区（青羊、锦江、武侯、成华、金牛、青白江、龙泉驿、新都、温江、双流、郫都）、五市（都江堰、邛崃、彭州、崇州、简阳）和四县（大邑、蒲江、新津、金堂）。

成都凭借着巨大的经济发展潜力、强大的创新能力、独特的文化气质，获得了“全国文明城市”“中国最佳旅游城市”“国家环境保护模范城市”“中国最具幸福感城市”“中国民生成就典范城市”“中国十大最具经济活力城市”“城市管理人民满意城市”“最佳休闲城市”等称号。2014年3月，英国《经济学家》智库与花旗集团共同发布最新调查报告，在全球最具竞争力城市中，成都排名中国中西部地区之首。

现代成都地标：天府广场

02

第二章

成都传统文化与古代造纸印刷

第一节

文翁化蜀与石室藏书

文翁画像

汉景帝末年（公元前141年）文翁出任蜀郡太守。文翁上任后，发现“蜀地僻陋有蛮夷风”“是时人民，椎髻左衽哝言，不晓文字，未有礼乐”，是为文化落后地区。教化蜀人，首兴文教，文翁在成都城南创建学宫，“立文学精舍”（今石室中学所在地）——“创天下郡国立学校之始”（班固《汉书·循吏传》）。因校舍以石料砌成，故称“石室”，又名“玉堂”。

“文翁兴学”的特色有两点。一是“师资水平高”，重视师资培训，派张叔等十余人，到京都受业于博士，深入研习儒学经典，学成归蜀，大都成为一代名师，同时聘请全国知名学者来石室任教。二是“学风严”，文翁石室不单为士族子弟开设，而是“择优录取”，进入学校的多为普通百姓的子弟，体现了“教育平等”。为了让学生专心学习，给予学生减免各种徭役的奖励，品学兼优者官府择优录用，让他们充实地方各级行政管理机构，还将部分最优秀者向中央朝廷推荐使用。文翁出巡各地，每次都带着在校学生，考察民情，充实知识，多方鼓励青年读书求学。

文翁的举措培养了许多人才，使“蜀本无学士”的状况得以改观。自此蜀中学风兴起，人皆好学。在“文翁兴学”的带动下，汉代蜀人已好学成风，私家讲学、求学氛围浓厚，涌现出一大批卓有建树的本地教育家，如严遵、张霸、杨厚、杨宣、任安、杜抚等，他们皆名噪一时，动辄授徒数百上千甚至数千人。四方学子，包括外省子弟都慕名而至，拜师从学。因此，《华阳国志》说“蜀学比于齐鲁”，蜀地成为能与孔、孟故乡齐鲁媲美的文化发达地区，当时的史家把齐与蜀并称为华夏的教化之邦。

文翁的努力不仅推动了整个巴蜀地区的办学热潮，而且也带动了全国文化教育事业的蓬勃发展。文翁的郡学开办 17 年后，汉武帝刘彻看到文翁办学成功，决定推广文翁的经验，下令全国普遍兴办文翁石室式的官学。五代时期后蜀的孟昶历时 8 年将文翁石室的教材十三经刻录为几千块石碑，以让学生们摹拓，留存至今的若干块石碑保存于四川省博物馆供人瞻仰。

《汉书·循吏传》有云：“至今巴蜀好文雅，文翁之化也。”文翁办学教化民众，深得人们的赞誉，蜀人把李冰父子和文翁并颂为“李冰治水，文翁化蜀”。

文翁兴学掀起的读书热潮对四川影响深远，催生出如司马相如、严遵、杨雄、苏轼、魏了翁等一大批灿若星辰的国家级学术大师。北宋时，成都知府田况在《进士题名记》中写道：太平兴国（976—983）以来，益州“登进士第者接踵而出，天圣、明道、景祐（1023—1037）中，其数益倍。至庆历六年（1046 年）一榜得十八人，皇祐元年（1049 年）得二十四人”。宋代益州即成都府，仅领成都、华阳、郫等 10 县，地域比西汉蜀郡还小些，但考中进士一榜能有 18 人或 24 人，实属不易。据嘉庆《四川通志》记载，两宋之际，四川士子参加科举考试而中进士及第者高达 3992 人；有宋一代，全国正规的进士及第者凡 59598 人，四川进士及第者占 6.7% 。

文翁石室故址

石室原本泛指用石料修建而成的建筑，但在中国古代，石室却被赋予了特定的文化含义，也成为古代藏书的代称。这是因为，在学堂中存放了大量供学子使用的书籍，而对于这些易燃之物，只有使用石料才可以有效阻隔火灾的隐患。后来，石室的教化功能不断增加，其藏书的功能也更加完善。汉代永初年间，成都石室官学曾遭遇大火，损毁了部分书籍，此后继任的蜀郡守对其重新修葺，并且增加了两间石室，恢复其藏书的功能。石室的礼殿之内也陈列过孟蜀石经，作为供师生讲习使用的经文范本，部分残本拓片现保存于北京第二历史档案馆。成都石室，既为中国最早的地方官学，同样也发挥着图书馆的功能，它所开启的藏书建设事业正是现代图书馆的萌芽。

现在位于文翁石室旧址的是成都市著名的石室中学。两千多年来，石室薪火相传。古代有司马相如曾求学于石室精舍，当代的学者郭沫若、革命家李一氓也曾在石室中学领受过文翁之惠。文翁石室自创办以来，屡经兴衰，校名曾多次变更，但校址从未变动。今天的成都图书馆坐落在文翁路上，与石室中学隔街相望，保留着庄重典雅的仿汉代建筑风格，默默地讲述和传承着文翁石室的精神文明。

位于“文翁石室”旧址的石室中学

第二节

蜀刻甲天下

造纸术的发明，使得书写材料的获得变得相对容易，图书的数量也得以增加。图书数量增加以后，除了传统集藏，大量传抄的复本进入社会流通领域，促进了中华文明的发展进程。成都特定的历史、地理、人文环境，使其在中国造纸术发展史中有着不可或缺的地位。地处天府之国的成都，雨量充沛，气候温和，“杞梓如林，桑麻如织”，而桑麻正是造纸所需的基本原料。早在唐代，成都所产麻纸已冠绝天下。英国学者李约瑟在《中国科学技术史·纸和印刷》中写道：“四川从唐代起就是造纸中心。”成都的浣花溪旁集中了近百家造纸作坊，因此成都无疑是麻纸的制造中心。

《唐六典》记载：中央图书馆集贤院所藏古今图书共 125961 卷，“皆以益州麻纸写”。《新唐书·艺文志》还记载：朝廷每月耗费“蜀郡麻纸五千番”。也只有高质量的纸张才能获得皇家青睐，也只有产量高才能供给朝廷大量用纸。可以想见，成都的造纸工艺很先进，麻纸产量必然也十分可观。成都所造麻纸除了供应朝廷使用外，也奠定了本地图书抄写和后代书籍刻印的基础。

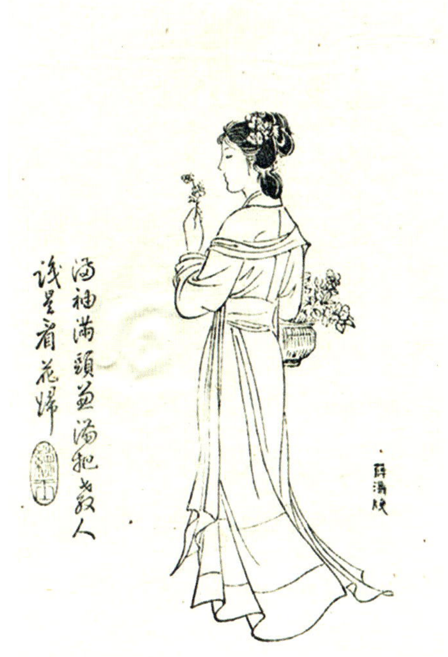

薛涛笺

除了宫廷御用的麻纸以外，成都还出产一种十分富有浪漫色彩的纸——“薛涛笺”。薛涛，原为女校书，曾与唐代数十位颇有名气的诗人，如白居易、刘禹锡等有诗歌往来唱和。更令人啧啧称奇的是，她自制了一种色彩缤纷的诗笺纸，色彩多达十种，被时人誉为“薛涛笺”，又名“浣花笺”。后蜀时期，孟昶在成都城内广植芙蓉，从此成都遍地芙蓉树，而薛涛取“浣花溪的水，木芙蓉的皮，芙蓉花的汁”制成此笺。精致的个人手工制笺自然不能用来抄写一般文字，薛涛将其专门用于写作和传递诗歌作品。

温润的气候使得蜀地树木茂密，“杞梓如林”，而梓木是古代雕版的主要原料（后来才有“付梓”“刻梓”等雅词用来表示“刻印”的意思），因此成都的雕版印刷术高度发达，唐代的成都成为全国雕版印刷中心，一直延续到宋代。

现存最早的雕版印刷品就诞生于成都。1944 年，成都望江公园附近出土了一幅茧纸刻印的《陀罗尼经咒》，上面印有“成都府成都县龙池坊卞家刻印”的字样，是目前国内发现的现存最早的雕版印刷品。另藏于英国大英博物馆、出土于敦煌的《金刚经》，是目前世界上有明确刊印日期的最早的印刷品。其中也有多处注明“西川过家真印本”或“西川印本”，证明是地道的“蜀刻本”。

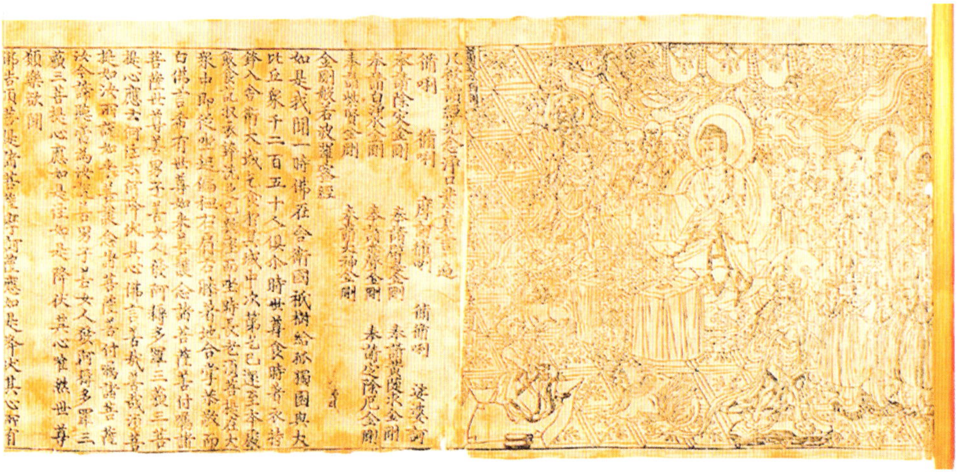

收藏于大英博物馆的《金刚经》

关于宋代成都的刻书业，史书上有“宋时蜀刻甲天下”的美誉。中央朝廷多次在四川地区组织大规模图书刻印工程，其中最重要的一次是宋太祖开宝四年（971 年），皇帝命张从信到成都监刻《大藏经》，刻板共计 13 万多块，历时 12 年之久。983 年竣工后，刻板运至京师印刷，这是世界上第一部刻印的佛经总集，也开启了大规模刻印《大藏经》的风气。

第三节

成都古代藏书业发展的历程

古代读书人受“立言”思想的影响，希望自己的著作通过精心保存能够代代相传。造纸术的高度发达和雕版印刷术的繁荣，使得书籍数量大大增加，催生了藏书事业。

一、官府藏书

官府藏书也称“公藏”，因属于官府或公家所有，故名。以皇家藏书为主的官府藏书体系滥觞于商周，成形于汉代，发展于隋唐及宋代，鼎盛于明清。

曾是五朝故都的成都，历代皆有皇家的金匮石室。五代时期，前蜀永平元年（911 年）蜀王王建修建新宫，储藏四部书籍于其中。时任宰相的王锴上书《兴用教奏》，劝导兴文聚书。蜀王遂建文思殿以藏书，选名儒专掌其事。后梁贞明二年（916 年），又设图书监，管理图书典藏事宜。图书监下设秘书郎等，命五品官员管理并多方搜求图书充实馆藏。可见当时皇家图书馆的藏书是相当丰富的，在管理方面也是相当重视。

二、寺院藏书

成都是中国道教的发源地之一，也曾出现过佛教的高度繁荣时期，建有众多传世的宫观与寺庙。道教宫观与佛教寺庙的藏书活动十分专业，内容多为道教经典著述与佛教典籍。

1. 昭觉寺藏书

昭觉寺，原名建元寺，在唐代中期的灭佛运动中遭到损毁。直到唐代末年才得以恢复，仍然沿用旧名建元寺。僖宗乾符五年（878 年），时任剑南节度使的崔安潜特意奏请将该寺

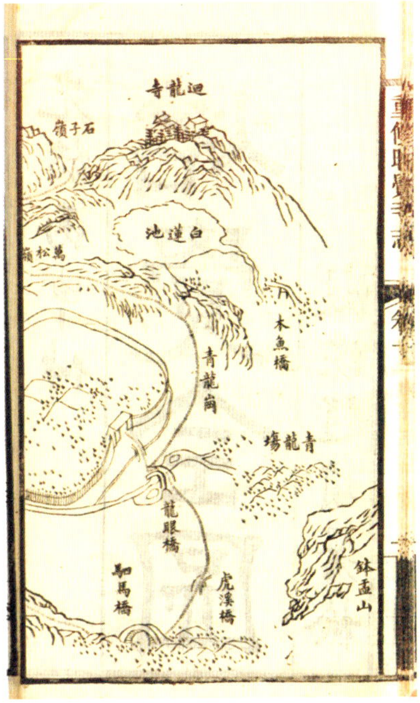

《重修昭觉寺志》

更名为昭觉寺，意思是“以其昭昭使人昭，以其先觉觉后觉”，从此昭觉寺便逐渐名闻天下。为了满足僧众学习佛法的需求，昭觉寺在重修时专门修筑了藏经阁，《重修昭觉寺志》详细记载了藏经阁的格局及其藏书：“高约五丈，宽深数十丈……相辉映于重阴叠嶂之间，真不啻置身兜罗云表也。楼上祀准提，佛旁列丈余大橱十二，贮《南藏经》全帙，计五百余函，锦袱牙签，琳琅满目，左右二大柜高二丈许，广约三丈。”由此可知，昭觉寺藏经阁开阔宏大，所藏佛经较为完备。藏经阁除了藏有《南藏经》以外，还藏有唐高宗所御赐《御制北藏经》全帙计八千余卷。

2. 青羊宫藏书

青羊宫是成都现存最大、最古老的道教宫观，相传老子在此地得道，后来又返回宣讲教义。青羊宫除营造了宏大的宫殿供奉历代道教仙师以外，还特意营建了经堂以供奉道教经典，又有印经院专门刻印道教典籍。宫内至今还保藏有清代光绪三十二年（1906 年）所刻《道藏辑要》经版，共一万三千余块，皆以梨木雕成，每块双面雕刻，版面清楚，字迹工整，为当今我国道教典籍最完整的存版，是极为珍贵的道教历史文物。

三、私人藏书

中国私人藏书风气始于宋代，盛于明清。在近代私人藏书中，成都贲园书库甲于蜀中，藏书规模曾达 30 余万卷。

张大千先生在贲园客居期间所画的严雁峰像

贲园书库位于成都市和平街 16 号，由我国近代著名藏书家严雁峰、严谷声父子所创。创建者严雁峰（1855—1918）为清代知名学者，贲园是他的号。严雁峰原系陕西渭南人，秀才出身，曾入成都尊经书院就学，与宋育仁、廖季平、张森楷等著名学者为同学。清雍正年间他过剑门，沿着张飞古道入川，开拓盐业致富，并广储文献，弘扬儒学，终成藏书大家。

甲午战争即将爆发之时，严雁峰正在北京准备参加科举考试，购买大批图书后返回四川。路过西安时，他听说有人准备出卖1000多部书籍，便毫不犹豫地全部买下。此后，他未踏入官场半步，而是潜心收藏古书，并以此为乐。数年时间，严雁峰的藏书就高达115000多卷。为了更好地保存这些书籍，他把书运到大慈寺一带暂存之后，买下和平街的景勋楼，将其改造为贲园。“贲”的原意为“气势旺盛，高涨起来”。

贲园书库

贲园是一座石库状的建筑，长约20米，宽约10米，共3层，整个建筑大气厚重，风格中西合璧。基座以大象与祥云的浮雕装饰；书库中部的大门洞为满月形，上方缠绕着肆意舒展的藤蔓；二楼有西式建筑特色的小阳台，上端的匾额用隶书题写“书库”二字；贲园还有一层地下室，系为保持书库干燥、恒温而建；储藏书籍的书架全部采用楠木和檀木制作。书库于1914年动工，历经十年，至1924年才建成。民国时期教育家陶亮生曾这样描绘过贲园：“书库建在花园中，系楠木结构，高大宽敞，外石，通户牖，为石库状，周围种植银杏、幽篁，冬暖夏凉，清新雅洁。”

严雁峰去世后，其子严谷声花了两年时间，请人彻底整理，编制书目。他对于书籍保护也花费了很大心血，专门雇用三人看守书库，家人如想进入书库，也必须征得严谷声同意。

贲园藏书对虫蛀、水沤、霉烂、发脆、脱页断线等，均有完备的预防设施。每年春天，严谷声都会雇人翻书，即坐在书库内逐一翻动书页，防止蠹虫蛀蚀。每当天气晴朗时，即将古籍图书搬到庭院里通风晾晒，降低纸张湿度，避免图书霉变损坏。在每本书里，还要夹上防潮的专用纸。严谷声有意雇请文盲从事翻书工作，因为他们不识字，不会停下来看书误事。

据史料记载，严谷声是严雁峰的养子，乃过继族人之子为嗣。当年，严谷声年仅 20 岁，但却继承了父辈的人生追求与理想，在经学家张森楷先生等前辈的教诲和协助下，一心治学，广集图书，并持之以恒。严雁峰去世后，聪颖而坚忍的严谷声没有辜负父亲的厚望，他继承的藏书由 11 万卷增加到 30 万卷。严谷声本人也成为研究古籍文献和古代典章制度的专家，在鉴定古籍版本和书画金石方面颇有造诣。

严家父子穷毕生精力，倾万贯家产，矢志搜集古籍文献。近至成都，远至北京、南京、天津乃至日本的书商，一旦有了珍贵的善本、孤本，都千方百计联系贲园，把书送来供其选取。

历代藏书家多以收藏孤本和善本为荣。贲园所藏众多善本，向为各地藏家所羡。《梦溪笔谈》是北宋时沈括的名著。民国时期，人们知晓的最佳版本是宋乾道本，但这个版本有一定的缺失。而明代出现过内容更为完备的马元调本，历代藏家苦苦寻觅而难见其踪影。这一海内珍本共计 30 卷，终为贲园收藏。此外，贲园还藏有孤本宋版《淮南子》《淳化阁双钩字帖》、顾炎武的手稿以及曾国藩的来往信札和用兵的山川地图等。

20 世纪 40 年代，贲园所藏书籍已达 30 万卷。其中，善本（含孤本、手抄本）逾 5 万卷，自刻书籍木板 3 万多片，全国 2800 余县县志具备无遗，居当时国内私人藏书之冠。

1940 年张大千所绘严谷声四格连环漫画
（张大千一生中非常罕见的漫画题材作品）

30 万卷的丰富藏书使得贲园成为当时人们进行学术交流的宝地。许多文化名人都到贲园来找寻资料，汲取知识。据严谷声的墓志铭记载，张大千、章士钊、顾颉刚、陈寅恪等人都是当年贲园的常客。著名书画家张大千是严谷声的挚友，张大千曾在贲园居住两年之久，其敦煌壁画临摹活动也从这里启程。

据严谷声的墓志铭记载，抗日战争胜利后，孙科要求严谷声将藏书作价 200 万元出让，并许诺让他出任国史馆顾问。美国哈佛大学拟出价美金 50 万元收买严氏全部藏书，日本文禄堂也以高价收购地方志及四川城镇户口簿籍，但都遭到严谷声拒绝。

中华人民共和国成立后，周恩来通过邵力子致函严谷声，对他收藏和整理古籍的事业表示敬重。1950 年，严谷声将贲园全部珍藏和贲园书库捐赠给国家，政府在接受藏书时，清点统计其线装藏书有 30 多万卷，自刻木版 3 万多片，其中善本古籍达 5 万卷之多，堪称富可敌国。令人惊叹的是，当年接管清点时，全部书籍中没有一册发现水渍或虫蛀。严谷声藏书终归四川省图书馆收藏，成为省图书馆的重要典藏。

1949 年后，严谷声先生曾被聘为川西行署特邀人民代表、四川省文史馆研究员。只是在随后的历次政治运动及“文化大革命”中，严谷声先生饱受磨难，于 1976 年去世，终年 77 岁。严家父子的墓志铭上有一句话道出了书库两代主人的藏书精神：“虽历经战乱，屡遭横祸，亦不屈不挠，宁舍万金，不弃一卷。”实在令人敬佩！

四、书院藏书

在中国历史上，书院是一种特殊的教育机制和组织，是我国重要的历史文化遗产之一，在人才培养和大众教化等诸领域发挥了重要作用。书院自唐代出现，至清朝末年废除书院制度，存在了 1000 年以上。有学者统计，全国历代出现的书院有 6600 所以上。书院的藏书、供祭和讲学三大功能，初步具备了现代公共图书馆的社会职能。

四川书院的兴起较早，大约肇始于唐代。《元史・选举志》记载了元朝鼓励发展书院教育的若干规定。譬如，纽璘坐镇成都时，就曾请准以文翁石室、杨雄墨池、杜甫草堂皆为学宫，兴建学院，并派人到东南各地收购了大量图书来充实四川的学院。据统计，明代四川书院多达 1600 余所。成都府著名的有少陵书院、大益书院、潜溪书院、子云书院、南轩书院、崇正书院、龙门书院、思贤书院、紫岩书院、太白书院等。根据胡昭曦的《四川书院史》统计，清代四川的书院共计 522 所，成都府书院总数为 62 所，其中具有代表性者当数著名的锦江书院和尊经书院。

1. 锦江书院

锦江书院创办于康熙四十三年（1704 年），是全国为数不多的省级书院，无论是创建时间还是办学质量，都在全国名列前茅。

锦江书院

锦江书院由时任四川按察使的刘德芳秉承四川巡抚“欲兴文教以植人才”“继石室之流风于无穷”之意，在文翁石室遗址上，成都府中学堂之旁，重建讲堂斋舍创建而成。锦江书院的课业以八股文为主，主要是为了培养科举人才。

锦江书院是四川地区省立最高学府，为“通省教育人才之所”。作为全川书院之首，其规制、管理、师资和生员质量，其他书院都无法比拟。书院生员拔取全省秀才以上者，无秀才、举人资格者，即使有培养前途，也不得其门而入。书院教学要求学生“先经义而后时文，先行谊而后进取”，与其他专攻时文、习考课的书院有很大不同。

康熙六十年（1721 年），四川提学方觐扩大锦江书院规模，又增修讲堂学舍，增招学生。雍正十一年（1733 年），清政府下令在京师设金台书院，各省省城设立书院一至二所。锦江书院既是省立，又设在省府成都，符合规定。因此，包括锦江书院在内的全国 22 所书院获得了中央政府确立的省立书院地位。省立书院学生的生活费一律由政府拨出学田供给。为鼓励学生积极上进，在学院内部实行正课、附课和外课的办法。正课生为享受正式津贴的优等生，月给米一斗五升、银一两五钱；附课生为准正式生，待遇比正课生减半；外课生为预备生，没有津贴待遇。

锦江书院确定了通省书院的地位后，在乾隆、嘉庆时期有了很大的发展，也是办学成就最为显著的时期。乾隆三十九年（1774 年），四川总督文绶等再次扩大其规模，增修讲堂学舍，更添置田产，用作书院诸生学习补贴。嘉庆十九年（1814 年），成都知府李尧栋在讲堂后仿古制建石室。嘉庆二十四年（1819 年），四川总督蒋攸铦为加强教学管理，专门制定了《锦江书院条规十条》等。

锦江书院专门辟地修建了石室作为藏书楼，藏书量相当可观。据《锦江书院纪略》载，锦江书院的藏书来源广泛，种类丰富，旧藏与新置（包括各府厅州县所呈送和他人所赠送）的各类书籍共计有 2830 册，同时从其所藏的雕版可知书院还自行刻书印书，现存

《日知录》等6种书版1344块、《御纂八经》全部书版7961块。

在漫长的办院过程中，锦江书院历史上的历任山长，既是书院的行政组织者，又是书院的学术带头人，更是书院的灵魂性人物。锦江书院山长中既有潜心育人、不慕虚荣的易简、彭端淑、李惺、江锡嘏等士林圭臬，也有工于诗古文辞的郑方城、储掌文、伍肇龄等名儒宿学，还有文武兼备、政声卓著的高辰、杨芳灿、牛树梅等能官良吏。在这些著名山长的滋育教导之下，锦江书院培养出了一大批学行俱佳的蜀中名士。例如，著名的诗人、学者、戏剧家，时称“蜀中三才”的李调元，清末“戊戌六君子”之一的刘光第，清代四川唯一的状元骆成骧等，都曾就学于锦江书院。

锦江书院经过历次增修扩建，院舍完备，规模宏大，成为成都乃至四川书院之冠，一直是四川省的最高学府和清代四川人才培养最有成就的书院之一，也是四川省名流荟萃、大家辈出的地方。

锦江书院从诞生到转入新式学堂，历时近二百年。到19世纪末，标志着曾经创造书院辉煌历史的锦江书院，已不能适应历史发展的需要了。20世纪初，清政府宣布立宪新政，书院易制为新式学堂。1902年，四川总督锡良宣布结束锦江书院，院内师生凡符合规定条例的，准许转入新式学堂——四川省城高等学堂（四川大学前身），财产、图书等亦转归高等学堂。

2. 尊经书院

尊经书院是传统科举制度到现代大学制度的过渡，它虽然只存在不到30年，但是当时全国著名的省级书院之一，也是教育从传统向近现代转型的代表性新型书院之一。

同治十三年（1874年），丁忧在籍的薛焕联络官绅15人上书川督吴棠和学政张之洞，指出当时的省城锦江书院以学习八股制艺为目标，已不适应时代要求，请求另建一所通省书院，阐承文翁之教，培养人才，以求“通经学古课蜀士”。关于书院的命名，初定为“受经书院”；但有人指出，“受经”乃是朝廷权限，省办书院不可僭越，遂定名“尊经书院”。

张之洞像

在张之洞等人的支持下，书院很快获准筹款征地、兴工建设。光绪元年（1875年），尊经书院在成都南门文庙街侧石犀寺旧址落成。书院规模宏大，除讲堂、居室外，还建有藏经楼、尊经阁等。书院大门横匾额书“石室重开”四个大字，两侧刊刻楹联：“考四海而为俊，纬群龙之所经”，显示出尊经书院的文化渊源和特色。

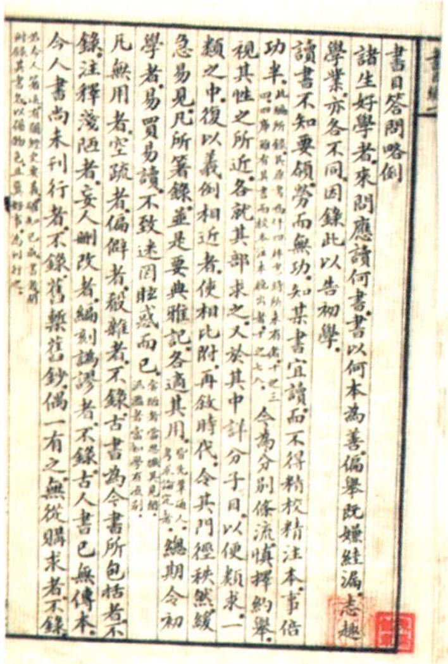
書目答問略例
諸生好學者來問應讀何書書以何本為善偏舉既嫌絓漏志趣
學業亦各不同因錄此以告初學
讀書不知要領勞而無功知某書宜讀而不得精校精注本事倍
功半
今為分別條流慎擇約舉
視其性之所近各就其部求之又於其中詳分子目以便類求一
類之中復以義例相近者使相比附再敘時代令其門徑秩然緩
急易見凡所著錄並是要典雅記各適其用
總期令初
學者易買易讀不致迷罔眩惑而已
凡無用者空疏者偏僻者駁雜者不錄古書為今書所包括者不
錄注釋淺陋者妄人刪改者編刻譌謬者不錄古人書已無傳本
今人書尚未刊行者不錄舊槧舊鈔偶一有之無從購求者不錄

张之洞为学生写的目录学专著《书目答问》

尊经书院首任山长即薛焕。书院学生由各府按比例在具备秀才、贡生资格的人员中选送，再由书院择优录取。书院首批学生 100 多人，是从全省选送的 3 万名生源中录取的。所以，尊经书院从一开始就是四川士子、人才荟萃之地。

尊经书院从创立之初便建有尊经阁，收藏各类图书典籍以及中西时务报刊、教学挂图、仪器和标本等。书院藏书的来源一是自刻、自印（书院设有尊经书局，负责刻印经史书籍和学生课业图书），二是购买。张之洞曾捐出自己的俸禄从外地购买各类图书 200 多部 1000 多卷赠予书院。

尊经书院制定了图书保管与借阅章程，监院掌握书院的图书总数，另设兼职掌书人，并每年一换，不得连任，也不用城内人，以免将书籍带走。借书人若遗失图书，要寻借同样图书抄补赔偿，若不能赔偿则会被罚款。严格的监管使书院的藏书得以妥善保存，惠泽学子。

为了指示诸生做学问的门径，张之洞专门编写了目录学专著《书目答问》。光绪二年（1876 年），张之洞任满回京述职，尊经书院师生依依惜别，送至数十里外的新都。丁宝桢督川后，邀请王闿运来川掌教尊经书院。光绪四年（1878 年），王闿运来川，至光绪十三年（1887 年）辞归湖南，前后主讲于尊经书院八年之久，在尊经书院历史上影响最大。

四川大学出土的尊经书院举贡题名碑

张之洞主持下的尊经书院是近代中国旧学向新式教育转化过程中的一个典型。首先，尊经书院为近代四川培养了大量人才。尊经书院从 1875 年建立到 1902 年改建四川省城高等学堂为止，28 年间培养了大批优秀人才，对四川乃至全国都产生了巨大的影响。其中著名的学者有“戊戌六君子”之一的杨锐，中国近代经学大师廖平，四川维新运动的领袖宋育仁，著名的维新思想宣传家吴之英，四川保路运动的领袖蒲殿俊、罗纶，著名的民主革命家张澜，为民主共和献身的彭家珍，功勋卓越的民主革命家吴玉章，新文化运动的领袖吴虞等。四川大批知识才俊都曾受业于四川尊经书院，他们对四川乃至中国的近代社会教育发展发挥了重大作用。

其次，尊经书院为维新思想的传播开辟了道路。四川尊经书院的办学理念是“通经致用”，张之洞主张以“经史”为一切学问的根柢，但不拘泥于“经史”，希望诸生关心时务、关心社稷危亡。为求“致用”，自然也就将“中学”与“西学”联系了起来。书院创设之初，本着“中学为体，西学为用”的方针，曾拟开设天文、地理、算学、格致等“西学”课目，终因师资、经费和社会风气未开等原因而作罢。但《书目答问》在为诸生开列的2000余种图书中，依然包括了一些“西学”书籍，如《新译西洋兵书五种》《新译几何原本》《代数术》《数学启蒙》《新译地理备考》《新译海道图说》《瀛寰志略》《海国图志》等。尽管数量不多，但在19世纪70年代，“西学”在中国的传播刚刚开始而国人大多根本不知西洋为何处时，为学生开列出这些书目实属难能可贵。

光绪二十七年（1901年），在全国废书院、兴学堂的风气影响下，四川总督奉旨宣布将锦江、尊经书院与1896年成立的四川中西学堂合并为四川通省大学堂；次年（1902年）四川总督奏准在锦江书院原址设立成都府中学堂，于尊经书院原址设立四川通省大学堂，旋即改名四川省城高等学堂。以后在其基础上建立了一系列新式高等专门学堂，并最终于1931年合并组建为当时西部地区唯一的国立大学——国立四川大学。

国立四川大学

成都市图书馆

03

第三章

成都图书馆的诞生与发展

现位于成都市文翁路98号的成都图书馆，三次易址，七次更名，历经百余年沧桑与翻天巨变，如今已成为国家一级图书馆，资源建设与服务效益位居西部地区前列。

第一节

民国时期的成都图书馆（1912—1949）

清朝末年，在中国向西方学习宪政的同时，西方图书馆观念也传入中国，政府倡导建立图书馆。1911 年，四川提学使刘嘉琛奏请建立图书馆，拟借贡院公堂及清白堂为馆址。在此之前，成都已有私人开办的书报室，如 1900 年，傅樵村在桂王桥北街创办了图书局，辟阅报公所两家；1904 年，吴可因又于会府北街开设书报阅览楼，共有座位 130 多个。两处都向一般大众开放，任人阅览。

一、四川图书馆（1912—1924）

1912 年，四川省教育司在学务所基础上建立四川图书馆，馆址在成都少城公园（今人民公园）内，著名学者林思进（字山腴）出任第一任馆长。

四川图书馆

馆内设有中文和西文阅览部各一处，有馆长 1 人、馆员 5 人、司事 2 人、书记 3 人，常年经费在省教育经费项下支给，每月 1400 元。图书馆将四川都督府接管前清四川学务局所存图书、文献作为基本藏书，同时多方采购海内孤本和私家精刻，得书 20 余万卷；对西文书籍也大量收藏。经过十年经营，该馆颇具规模，内藏不少明清两代的善本书籍。军阀混战时期，省库空虚，馆务维持艰难。

1922 年，成都市政公所督办刘成勋提请省政府将该馆拨归成都市政公所管理，未得同意。1923 年，成都市政公所督办王瓒绪再次提出将该馆拨归成都市政公所管理。四川省政府“因该馆原属省有，不能纳入成都市政范围，且所藏书籍多属善本，专供学界人士参考，与通俗图书馆有别。未准所请”。

二、市立通俗教育馆图书馆部（1924. 3—1928）

通俗教育馆是近代成都所建立的一所综合性社教文化设施。1924 年 3 月，成都市政公所教育科长卢作孚建议创办通俗教育馆，得到市政公所督办王缵绪的赞同，卢作孚为筹备主任并担任馆长。卢作孚到任不久即另有高就而离职，继任馆长曾孝谷曾留学日本，为中国话剧运动先驱之一。同年 8 月 8 日，通俗教育馆建成并举行开馆仪式。通俗教育馆以“提高人民常识，促进社会文化”为宗旨，为非营利性的文化设施。该馆下设八个部，图书馆部是其中之一。

图书馆部先后成立成人图书馆和儿童图书馆两所图书馆。图书馆开馆时有图书 2000 余册，除本馆自购外，商务印书馆、中华书局等出版机构赠送部分图书，另外也有私人捐赠部分图书。开馆后，图书馆部陆续购置一些新书，一年内藏书达 4000 余册。

图书馆的开放为成人和儿童提供了一个学习的好场所。成人图书馆开放的第一年（1924. 8—1925. 7）来馆读者共有 153877 人次。开馆的第一个月读者即达 7408 人，该月开馆天数为 24 天，平均每天 309 人，其中人数最多之日达 1230 人。开馆后的第二个月与第三个月读者人数都呈上升趋势，只是从第四个月人数开始减少。1925 年 6 月入馆的人数陡增，全月共 40766 人，平均每日 1357 人，人数最多之日达 2749 人。据统计，来成人图书馆的读者来自学界、女界、商界、医界、军界、警界、政界、农界、工界等各界，其中以学界人数最多。读者的阅书范围也很广泛，涉及哲学、教育、经济学、政治学、美术、语言学、文学、史地、自然科学、家用科学，既有图书又有杂志。

儿童图书馆每月读者人数也不少，开馆第一个月的读者达 1157 人，11 个月的读者共计 7807 人。儿童图书馆的读者年龄最小的 5 岁，最大的 14 岁，其中以 10 岁的读者最多。

图书馆部除了常年开放两个图书馆外，还于过节或地方及国家有重大事件发生之时，收集有关的图书报章，陈列于阅览室内，以供群众参考。

1927 年，省财政支绌，省图书馆经费无着，“任其事者断烦堪虞，遂相率而为，因循敷衍，以致馆舍久失修理，墙垣倒坍，道路破滥，瓦碎屋漏，门倾窗破，瓦砾遍地，俨同破庙。省中人士几乎不能举其名”。为谋馆务发展，驻成都的二十八军军长邓锡侯决定将该馆暂划归成都市政公所管理，但仍保存原省馆名称并聘请颜仲齐为馆长。

三、成都市立图书馆（1928.10—1933.9）

1928 年，市政公所改组，成都市政府成立，于 10 月以该馆“名为省立而款则动之市府”为由，改馆名为“成都市立图书馆”。成都市政府接收该馆后，先后拨款 3 万余元，修葺倾颓馆舍，装修虫蛀书籍，采购中西新出书籍，“使阅览者思想推进，不囿于旧而忽于新，更添设女宾阅览室，使省中女士阅览机会均等”。经此整顿，市立图书馆始有簇新气象，馆务日趋进展，来馆阅读者每月达数千人，多的月份达万余人。1929 年，四川省教育厅以“吾川省之大，竟无省立大规模之图书馆，与他省相较，弥增愧怍”为由，致函成都市政府，要求将市立图书馆改为省立图书馆。但成都市政府不愿归还，据理力争，双方争执不下，最终在省政府的调解下，决定图书馆仍由市政府管理。1932 年，共设阅览室 5 个。

四、成都市立民众教育馆（1933.9—1943.2）

1933 年 9 月，成都市政专员钟体乾饬令市立图书馆馆长王蜀璠，将市立图书馆移交少城公园内的成都民众通俗教育馆，由馆长曾孝谷兼办，馆内藏书 16.6 万册，为当时蜀中最大的图书馆，并免去阅览费用，无偿为读者提供服务，开启了本馆公益服务的先河。

1935 年通俗教育馆更名为“成都市立民众教育馆”（简称“民教馆”），市立图书馆并入民教馆，先是隶属其第三部，后又改隶属于阅览组，仅设干事 5 人。并入民教馆期间，藏书损失过半，读者寥寥无几。

1943 年 2 月，成都市政府采纳参议员王希谨等人的提议，令市立图书馆从民教馆中分出，委王西侯为馆长，下设总务、采编、阅览三组，各组设主任 1 名，设立图书和报刊阅览室各一处，读者骤增，每日约有 300 人。曾与民教馆等团体共同主办学术讲座 5 次。

五、成都市立中正图书馆（1946.10—1949）

1946 年 10 月，成都市立图书馆改名为“成都市立中正图书馆”。1949 年馆内设职员 7 人，馆长为邓明聪。为推广图书馆服务，在 1948 年曾经举办过“图书馆与人生”讲演会，劝导民众来馆读书。

第二节

中华人民共和国成立后的成都图书馆（1950—2014）

一、成都市人民图书馆（1950—1953）

成都解放后，成都市立中正图书馆由人民政府接管。1950 年 2 月，成都市军事管制委员会下设的文教委员会派军事代表张追光率工作组到馆，改馆名为“成都市人民图书馆”，指定杨天惠暂代馆长，时馆内设采编、流通、保管、辅导 4 组，职工 15 人。经整顿后，1950 年 3 月 13 日正式开馆，开设杂志报纸、通俗图书和少年儿童 3 个阅览室，年内接待读者 56134 人次。1951 年帮助裕华纱厂和劳工被服厂建立图书室。

成都解放后，市馆接受前中正图书馆和人民政府清产部门交送的图书共有 12 万册。1952 年 11 月，鉴于书库条件差，市馆将古籍等图书移交四川省图书馆保存，馆内仅存新书 24279 册，另订杂志 77 种、报纸 44 种。当时，市馆的主要任务是普及文化，所购多为通俗读物、连环画及适合中等文化程度读者的中文现版图书。

二、成都市图书馆（1953—2003）

1953 年 3 月，市馆更名为“成都市图书馆”。1954 年，原有馆舍已经不能满足读者的需求，为寻求进一步发展，图书馆迁至祠堂街，设普通阅览室 1 间 120 余个座位，开架陈列各类图书 1800 余册、报刊 99 种。祠堂街紧邻少城公园（今人民公园），书店云集，交通便利，图书馆读者骤增，据统计每日均在 500 人以上。

20 世纪 50 年代的成都市图书馆

成都市图书馆少儿阅览室

1956 年，因祠堂街的图书馆馆舍显现出严重局限性，成都市政府将上南大街原成都市第三文化馆房产划归成都市图书馆，馆址由此分设两处。1957 年，在上南大街 69 号先后设立期刊阅览室和少年儿童阅览室。其中少年儿童阅览室有座位 140 多个，但不能满足读者需求。高峰时期日到馆儿童超过千名，不得不排队等候，图书馆服务发展达到一个高峰。

1966 年“文化大革命”开始，图书借阅服务被迫中断。70 年代初，祠堂街的馆舍改建，大门由北向改为东向，馆址亦由此变为半边桥北街 31 号。

20 世纪 50 年代读者在阅览室看书

1971 年，图书馆逐渐恢复图书借阅服务，相继开设了马列主义、毛泽东思想学习室以及综合阅览室和参考资料阅览室。1977 年 1 月，在城北文殊院内开办分馆，设阅览室 1 个，图书 15 万册，座位 100 个，每日上午 10 时至下午 5 时开放，开办 3 年间先后接待读者 40 余万人次。1980 年，因落实党的宗教政策，分馆撤离文殊院，图书、设备运回祠堂街馆部，占用了 3 个阅览室，馆内阅览工作因失去场地而陷于停顿，直至 1989 年。

据统计，图书馆 1965 年藏书曾达到 25 万册，分为外借、内阅和参考资料三部分，分存于祠堂街、上南大街和大慈寺三处。“文化大革命”时期，全国文化事业遭受严重摧残，图书馆自然不能幸免，业务运作基本处于瘫痪状态。偶有购书，品种稀少而复本量极高，如《金光大道》《艳阳天》等每种购入达百本。1971 年以后，图书馆业务工作逐步得到恢复，藏书建设明确了“综合、广泛、系统、完整”的原则。1979 年至 1984 年，图书馆广辟书源，发展交换单位 401 个，多渠道采集书刊，6 年间共购得图书 61052 种计 330314 册；1987 年，列支购书费 164589 元，购书 17671 种计 79443 册、订刊报 2889 种，1989 年拟就《成都市图书馆采购条例》（征求意见稿），同年 10 月，成都市人民政府以成办发〔89〕63 号文通知转发《成都市图书馆地方文献征集办法》，要求各部门、单位支持市馆地方文献征集和建库工作。

“文化大革命”结束后，成都市图书馆事业逐渐复苏。至 1989 年，馆藏图书总量达到 122.93 万册，馆藏中文图书以解放后国家正式出版物为主，学科广泛，门类齐全，尤以文史类图书、工具书及地方文献见长。图书馆占地面积为 4437 平方米，馆舍建筑面积增加到 5200 平方米。馆内设采访部、图书资料分编部、读者工作部、文献咨询部、技术服务部、业务辅导办公室、社会教育办公室、图书馆学研究室和人事行政办公室。同年，建立馆工会。至年底有在职职工 74 人，约为中华人民共和国成立之初的 5 倍，其中具有中专以上学历的 37 人，占职工总数的 50%；研究馆员 1 人，副研究馆员 2 人，馆员 22 人。

位于半边桥的成都市图书馆文艺书刊外借室

1990 年，全馆有工作人员 70 余人。1993 年，完成半边桥北街馆区改建工程，馆舍建筑总面积增至 6600 平方米。1990 年至 2003 年，共补充馆藏 52480 种 186928 册，馆藏总量亦增至 141.62 万册。1993 年半边桥北街馆区改建完成后，相继开设图书外借室、期刊外借室、报刊阅览室和资料查阅室等服务窗口 8 个，开展读书演讲、知识竞赛、征文、书评、上街宣传、座谈等各种读书活动 300 余次。1990 年至 1995 年间，馆内业务基本沿袭传统手工操作方式。工作人员靠刻钢板和油印制作目录卡片，书标亦为手写；用木质轮盘排放借书记录卡，读者借还书刊手续繁杂，若遇人多尚需排队等候。1996 年制定《成都市图书馆自动化建设方案》，1997 年获准立项并由成都市财政局拨付专项经费 15 万元予以施行。1998 年 9 月开始实行计算机采访和编目，11 月设立电子阅览室和计算机培训室，开通成都市图书馆网站（http：//www. cdclib. org）。截至 2000 年 11 月 15 日，书目数据已逾 6 万条，外借业务实现计算机管理，读者借还书刊更为便捷。

成都图书馆新馆（2003 年对外开放）

三、成都图书馆（2003—2014）

2003 年，成都市图书馆由半边桥北街迁至文翁路 98 号新址，当年 10 月 1 日正式对外开放，馆名同时变更为“成都图书馆”。

成都图书馆新馆占地 6670 平方米，建筑面积 20000 平方米，选址文翁路，公共交通便利，历史文化氛围浓厚，是成都市政府“为民办实事”项目。

2003 年新建的成都图书馆紧邻文翁石室，在建筑设计上汲取了中国汉代建筑风格的元素。汉代的建筑风格，首先体现于突出建筑的中轴线，其次是高台基的堆筑，最后则是“阙”空间的运用。以上汉代建筑元素在成都图书馆新馆传统与现代建筑形式中都有所体现。图书馆采用竹简式铁篱笆为院墙，上面镌刻着成都图书馆的历史。院内高大的银杏树矗立眼前，形成天然屏风。进入图书馆大厅须拾级而上，能令人感受到古蜀文化与汉代台基元素的融合。步入图书馆大厅，仿佛是穿越了时光的“阙”，大厅内壁上奇异的青铜纵目人像凸显了古蜀神秘文化的浓郁氛围。屹立于台基之上的图书馆建筑群以主楼大厅为中轴线对称展开，屋顶的廊檐设计也充满了汉代建筑装饰风格。新馆的建筑设计，不仅体现了成都市民对文翁精神的怀念，还具有强烈的简朴实用风格。

成都图书馆现有藏书390万册，其中古籍11万册，电子图书140万册。已建成五个独立域名网站并对外开放。拥有60万亿字节自建和采购的数字资源，以上资源还通过远程访问系统（RAS）免费向读者开放。馆内设有阅览席位1230个，开放式的中文图书外借区、中文期刊外借区、少儿阅览区、中文图书阅览区、报刊阅览区、古籍查阅区、研究阅览区、电子阅览区、外文阅览区、地方文献阅览区、各类文献提供中心等服务空间有20余个。学术报告厅有席位276个，配备了较先进的同声传译系统、会议系统、多媒体演示系统，可举办各类学术报告会和音乐欣赏会。

成都图书馆中文图书外借区

成都图书馆秉承“读者第一，服务至上，公益性，人性化”的办馆宗旨，提出了“创新与品牌”的服务理念，实行365天开放及全免费的服务机制，每周开馆时间84小时以上。新馆建成以来，先后在农村、机关、街道、社区、农民工子弟学校、戒毒所等地建立分馆70余处，构建起庞大的图书馆服务延伸网络，努力成为市民“家门口的图书馆”。2004年2月，成都图书馆开始举办社会公益讲座，发展至今已有“金沙讲坛”“政务论坛”“院士论坛”“中国国家地理大讲坛”“现代女性讲坛”“锦城讲堂”等10多个系列，成为成都市公共文化服务的品牌项目之一。部分讲座活动通过电视台直播或录播，扩大了图书馆讲座服务的社会影响。2008年4月23日，在成都图书馆引领下，全市21家公共图书馆开始书刊与数字文献的全免费服务，实现了公共文化服务的“零门槛”。同时，公共图书馆界开展了多种社会教育与用户培训活动，以“阳光课堂”“阳光读友会”“读者沙龙”“有奖征文”“读者座谈会”“官方微博”“超级读者评选”等形式，在读者与图书馆之间建立起和谐互动关系。

成都图书馆少儿活动“阳光课堂”

2014 年，成都图书馆进一步完善公共服务体系，实现全地域公共图书馆的文献通借通还。新一轮图书馆馆舍建设也进入了前期筹备，未来的新馆位于天府新区，建筑面积 6 万平方米。

四、图书外借证的变迁与城市图书馆的发展

民国初期，四川图书馆（成都图书馆前身）藏书限于馆内阅览，售券取阅图书。图书馆自 1928 年改为市立后，免收阅览费，但馆藏图书概不外借，故而民国时期尚无图书外借证。

中华人民共和国成立以后，成都市图书馆开始设立图书个人和集体外借服务项目。1950 年，首批发放个人外借证 100 余张。1951 年，以市区工厂单位、郊区乡镇或特定阅读小组为对象，发展集体外借单位 40 个。1954 年，市图书馆试行开架借阅，全年发证 421 张，图书外借 2215 册次。

1955 年恢复闭架借书，实行读者登记制和分类发证办法，除普通、科技、社会科学三

种外借证外，还为科学家、作家、科长及以上干部和劳动模范办发特种图书外借证。1955 年，组织工人、干部、学生、军人和居民等各类借书小组 9 个，每组 5 ~7 人。60 年代初，市馆发放个人外借证达到 8000 多张，办单位外借证 180 张、小组外借证 68 张，年外借图书 20 余万册次。1963 年至 1965 年，馆内专设农村书库，开展农技图书外借服务，满足农村读者尤其是回乡知识青年的阅读需要。

“文化大革命”中，图书外借证停办，1975 年恢复，当年按行业分配发放外借证 3000 张。1979 年，登记持证读者 7235 人。1984 年 9 月，改革发证办法，敞开办证并收取保证金，数千读者排成长龙通宵达旦地等候办证。至 1989 年，市馆累计办证 16908 张。2008 年，成都图书馆推出“一卡通”全免费服务，当年持证读者为 8 万人，接待读者 200 万人次。2014 年，成都图书馆持证读者上升至 20 万人，此证不仅可以免费借阅馆内所有的纸本资源，还可以免费远程利用 9000 多万篇/册的数字文献资源，年接待读者 230 余万人次。同年，还发放了全市通借通还借阅卡 20 万张。

客家人
成都物语
古蜀文明与三星堆文化
湖广填
东山客家
成都的故事
城乡一体化进程中的图书馆发展模式研究
三星堆
四库

04

第四章

城市图书馆服务

第一节

公共图书馆服务体系

2011 年 2 月，成都市向文化部、财政部申报创建第一批国家公共文化服务体系示范区，开始构建惠及全民的公共文化服务体系，切实保障城乡群众基本文化权益。2013 年 11 月，成都市被正式授予首批国家公共文化服务体系示范区，是中西部唯一获得示范区称号的副省级城市。在成都市创建公共文化服务体系示范区的进程中，成都图书馆作为全市公共图书馆的龙头，带领成都全域 20 个区（市）县公共图书馆构建起统一的公共图书馆服务体系，完成了示范区创建任务，为全市居民普遍、均等、便利地享受图书馆服务提供了保障。

成都市双流图书馆

一、成都市公共图书馆服务

在国家公共文化服务体系示范区的创建标准中，对公共图书馆硬件设施、免费开放、藏书数量、读者服务、信息化建设等指标都有明确的要求。在成都图书馆引领下，成都市公共图书馆系统服务取长补短，整体提升了图书馆服务水平和服务质量。2008 年 4 月 23 日，成都全市公共图书馆系统实现了全免费服务，全年 365 天开放，每周开馆时间 60 小时以上。

在 2013 年结束的第五次全国公共图书馆评估定级工作中，成都市 21 家公共图书馆有 18 家被评为国家一级馆，3 家图书馆被评为国家三级馆。为准确、及时地掌握全市各图书馆评估进展，成都图书馆每年都对各区（市）县图书馆进行检查、辅导，发现问题及时通报相关区（市）县文化主管部门，同时提供整改建议。

成都市龙泉驿区图书馆阅览室

截至2014年年底，全市居民人均占有藏书0.74册，平均每册藏书年流通0.94次，人均年新增藏书0.04册以上，人均到馆次数0.5次以上。

成都市公共图书馆基本信息一览表

图书馆	建筑面积（平方米）	藏书量（万册）	计算机数（台）	阅览座席（个）	周开放时间（小时）	部颁等级
成都图书馆	21985.42	263.5	300	1230	80	一级
锦江区图书馆	4500	28.9	62	419	84	一级
武侯区图书馆	2500	15.6	56	572	60	一级
成华区图书馆	3500	26.6	72	420	72	一级
金牛区图书馆	3000	15.0	48	240	63	一级
青羊区图书馆	3000	30.9	100	400	60	一级
高新区图书馆	7300	18.0	68	344	60	一级
温江区图书馆	4200	31.4	127	430	63	一级
郫县图书馆	3200	16.4	30	260	60	一级
青白江区图书馆	2600	11.8	39	450	60	一级
新都区图书馆	4639	24.1	130	364	60	一级
双流图书馆	17000	40.0	105	1000	60	一级
龙泉驿区图书馆	2000	33.0	35	240	63	一级
邛崃市图书馆	3000	24.0	146	410	60	一级
蒲江县图书馆	3500	35.0	38	290	60	三级
金堂县图书馆	1500	12.0	45	300	60	三级
新津县图书馆	2500	21.0	72	435	60	一级
崇州市图书馆	6120	18.7	92	400	71	一级
都江堰市图书馆	5928.6	20.0	65	651	80	一级
彭州市图书馆	5000	20.0	77	459	60	一级
大邑县图书馆	5500	8.9	35	345	63	三级

成都市公共图书馆 2014 年读者服务情况一览表

图书馆	到馆次数（万人）	藏书流通量（万册）	新增图书（册）	读者活动（次）	参与人数（人次）
成都图书馆	147.5	137.1	112334	284	145000
锦江区图书馆	29.0	28.0	82413	114	28222
武侯区图书馆	17.0	14.0	21105	57	10700
成华区图书馆	22.7	10.4	52500	58	4948
金牛区图书馆	15.0	11.0	31921	111	9939
青羊区图书馆	15.0	18.0	23200	107	19200
高新区图书馆	13.1	18.8	35860	63	3690
温江区图书馆	36.5	33.9	84450	84	24136
郫县图书馆	8.0	13.0	29500	56	11304
青白江区图书馆	21.1	20.3	28793	26	54000
新都区图书馆	11.7	10.2	19408	13	2810
双流图书馆	60.0	30.0	120000	63	51000
龙泉驿区图书馆	28.4	32.0	57714	62	56265
邛崃市图书馆	21.0	19.2	11200	32	40240
蒲江县图书馆	12.0	6.6	69647	53	10450
金堂县图书馆	7.6	5.6	36980	8	1870
新津县图书馆	15.5	18.7	25855	96	21030
崇州市图书馆	37.4	46.6	25163	111	22590
都江堰市图书馆	13.0	15.0	23380	55	6200
彭州市图书馆	12.5	20.0	29259	47	3550
大邑县图书馆	3.5	4.2	23900	14	1730

二、图书流转

成都市建设了区（市）县公共图书馆文献流转总库，全市各区（市）县公共图书馆均建立了图书流转书库，根据各馆具体需求，采购适合本地读者阅读的图书。成都图书馆组织指导乡镇（街道）综合文化站（活动中心）公共图书流转中继站及村（社区）综合文化活动室流转终端的设置和图书流转工作。流转系统以成都图书馆为龙头，各区（市）县图书馆为节点，以街道、镇乡、村（社区）为服务终端，通过建立镇村一级图书流转网络，将区域内的图书资源纳入统一的服务平台进行流转，实行三级图书流转制，每季度区（市）县图书馆向乡镇（街道）图书室流转一次，不低于 5000 册，每月由乡镇（街道）向村（社区）图书室流转一次，不低于 500 册，实现图书资源合理化、最大化共享。截至 2014 年年底，全市共建成图书流转点 2338 个，共流转图书 668615 册次。

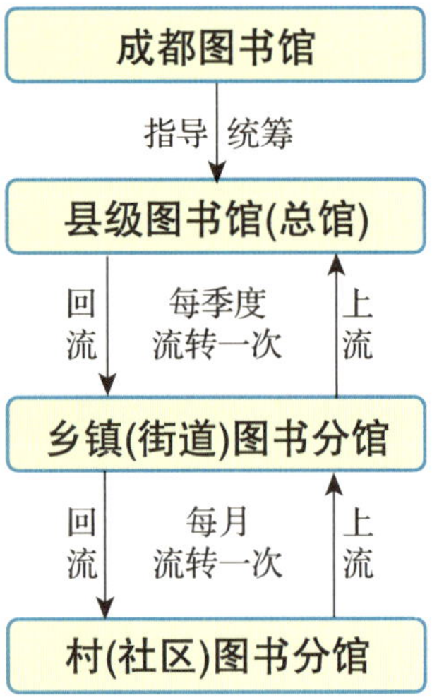

成都市公共图书流转模式图

三、全域通借通还

成都市“十二五”规划中明确提出：“实现‘全域成都’内‘通借通还’，在城市街区推行自助图书馆系统建设，进一步提升图书馆智能化服务水平。”（摘自《成都市国民经济和社会发展第十二个五年规划纲要》专栏 35“‘十二五’时期文化事业重大工程”）《成都市创建国家公共文化服务体系示范区规划（2011—2015）》目标要求：“图书馆、文化馆具备流动服务功能，各区（市）县区域内实现公共图书在乡镇（街道）、村（社区）的流转和‘通借通还’。”（摘自成办发〔2011〕80 号文件）成都市政府将实现全域的通借通还作为公共文化服务的重要内容，并且明确了时间表和路线图，为成都图书馆牵头进行全市范围内的系统互联和数据互通提供了政策保障。

成都市公共图书馆“一卡通”

成都市公共图书馆通借通还工作采用成员馆加盟模式，在不改变现有体制和不影响各馆日常业务运行的前提下，实现全市的文献通借通还。由规模较大、馆藏丰富、力量雄厚、管理科学的图书馆——成都图书馆牵头，负责业务管理与技术支持，其余图书馆在成都图书馆的协调指导下，陆续加入全市通借通还联盟，形成了符合成都市公共图书馆现状的通借通还服务规范和操作模式。

成都图书馆 2010 年起启动全市图书通借通还平台建设，2014 年年底实现了全域 21 家公共图书馆的文献通借通还。

成都市的公共图书馆通借通还服务，加强了成都市各级公共图书馆之间的合作，构建了全市公共图书馆网络共享平台，促进了各级图书馆以开放进取的心态参与馆际合作，为公共图书馆文献资源与服务的系统整合奠定了坚实基础。对于成都市各公共图书馆而言，通借通还是一种全新的服务方式与理念，它打破了文献所有权和读者注册馆等时空限制，使各类文献在广泛的范围里实现了资源共享，开拓了公共图书馆全新的读者服务方式。更为重要的是，通借通还服务方便了读者，他们可以就近、便捷地使用图书馆的各类资源。公共图书馆能以更人性化的服务最大限度地满足读者的文献需求。

四、分馆建设与服务

成都图书馆按照“共建共享，服务于民”的原则，以分馆建设为载体，向社会各阶层读者提供图书借阅的延伸服务。截至 2014 年，成都图书馆共建分馆 73 所。其中学校分馆 16 所，包括大中小学、职业学校、社会教学机构和农民工子弟校等；城市社区分馆 17 所，覆盖了居民密度较大的城市中心社区，并与上万人的居民小区合作，建设楼盘小区分馆；与公安和司法等部门合作，建设公安以及监狱分馆等 23 所；在偏远山区乡镇和农村建立了 12 所社区分馆；服务工业园区内农民工和青工的企业分馆 1 所；设立于政府事业单位内部的分馆 4 所。

成都图书馆红花学校分馆

成都图书馆分馆服务效益一览表（2014 年）

序号	分馆名称	地址	阅览席位（个）	阅览室面积（平方米）	每周开放时间	流通人次（人次）	流通册次（册次）
1	成都市彩虹小学	上池正街 96 号	50	120	周一至五	8254	16508
2	成都市实验小学红碾分校	青羊区黄土村三组	36	56	周一至五	7189	14378
3	红花学校	成华区韦家碾	30	50	周一至五	9987	19974
4	猛追湾双语学校	双林路 189 号	118	60	周一至五	8963	17926
5	文德社区成华实验小学	八里小区文德路	30	48	周一至五	7359	14718
6	大邑邮江镇小学	邮江镇香泉街	35	40	周一至五	8532	17064
7	成都市工业学校	成都市一环路北四段	120	440	周一至日	11952	23904
8	彭州宝山宏润农民职业技术培训学校	彭州市龙门山镇宝山村	60	130	周一至日	8534	17068
9	菱窠路小学	菱窠路 133 号	120	448	周一至五	10963	21926
10	四川大学锦城学院图书馆	高新西区西源大道	1200	2000	周一至日	13856	27712
11	金堂三星镇高级职业中学	金堂三星镇蓝家店社区	200	100	周一至日	7582	15164
12	金堂杨柳济慈学校	金堂赵镇	144	100	周一至五	7513	15026
13	四川省邛崃一中	邛崃市学道街	290	400	周一至日	8354	16708
14	崇州市职业学校	崇州市蜀州中路	60	300	周一至五	8687	17374
15	成都市艺术学校	成都市二环路西一段	50	200	周一至五	5565	11130

（续）

序号	分馆名称	地址	阅览席位（个）	阅览室面积（平方米）	每周开放时间	流通人次（人次）	流通册次（册次）
16	苹果树下学校	沙湾东二路	20	25	周一至日	5985	11970
17	武侯双楠街办百花社区	武侯百吉街	50	35	周一至五	2687	5374
18	西御河街五福社区	西华门街	40	80	周一至五	3156	6312
19	府南锦屏社区	锦屏南路	7	50	周一至五	2987	5974
20	新鸿新华社区	双林北横路	40	20	周一周五	3265	6530
21	府南街道文苑社区	石人南路	40	25	周一至五	3645	7290
22	苏坡街道培风社区	培风东街	60	80	周一至五	4521	9042
23	新华西街办宁夏社区	万和路	50	100	周一至五	4965	9930
24	新华西路八宝社区	八宝街	60	110	周一至日	4635	9270
25	石人南路社区	清江东路	80	145	周一至五	2687	5364
26	汪家拐办事处文庙社区	文庙前街	60	100	周一至五	2635	5270
27	牛市口街办华成路社区	席草田	50	45	周一至日	2963	5926
28	东御河社区	东华门街	30	30	周一至日	3165	6330
29	路南社区	水碾河南一街	20	35	周一至五	2685	5370
30	石人北路社区	石人北路	25	38	周一至五	4968	9936
31	玉林街道文体活动中心	玉林西街	48	150	周一至日	3985	7970
32	高新区益州社区	高新区锦晖东街	12	40	周一至五	2054	4108
33	成都高新区技术创新服务中心	成都高新区益州大道中段	26	100	周一至五	8635	17270
34	四川省成都强制隔离戒毒所	航空港学府路二段	80	300	周一至五	9563	19126
35	成都市公安局交通管理局六分局	外西土桥金金盾路	30	60	周一、周六	5368	10736

（续）

序号	分馆名称	地址	阅览席位（个）	阅览室面积（平方米）	每周开放时间	流通人次（人次）	流通册次（册次）
36	成都公安消防五中队	花牌坊街	15	15	周一至五	2685	5370
37	78186 部队	崇州市怀远镇	32	100	周一至日	5596	11192
38	成都女子监狱	龙泉驿区仁安镇	400	150	周一至六	6357	12714
39	省看守所	文庙西街	60	40	周一至日	5325	10650
40	四川省未教所	航空港学府路二段	40	100	周一至五	8065	16130
41	成都市公安局指挥中心 110 接处警大队	文武路	20	20	周一至五	5236	10472
42	武警四川总队女子特警队	武侯区金雁路沙堰西二街	80	90	周一至日	7657	15314
43	省委警卫连	东城根中街	40	90	周一至日	4535	9070
44	武警二支队七中队	汪家拐街	24	64	周一至五	3254	6508
45	四川省邛崃监狱	四川省邛崃市土地坡土陶村	30	370	周一至五	7978	15956
46	四川省大堰劳教所	资阳市雁江区临江镇大堰村	50	310	周一至五	7895	15710
47	四川省女子劳教强制隔离所	四川省内江市资中县	50	100	每天上午	6532	13064
48	四川省新华劳教	四川省绵阳市	62	150	每天上午	8657	17314
49	78187 部队	四川省彭州市红岩镇	48	160	每周二、四、六	6684	13368

（续）

序号	分馆名称	地址	阅览席位（个）	阅览室面积（平方米）	每周开放时间	流通人次（人次）	流通册次（册次）
50	四川省沙坪劳教所	眉山市东坡区	96	300	周一至五	9358	18716
51	成都军区警卫营	成都市江汉路	30	75	周一至日	2968	5936
52	成都军区政治部勤务汽车队	成都市江汉路	30	100	周一至日	2587	5174
53	78525 部队 17 团	蒲江县	14	60	周一至日	9356	18712
54	78138 部队	锦江区上沙河铺	32	70	周一至日	4689	9378
55	成都军区联勤部机关直属队	青羊区蜀都大道	36	130	周一至日	2569	5138
56	77121 部队陆航团	金牛区	15	120	周一至日	6248	12496
57	省委办公厅	商业街	4	160	周一、周五	2569	5138
58	成都市文化馆培训中心	成都市草堂路	60	80	周一至日	5487	10924
59	成都市交通委员会	成都市洗面桥街	24	80	周一至五	3658	7316
60	成都杜甫草堂博物馆	成都市草堂路	20	45	周一至五	4525	9050
61	郫县安靖镇方桥村村委会	安靖镇方桥村	30	50	周一至五	3659	7318
62	新津县五津镇临江村	新津县五津镇临江村	35	30	周一周日	3254	6508
63	金堂县转龙镇	金堂县转龙镇	110	130	周一至五	3658	7316
64	彭州市天彭镇光明社区	彭州市天彭镇光明社区	50	75	周一至六	3258	6516

（续）

序号	分馆名称	地址	阅览席位（个）	阅览室面积（平方米）	每周开放时间	流通人次（人次）	流通册次（册次）
65	邛崃市夹关镇熊营村村委会	邛崃市夹关镇熊营村	60	40	周一至五	3556	7246
66	龙泉茶店镇龙泉湖村村委会	茶店镇龙泉湖村	10	50	周一至日	2987	5974
67	龙泉柏合镇东华村村委会	柏合镇东华村社区	12	40	周一至五	2968	5936
68	彭州市丽春镇黄河村	丽春镇黄河村	16	50	周一至五	3078	6156
69	新津县花源镇	花源镇社区	20	56	周一至五	2961	5922
70	邛崃大同乡中华村	邛崃市大同乡中华村	12	52	周一至五	3296	6592
71	大邑县安仁镇民安社区	大邑县安仁镇	28	48	周一至五	2965	5930
72	大邑县西岭镇西岭雪山滑雪场	大邑县	20	30	周一至日	3354	6714
73	新力设备有限公司	新都区新繁镇	64	500	周一至五	6981	13962

第二节

共享工程支中心

按照文化部和全国文化信息资源共享工程相关工作要求，2004 年 4 月成都市文化局发文成立成都市文化信息资源共享工程领导小组。成都图书馆于 2004 年 6 月建立全国文化信息资源共享工程成都市基层服务站，2005 年设立全国文化信息资源共享工程成都市级分中心，2007 年更名为全国文化信息资源共享工程成都市支中心。

成都市共享工程支中心

至 2014 年，成都市支中心拥有工作人员 14 人，其中专职 9 人，兼职 5 人，负责从事支中心的资源建设、资源服务、技术支持、专业培训、日常管理等工作。共享工程成都市支中心的建设经历了以下三个阶段。

一、2004—2006年

2004年6月，成都图书馆与四川省图书馆签署《四川省文化信息资源共享工程成都图书馆基层服务站协议》，并购买服务器等硬件设备及数据资源，进行了共享工程成都市基层服务站的建设。经四川省文化信息资源共享工程分中心验收合格后进行了授牌，标志着全国文化信息资源共享工程成都市基层服务站正式建成。

2005年6月，根据文化共享工程领导小组办公室《关于规范全国文化信息资源共享工程各级分中心名称与标牌的通知》（共享办〔2005〕1号）的精神，全国文化信息资源共享工程成都市基层服务站更名为全国文化信息资源共享工程成都市级分中心。此阶段分中心主要通过卫星设备接收共享工程资源，利用电子阅览室开展服务。

二、2006—2007年

此阶段，共享工程成都分中心完成对已有的软硬件平台升级，增加电信宽带接入20M、应用服务器3台、资源存储设备8TB。特别是在资源访问上，市分中心根据成都市实际情况，采用B/S的网站发布和Internet的访问模式对基层点进行服务。市分中心还利用自有技术资源改版建设了一个全新的“全国文化信息资源共享工程成都支中心”网站（http：//www. cdndcnc. cn），网站在原有资源的基础上，不仅对原有版面进行了美化，还加入了大量自建资源（包括成都地方文献网页、成都非物质文化遗产网站、成都讲坛模块）和数字资源（包括apabi电子图书、万方数据库），向广大群众提供了喜闻乐见的各类信息资源和网上电子图书，极大地丰富了各村镇社区群众的精神生活。

文化共享工程成都分中心结合自身实际，充分整合资源，把共享工程与现有的电信宽带网络（包括ADSL宽带和其他电信专线宽带网络）、广播电视网络、农村党员干部现代远程教育网络、少儿绿色网上空间、农村中小学现代远程教育网络以及市信息办的基层网点和市科技局基层网点相结合。

三、2007年至今

2007年6月，根据文化共享工程领导小组办公室《关于规范全国文化信息资源共享工程各级机构名称与标牌的通知》（共享办〔2007〕2 号）的精神，全国文化信息资源共享工程成都市级分中心更名为全国文化信息资源共享工程成都市支中心。

2007 年起，文化共享工程成都支中心在总结前两阶段建设基本情况的基础上，一方面狠抓市级支中心建设，于 2007 年、2009 年和 2012 年先后完成了三轮软硬件设备升级，新增各类服务器 11 台，SAN 架构磁盘阵列两套，存储容量达到 146TB，另一方面利用成都图书馆远程访问系统，实现了所有数字资源向基层服务点用户一站式开放。

在资源建设上，新增大量自建数字资源，包括成都市各类非物质文化遗产的音频、视频，讲座视频和成都地方文献数据库等，通过全国文化信息资源共享工程成都支中心网站向共享工程所有基层服务点免费开放。同时将历年来采购的各类电子图书、学术论文、电子期刊、年鉴、工具书、农业科技学术视频等数字资源，通过成都图书馆远程访问系统向共享工程所有基层服务点免费开放。

公共电子阅览室

支中心推进成都市县级支中心及基层点建设，截至 2014 年，成都市全市建有市支中心 1 个、县级支中心 20 个、基层服务点 3656 个（其中乡镇基层服务点 238 个、街道基层服务点 77 个、社区基层服务点 461 个、村基层服务点 2880 个），覆盖全部城乡的文化共享工程服务网络已经建成。

所有支中心及基层服务点的建设均按照文化共享工程国家中心及四川省分中心相关文件要求，与各区图书馆、乡镇（街道）综合文化活动站（中心）、村（社区）综合文化活动室的建设紧密结合，配备 10 台以上的电脑、投影机等设备，均接入互联网并能流畅访问共享工程各级中心资源。配备一名以上专职管理人员。所有软硬件条件均达到或超过了国家中心有关标准和四川省分中心标准。

为了保障基层点服务和活动的顺利开展，进一步加强基层服务点队伍建设，切实提高基层点操作人员的业务能力和水平，共享工程成都市支中心除了到基层对每个基层点的技术人员进行现场培训以外，还先后组织了十余次文化共享工程管理员培训班，参加培训人员上千人次，对区县支中心技术人员的培训覆盖率 100% 。通过集中培训，帮助管理员加深认识、掌握技术、解决问题，从而达到更好的服务效果。

目前，支中心系统存储容量 146TB，应用服务器 26 台，网络带宽 160M，通过支中心网站和客户端向基层点广大群众开放的资源超过 50TB。

第三节

古籍保护中心

2007年，国务院办公厅颁发了《关于进一步加强古籍保护工作的意见》，启动“中华古籍保护计划”，开展全国古籍普查工作，命名了一批“全国古籍重点保护单位”。2009年，成都图书馆进入国务院公布的第二批全国古籍重点保护单位行列。2010年，成都市编办批准成立成都市古籍保护中心。成都市古籍保护中心拥有专业工作人员7名，其中专业修复人员2名，古籍保管和古籍普查工作人员4名，古籍阅览室管理人员1名。中心拥有先进的修复专业设施设备，如古籍文献除尘修复工作台、中国字画拷贝修复工作台、中国字画超声乳化修复仪等。

全国古籍重点保护单位

一、古籍普查

20世纪90年代，成都市启动全市古籍普查工作，并于2004年正式出版《成都市古籍联合目录》（以下简称《目录》），填补了成都市古籍联合目录的空白。《目录》收录了成都地区古籍图书12310种，30余万册。以经、史、子、集、丛五部类分，其中经部1698种，史部3231种，子部2794种，集部4081种，完整的丛书506种。其中明清以前的珍、善本古籍857种。《目录》整体展示了成都市公藏机构的古籍状况，也为读者用户提供了查阅本地收藏古籍的途径。《目录》还对古籍的各种版本进行了系统考证并做了详细著录，为古籍版本学、传统图书印刷史研究等提供了基础资料。

此后，成都图书馆编撰出版《成都图书馆馆藏善本书目》，收录馆藏古籍善本 281 种 3711 册，包括明刻本 51 种，按经、史、子、集四个类别编撰，对每种善本的版式特征、刊刻年代都做了相应考证和详细著录。

近年来，成都图书馆重点开展了古籍普查著录工作，对古籍的内容和外观特征进行详细而准确的记录。著录的质量直接影响对古籍的了解和使用，因而必须按照标准化的格式进行规范著录，这也是实现文献资源共享的前提。成都图书馆依据《汉语文古籍机读目录格式使用手册》《中国文献编目规则（第二版）》第四章和《图书馆古籍整理工作》中的有关标准，结合成都图书馆藏古籍的实际情况，制定系列细则，建立了专门的古籍书目数据库。2012 年初，基本完成了馆藏古籍书目数字化工作，共计 34065 种 110991 册，其中善本 422 种 4764 册。

馆藏古籍

二、善本再造

成都市古籍保护中心负责全市古籍普查、保护、整理、研究、人才培养、统筹协调等，帮助新津县图书馆修复破损古籍 3000 余册，指导协助郫县图书馆完成《郫县图书馆古籍书目》的编纂出版，推荐新都区图书馆、彭州市图书馆、郫县图书馆成功申报“四川省古籍保护单位”。

工作人员正在进行古籍修复

馆藏善本再造——《唐土名胜图会》

在古籍善本再造工作中，先后再造出版《成都通览》《唐土名胜图会》《食宪鸿秘》《林中丞书信集》《清代学者象传》《芥子园画传》等珍贵古籍善本，编撰大型文献丛书《中国西南地理史料丛刊》（共 44 卷）、《四川省世界文化和自然遗产历史文献丛书》（共 26 卷），编辑出版《四库文丛》两期。

三、古籍服务

成都市古籍保护中心为读者提供古籍阅读等服务。古籍读者大致可分为两类：一类是普通市民，大多为成都本市人，利用古籍资料来编撰各自的家谱、族谱；另外一类是具备较高的专业能力、从事学术研究的人士，或是正在攻读硕士、博士学位的人员。读者范围覆盖了海内外。

读者在古籍阅览室查阅资料

长期以来，成都市古籍保护中心一直发挥区域古籍保护核心组织的作用，为区（市）县图书馆员开展了形式多样的古籍普查、修复培训等活动，为成都地区古籍保护工作奠定了基础。根据国家文化部门制定的古籍图书保护等管理原则，普通古籍和民国图书适当用于对外服务，清乾隆以前的善本古籍一般不提供用户服务。

2014 年，成都图书馆荣获国家文化部“全国古籍保护先进单位”称号。

第四节

图书馆学会

成都市图书馆学会成立于2004年8月，下设5个专业委员会，个人会员总数334人，共28个理事单位，理事成员34人。成都市图书馆学会是依法登记成立的公益性、学术性、非营利性的社会组织，主要负责组织全市图书馆学术研究，开展图书馆学术交流活动，编辑出版学会会刊、文集和图书馆学专业资料。

成都市图书馆学会是联系全市图书馆工作者的桥梁和纽带，是引导全市图书馆行业快速发展、科学管理、科技进步的重要社会力量。成都市图书馆学会倡导学术公正、独立和创新，致力于繁荣学术研究，促进图书馆事业和信息化的发展。成都市图书馆学会弘扬“尊重知识、尊重人才”的风尚，倡导奉献、创新、求实、协作的精神，坚持独立自主、民主办会的原则，坚持“百花齐放，百家争鸣”的方针。

成都市图书馆学会接受成都市科学技术协会和成都市民政局的业务指导和监督管理，学会挂靠成都图书馆。

一、学会活动

2004年8月学会成立至今，成都市图书馆学会每年举办一次全市公共图书馆行业学术年会，至今已成功举办十届。通过学术年会等形式，为学会会员们营造学术氛围参与各种学术活动，组织会员进行课题研究和学术创作。先后组织多次地区性和全国性的主题论文征集活动，征集各类学术论文数百篇，汇编学术论文10册。

成都市图书馆学会编辑的历年学术年会论文集

成都市图书馆学会积极组织学会所属区（市）县图书馆会员参加全国性或地区性专题学术研讨会。组织会员参加中国图书馆学会历届年会的学术交流，有10位会员获得中图图书馆学会年会征文奖；参加全国十五城市公共图书馆历届工作研讨会，有47位会员获得全国十五城市公共图书馆研讨会征文奖；参加“川吉苏冀桂”五省（区）图书馆学会历届学术研讨会，有65位会员获得“川吉苏冀桂”五省（区）图书馆学会研讨会征文奖；此外，还有百余位会员获得市级以上学术会议论文奖。

同时，成都市图书馆学会连续多年设立成都市科技年会分会场，围绕科技年会主题组织相关学术宣传活动。

二、全民阅读推广

成都图书馆作为中图图书馆学会设立的“全民阅读示范基地”，围绕全市文化工作中心，带领各区（市）县图书馆积极开展形式多样、内容新颖、各具特色的全民阅读活动，极大地提高了图书馆的人气，吸引了更多市民走进图书馆，扩大了图书馆的社会影响力。

成都市 20 个区（市）县公共图书馆特色服务一览表

图书馆名称	特色服务和品牌
成华区图书馆	特殊群体、弱势人群服务
青羊区图书馆	“五会”（典型报告会、读者见面会、好书推介会、经典赏析会、教育培训会）
金牛区图书馆	《书香金牛》馆刊
武侯区图书馆	电影课和“三国文化”数字图书馆
锦江区图书馆	“市民大书房”服务模式
高新区图书馆	高校图书馆“破墙共享”免费向社会开放模式
龙泉驿区图书馆	汽车移动图书馆和手机图书馆服务
温江区图书馆	“鱼凫讲坛”和“人文温江”公益性社会科普品牌讲坛
青白江区图书馆	“阅读·悦快乐”讲座活动
新都区图书馆	《桂湖》馆刊
双流图书馆	24 小时自助图书馆和“槐轩讲堂”系列讲座
崇州市图书馆	“点菜式”文化服务，“定制”数字电影、艺术培训、公益讲座、图书借阅、手工艺制作培训等文化服务
都江堰市图书馆	“手拉手，心连心”系列读书活动、少儿读书月活动
郫县图书馆	“书香鹃城，共享阅读”系列活动
邛崃市图书馆	“文君讲坛 百姓故事——述说邛崃”“经典诗书诵读沙龙”
彭州市图书馆	“一氓书屋”、音乐和电影放映室、“湔江讲坛”
新津县图书馆	“市民文化大讲堂·百姓故事会”“图书漂流进校园”
大邑县图书馆	“3 +2 读书荟——大邑乡村图书馆”
蒲江县图书馆	“鹤山讲坛”系列讲座
金堂县图书馆	助残文化讲座

在成都市图书馆学会的倡导下，全市公共图书馆每年寒暑假为少年儿童举办“科普影视作品展”，推出精彩的科教片和故事片，内容涉及人文历史、青春励志、喜剧娱乐等，寓教于乐，受到家长与少年儿童的一致好评。成都市图书馆学会组织各区（市）县图书馆推出系列特色活动，如“优秀儿童电影海报展”“六一亲子观影活动”“金沙讲坛儿童少年读书月”以及“家庭教育讲座”等，受到孩子和家长的欢迎。

成都市锦江区图书馆

三、专业培训与业务指导

成都市图书馆学会成立后，历年举办的学术交流、培训辅导达20余次。主要形式为以下几个方面。

一是邀请国内外专家来馆做学术报告。先后有德国柏林自由大学哲学系图书馆馆长维尔纳博士做题为《图书馆的可持续性——德国的绿色图书馆建设》的报告，德国杜伊斯堡市立图书馆馆长严彼特·巴比安博士做题为《德国公共图书馆服务网络建设》的报告，艾迪讯电子科技有限公司副总经理许长城做题为《台湾图书馆创新服务与大陆社区模式的实践与总结》的学术报告，原成都理工大学图书馆副馆长、现超星信息技术发展有限公司副总经理、研究馆员叶艳鸣做题为《图书馆的新技术与新服务》的学术报告等。

二是举办区（市）县图书馆业务培训班。先后举办了区（市）县图书馆馆长及业务骨干培训、区（市）县图书馆管理人员业务培训、乡镇综合文化站专职干部业务技能培训、农村图书室管理员业务培训、全国文化信息资源共享工程技术人员培训以及其他形式的业务培训等。

三是热线咨询。成都市图书馆学会通过网络、电话、现场接待等方式，解答区（市）县图书馆的业务咨询每年达千余次。

四、学术科研活动

成都图书馆是成都市图书馆学会的挂靠单位，历来重视学术科研活动，把业务研究和科研创新视为图书馆生存发展的两大命脉。至 2014 年年末，成都图书馆员工中具备高级职称者 7 人，占业务人员总数的 9.4%；中级职称者 34 人，占业务人员总数的 54.7%；大学本科以上学历者 51 人，占职工总数的 71.8%。

为调动馆员参与学术科研活动的积极性，成都图书馆制定了《关于奖励业务研究和科研成果的若干办法》，对优秀人才和科研成果进行精神和物质两方面的表彰奖励。图书馆还制定了图书馆开展学术科研的工作条例，在每年图书馆工作的计划安排和年终总结中，都有本馆科研规划和学术成果。

至 2014 年年末，成都图书馆出版了各类学术专著 20 余部，其中获得国家级科研项目立项 1 项，厅局级科研项目立项 13 项，在省级以上刊物发表科研学术论文 300 余篇；获得国家级奖励 1 项，省部级奖励 31 项，厅局级奖励 42 项。

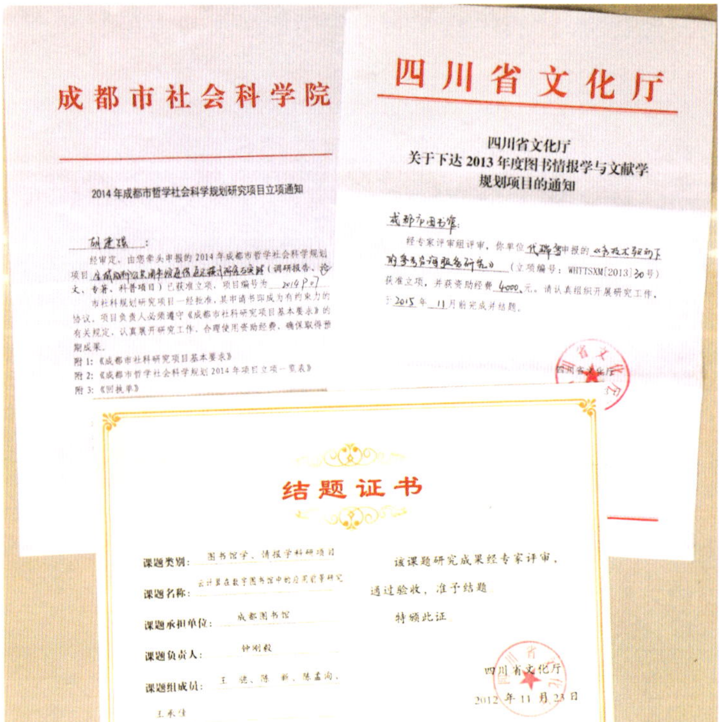

成都图书馆部分科研立项

成都图书馆出版专著情况一览表（2002—2014）

序号	名称	出版时间	出版社	主要著作者
1	《中国西部客家第一镇——洛带》	2002. 03	成都时代出版社	肖平
2	《客家人》	2002. 03	成都地图出版社	肖平
3	《地上成都》	2003. 07	成都时代出版社	肖平
4	《地下成都》	2003. 07	成都时代出版社	肖平
5	《人文成都》	2003. 07	成都时代出版社	肖平
6	《成都市古籍联合目录》	2004. 10	四川大学出版社	成都图书馆
7	《成都图书馆善本书目》	2004. 10	四川大学出版社	成都图书馆
8	《湖广填四川》	2005. 01	成都时代出版社	肖平
9	《成都的故事》	2005. 08	成都时代出版社	肖平
10	《成都物语》	2005. 08	成都时代出版社	肖平
11	《21 世纪中国公共图书馆发展与建设研究》	2005. 09	四川大学出版社	成都图书馆
12	《东山客家：走进一个桃花源》	2005. 10	成都时代出版社	肖平
13	《三星堆：青铜之光照耀世界》	2005. 10	成都时代出版社	肖平
14	《成都的故事》	2006. 10	成都时代出版社	肖平
15	《走进成都——书目集萃》	2006. 11	成都时代出版社	郝康理、钟刚毅、肖平
16	《数字时代图书馆建设的理论与实践》	2010. 01	四川大学出版社	姚乐野、钟刚毅
17	《古蜀文明与三星堆文化》	2010. 04	四川出版集团 四川人民出版社	肖平
18	《唐土名胜图会》	2010. 11	巴蜀书社	钟刚毅
19	“四川省世界文化和自然遗产历史文献丛书”（共 26 卷）	2012. 11	上海交通大学出版社	李勇先、钟刚毅、胡建强
20	《城乡一体化进程中的图书馆发展模式研究——以成都地区图书馆为例》	2013. 03	科学出版社	李勇、钟刚毅、程孝良
21	《四川省图书馆 · 成都图书馆百年同人文集》	2013. 04	四川大学出版社	李忠昊、王嘉陵、肖平
22	《四库文丛》（第一卷）	2013. 05	上海交通大学出版社	胡建强
23	《地上成都》	2013. 06	天地出版社	肖平
24	《地下成都》	2013. 06	天地出版社	肖平
25	《人文成都》	2013. 06	天地出版社	肖平

（续）

序号	名称	出版时间	出版社	主要著作者
26	《湖广填四川》	2013.06	天地出版社	肖平
27	《客家人》	2013.06	天地出版社	肖平
28	《中国西南地理史料丛刊》（共44卷）	2014.07	巴蜀书社	姚乐野、李勇先、胡建强

成都图书馆科研立项情况一览表

序号	项目名称	立项时间	项目类别	成果形式
1	城乡一体化进程中的图书馆发展模式研究——以成都地区图书馆为例	2008.07	国家社科基金项目	专著
2	公共文化服务体系中的图书馆网络信息服务研究	2011.04	四川省文化厅项目	系列论文
3	云计算在数字图书馆中的应用前景研究	2011.04	四川省文化厅项目	系列论文
4	文化共享工程地方特色数据库建设与服务研究	2011.04	四川省文化厅项目	系列论文
5	运筹学（数据·模型·决策）在成都市城乡一体化图书馆变革中的应用研究	2011.04	四川省文化厅项目	系列论文
6	新技术驱动下的参考咨询服务研究	2014.01	四川省文化厅项目	系列论文
7	公共图书馆购书经费绩效考评机制的探索与实践——以成都图书馆为例	2014.01	四川省文化厅项目	系列论文
8	公共图书馆营销宣传与推广	2014.01	四川省文化厅项目	系列论文
9	数字图书馆技术在非物质文化遗产保护中的应用研究	2014.01	四川省文化厅项目	数据库
10	成都古籍联合目录（网络版）	2002.11	成都市文化局项目	数据库
11	全域成都公共图书馆通借通还模式研究与实践	2014.05	成都市哲学社会科学规划研究项目	系列论文
12	我国公共图书馆未成年人服务建设权重比较的调查报告	2014.04	成都市科协项目	调查报告
13	城乡统筹背景下的公共文化服务均等化——以成都“统筹城乡综合配套改革实验区”公共文化服务体系建设为例	2010.06	成都市科协项目	论文集

2008 年，成都图书馆与成都理工大学图书馆一起申报国家社科基金项目“城乡一体化进程中的图书馆发展模式研究——以成都地区图书馆为例”，获准立项并于 2012 年年底顺利结题，研究成果于 2013 年 3 月由科学出版社正式出版。该项目为城乡一体环境下图书馆发展提供了可资借鉴的发展模式，也为成都市创建全国公共文化服务体系示范区奠定了基础。

2011 年，由文化部副部长王文章担任学术委员会主任的“国家文化创新工程项目”——《中国世界文化和自然遗产历史文献丛书》正式出版。成都图书馆结合中华古籍保护计划等重点文化工程，在全国率先编纂分省卷“四川省世界文化和自然遗产历史文献丛书”，于 2012 年 11 月由上海交通大学出版社正式出版。

2013 年，成都图书馆启动《中国西南地理史料丛刊》编纂科研项目，该丛刊共 44 卷（册），于 2014 年正式出版。该丛刊是目前我国有关云、贵、川、渝、藏、桂等西南地区最完备的地理文献集结成果，共收录各种地理文献 500 余种，对西南地区除地方志以外的地理文献第一次进行了全面、系统的收集和整理，为人们从事西南历史地理研究提供了极大的方便。

成都图书馆部分科研成果

成都圖書館

城市图书馆与城市服务

喜閱
喜閱
喜閱
喜閱

錦城講堂

05

第五章

阅读推广

第一节

公益讲座

成都图书馆自2004年举办公益讲座以来，已举办各类讲座1000余期，累计接待听众30余万人次。成都图书馆以传承文明、传播知识、传递信息、丰富群众文化生活为己任，广泛参与社会文化生活，打造成都市公共文化品牌，树立形象，开拓进取，取得明显的社会效益。

讲座现场

由于成都图书馆公益讲座举办时间早，邀请名师多，地理位置好，讲座内容全，因此培育了众多的忠实听众。从 2004 年至今，有众多文化名人、名师在成都图书馆举行讲座，他们中间有著名作家王蒙、麦家、阿来、张扬、易中天、阎崇年、林清玄、胡因梦、当年明月；著名诗人流沙河；著名戏剧家蔡少华、陈巧茹；著名表演艺术家章金莱、李谷一、焦晃；儿童教育家梅子涵、杨红樱、李梅瑾、郑委，心理教育专家霍大同、格桑泽仁；军事专家乔良；著名电视主持人白岩松、陈岳；著名当代绘画艺术家周春芽、何多苓等。

成都图书馆在公益讲座活动中形成了良好的听众群体，获得了政府部门的信任。中共成都市委宣传部、组织部以及成都市精神文明办公室等先后与成都图书馆合作举办系列讲座。公益讲座也得到了社会各界的关注，一些传媒机构、文艺团体也与图书馆合作举办讲座活动，如 2006 年，成都交响乐团、民乐团等与成都图书馆联合举办了“周末音乐会”；2008—2009 年，中国国家地理杂志社与成都图书馆联合举办了“中国国家地理成都大讲堂”；2008—2010 年，《成都日报》社与成都图书馆联合举办了“快乐生活名医馆”等系列讲座。

一、锦城讲堂

锦城讲堂于 2004 年 2 月由成都图书馆创办，多年来满足了不同层次群体的精神文化需求，受到市民欢迎，成为成都市民精神生活中的一道文化盛筵。周末到成都图书馆听讲座已经成为成都市民的时尚选择之一，良好的社会认可度使其成为成都图书馆的文化服务品牌项目。

流沙河讲诗经

成都图书馆锦城讲堂的主宾以本地文化名人为主，同时适当邀请部分国内文化名家，有计划性、针对性地邀请有较高社会知名度、演讲水平高的专家和学者举办系列讲座。曾邀请文化名人流沙河推出每月一期的“中国诗歌通讲”系列，为听众深度解析《诗经》、唐诗宋词；由著名美食家李书崇主讲独具特色的“李书崇谈吃”系列；组织多名表演艺术家举办“艺术赏析”系列，以表演与解说同步的方式传递传统戏剧鉴赏知识；邀请成都名老中医为市民普及中华养生知识，邀请心理健康专家为听众就亲子关系、职场减压、婚姻情感等问题答疑解惑等。根据社会的信息需求，先后组织了“父母大课堂”“女性大讲堂”等系列讲座。活动内容涵盖政治、经济、历史、文化、艺术、健康、法律、教育等多个领域。

锦城讲堂每期讲座的互动时间为一小时左右，主讲人与听众能够进行平等的交流互动，听众可以自由地表达各自的不同见解，促使主讲的学者、专家更充分地展开话题，为听众做更深入的阐述。不是居高临下的教诲，而是真心诚意的交流和机智敏锐的对话，成为这个讲座的重要特色之一。听众在轻松愉快的互动中享受交流的愉悦，进行深入的思考，获得文明的熏陶。图书馆注重讲座活动的社会宣传，通过电视、电台、报纸、期刊、网站、微博等发布讲座内容预告和主讲人背景资料等信息，扩大讲座信息传播范围，提高讲座的公众知晓率。讲座活动结束后，听众还可以通过网络平台，如成都图书馆公益讲座 QQ 群，成都图书馆新浪、腾讯博客，成都图书馆新浪、腾讯官方微博等继续开展交流。锦城讲堂的社会知名度大大提高，每逢周六下午，报告厅都座无虚席。讲座在稳定形成听众群的同时，还吸引了许多高校教授、省市社科院专家及各界有识之士积极参与并担当文化志愿者，使图书馆成为多元文化交流的城市文化空间。

六小龄童讲《西游记》

苏州昆剧院表演青春版《牡丹亭》

锦城讲堂在活动中还突破单一的讲演模式，推出“讲座与演出、讲座与展览相结合”模式。例如，邀请苏州昆剧院到馆举办讲座，讲解昆曲扛鼎之作青春版《牡丹亭》，这是昆曲第一次走进西部公共图书馆，为市民展示这一历史悠久的优秀戏曲形式；讲座由苏州昆剧院院长蔡少华主讲，苏州昆剧院梅花奖得主俞玖林现场演示，并邀请川剧“二度梅”获得者陈巧茹同台交流。又如，邀请台湾著名花艺大师操瑞芸举办《锦城问花——中国插花》讲座及大型花艺展览。再如，邀请著名古灯收藏家姚宇林举办《远古那如豆灯火，点亮五千年文明》讲座和古灯收藏展等。市民在图书馆听讲座，同时观看演出、参观展览，获得的是新颖的全方位文化服务。

二、金沙讲坛

金沙讲坛创办于2009年3月，由中共成都市委宣传部主办，成都市社会科学界联合会（成都市社会科学院）、成都图书馆、成都传媒集团、成都市互联网宣传管理办公室、成都市广播电视和新闻出版局、各区（市）县社科联共同承办。主讲坛设在成都图书馆。作为大型公益性人文科学讲坛，金沙讲坛着眼于贴近百姓精神文化需求，创新开展公共文化服务和社会科学普及，免费、公开向成都市民开放。

林清玄在图书馆举办讲座

金沙讲坛在现场讲座的基础上，实施“一次讲座、多次传播”模式，包括现场版、电视版、报纸版、网络版、音频版和区（市）县版。现场版每年3—10月的周六或周日在成都图书馆举办，现场听众近300人，讲座时长约120分钟（90分钟的演讲和30分钟听众互动）。省市主流媒体《华西都市报》《成都日报》《成都商报》《成都晚报》以及四川交通电台、成都电台、成都电视台、“成都发布”微博、微成都、成都全搜索网等进行二次传播。同时，讲坛办公室制作《金沙讲坛时讯》、年度光盘合辑、专题光盘、讲坛实录图书等，赠送给各机关、企事业单位、学校、社区和部队。2012 年下半年，金沙讲坛迁至成都金沙遗址博物馆金沙剧场。在成都图书馆举办期间，有近 200 位名人名家到馆演讲，在 20 个区（市）县分讲坛的讲座超过 700 场，现场听众逾 20 万人次，通过电视录播收看讲座的观众超过 5000 万人次。

白岩松主讲《岩松看中国与世界》

金沙讲坛的内容涵盖政治、经济、文化、历史、法律等多个领域。听众群体出现了年轻化、知识化趋势，许多社会团体、文化机构慕名前来商谈合作。金沙讲坛已培育出一大批忠实听众，甚至有郑州、西安、北京、武汉等地的听众专程坐飞机来蓉城听讲。金沙讲坛被誉为成都市民最好的精神家园，成都的“百家讲坛”。2010 年 7 月，中宣部《宣传工作》第 29 期将金沙讲坛作为马克思主义中国化普及典型，全文登载了介绍其做法的文章。2010 年 9 月，在常州举行的“首届全国城市讲坛研讨会”上，金沙讲坛的经验作为五个城市发言之一在大会上交流。2011 年 10 月 15 日，《光明日报》以《成都“金沙讲坛”：老百姓自己的文化沙龙》为题登载了讲坛的创新做法。

三、道德讲堂

成都图书馆是“成都市民道德讲堂”驻地。道德讲堂由成都市精神文明办公室牵头，成都图书馆承办。道德讲堂是中央文明办主导的一项重点工作，被纳入《全国城市文明程度指数测评体系》。成都图书馆按照“有固定场所，有经常化活动，有规范性流程，有浓厚的道德文化氛围”的“四有”要求，精心开展示范性、普及性道德故事弘扬宣讲活动。

道德讲堂活动围绕提升市民道德素质开展，以“学习道德模范，争做成都好人”为主题，大力弘扬雷锋精神和中华传统美德，突出价值导向和感召力量，结合学雷锋活动在全市社区、村镇、学校、机关、企业广泛推开。共设立七类“道德故事讲堂”，广泛组织各级道德模范、美德少年和专家学者等讲道德故事，尤其是发动群众讲身边的好人好事，然后从多个侧面进行深入立体的点评，有效引导公众自觉成为道德建设的传播者和践行者，推动知荣辱、讲正气、做奉献、促和谐的社会风尚形成。

从 2012 年 7 月起，道德讲堂已举办 40 余场讲座，现场听众 1 万余人次并制作讲座现场视频资料 500 余份。

四、其他讲座

1. 院士论坛

2005 年 5 月科技节期间，成都图书馆增设院士论坛，邀请中国工程院院士、导弹系统工程专家、国际宇航科学院通讯院士钟山和中国社会科学院亚洲太平洋研究所副所长、中国世界经济学会副会长、中国亚太学会副会长、全国美国经济学会副会长、原中国驻纽约总领事张宇燕分别做了《飞向太空的基石》和《世界格局与我们的环境安全》等两个高端报告，受到热烈欢迎，听众达到 700 余人次。以此为契机，成都图书馆在以后九年中先后邀请 10 余位院士来馆演讲。

院士论坛

2. 同心行动 · 成都讲坛

2005 年，中共成都市委宣传部和成都市政府相关部门配合，依托成都图书馆公益讲座组织了“同心行动 · 成都讲坛”系列讲座。至 2007 年先后举办了 37 期由政府各个行业负责人主讲的讲座，意在拉近市民和政府的距离，让公众客观、全面地了解政府部门的职能和工作，让更多的市民了解成都市委和市政府的发展思路和中心工作，增加政务工作的透明度和亲和力，促进和谐成都的全面建设。讲座吸引了众多听众，部分听众带着问题来现场咨询，探讨有效解决方法。这一讲坛活动是市情民意沟通的顺畅渠道之一，得到各界一致好评，讲座活动座无虚席，听众总人数上万。

3. 周末音乐会

2006 年，成都图书馆开设周五音乐欣赏讲座。活动由成都市文化局主办，成都艺术剧院、成都图书馆联合承办，以普及音乐知识为主旨。从 2006 年 3 月 31 日到 8 月 11 日，共举办了 20 场。有别于其他的专场演奏会，活动方式为音乐知识介绍和乐队现场演奏结合，内容从中国音乐简史、民族乐器的发展到外国音乐史和交响乐。听众不仅可以欣赏中外名曲，还可以了解相关乐器的发展史，极大地丰富了音乐欣赏常识。这一活动受到媒体关注，成都电视台一套和二套、四川电视台、成都电台等进行了直播或录播，《成都商报》《华西都市报》等媒体进行了详细报道。

在组织图书馆讲座现场活动的同时，成都图书馆还向上级文化部门推荐、报送大量高品质的讲座资料，其中被全国文化信息资源共享工程国家中心和四川省中心采用的有 70 余种。成都图书馆在讲座活动基础上编辑的影像资料可通过登录成都图书馆网站的“视频频道”随时获取。

周末音乐欣赏讲座

第二节

数字图书馆

数字图书馆建设一直是成都图书馆业务工作的重点，目前，成都图书馆共拥有五个独立域名的网站，分别为业务主网站、共享工程成都市支中心网站、成都地方文献网站、蜀风雅韵——成都非物质文化遗产数字博物馆、中国成都国际非物质文化遗产节官方网站，形成了既能服务社会读者，又能传承地方文化的数字图书馆特色业务体系。

一、自建数字资源

成都图书馆自建数字资源 18.2TB，约占电子文献总资源量的三分之一。成都图书馆在自建资源的选题上十分注重成都特色及实用价值，尤其在地方文献数据库的建设中，充分体现巴蜀文化的源远流长和辉煌灿烂。

1. 蜀风雅韵——成都非物质文化遗产数字博物馆

作为一座拥有近 4800 年文明史和 2600 年建城史的历史文化名城，成都世代相传的非物质文化遗产约有 350 项。这些项目散落于民间，需要有一个专门的记录和展示中心。2005 年，成都图书馆开始建设蜀风雅韵——成都非物质文化遗产数字博物馆。2006 年 4 月，在全国第一个文化遗产日到来时，全国第一家非物质文化遗产专题网站免费开放。

蜀风雅韵——成都非物质文化遗产数字博物馆建设创造了三个全国第一：全国第一家以非物质文化遗产保护为主题的地区性数字博物馆，全国第一家免费开放的非物质文化遗产专题网站，全国公共图书馆中第一家建立非物质文化遗产地区性完整名录体系并保存大量原始数据的多媒体数据库。因此，成都图书馆 2009 年获得第三届“文化部创新奖”，这是四川省首个获此奖项的文化创新项目。

蜀风雅韵——成都非物质文化遗产数字博物馆

本数据库以抢救、记录、保护、传承成都非物质文化遗产为主旨，兼顾国家和各级地方政府的政策法规、保护成果、新闻动态和学术研究。数据库分为蜀风雅韵、新闻动态、政策法规、非遗论坛四个板块，以及“古琴流韵——2006 成都·中国古琴国际艺术节”（网址：http://www.ichchengdu.cn/immaterial/guqin/）与“中国非物质文化遗产传统技艺展”（网址：http://www.ichchengdu.cn/immaterial/web/webtranartex.aspx）两个专题数据库。

蜀风雅韵数据库以栏目形式，展示成都地区入选国家级、省级、市级名录的 80 余个非物质文化遗产项目。每个项目均以文字、图片、音频、视频等多媒体方式记录并展示。以川剧为例，在文字记录中，分设表演艺术、传承人、戏曲演员、舞台美术和技术、化妆、服装、道具、川剧研究等子栏目；在影视记录中，收集、制作了 80 余部川剧演出实况影片，许多已经去世的川剧艺术家的表演因此得以留存；在音频记录中，有 236 部川剧音频资料。这些栏目与内容都可供远程视频点播。

截至 2014 年，蜀风雅韵——成都非物质文化遗产数字博物馆条目总量达到 35000 余条，其中文字 15000 余篇、图片 2 万多幅；视频 369 部，时长 94 小时；音频 590 部，时长 73 小时；原始素材数据库容量 1000GB。

本网站开放以来已有 40 余万人次的访问量，他们来自 40 多个国家及地区。中央电视台《探索·发现》栏目“金钱板”专题中的文字和视频资料即取材于此。网站得到了参加第一、二、三届“中国成都国际非物质文化遗产节”的海内外专家的一致好评，并获得海

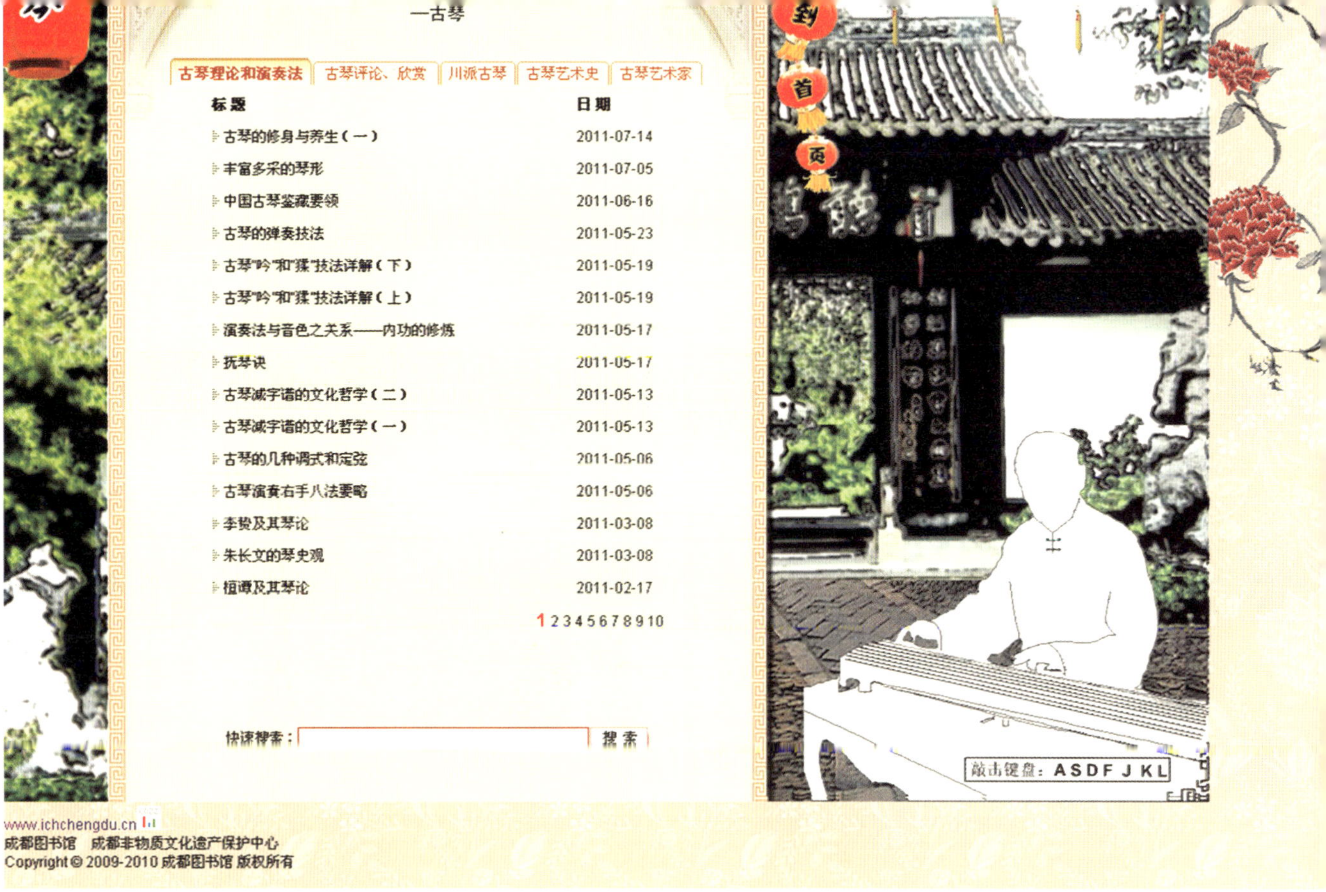

成都非物质文化遗产数字博物馆“古琴”专栏

内外各种媒体的高度关注，《中国文化报》、香港《文汇报》、新浪网等都曾经大幅报道。网址：http://www.ichchengdu.cn/。

2. 锦城讲堂——视频服务

锦城讲堂内容为成都图书馆“周末公益讲座”视频精选，由成都图书馆自主拍摄、加工、制作、筛选。精选为11个系列200多部，包括艺术欣赏、名家读名著、金沙讲坛、国家地理、关爱健康、国学经典、现代女性、父母大课堂、乡土课堂、社会建设、家长沙龙。网址：http://v.cdclib.org/。

3. 成都地方文献专题网站

本网站数字资源涵盖成都地区历史文化、人文地理、民风民俗、老城新貌、美食旅游、经济法规等多方面的内容。“天府记忆”图片库收录了成都从清末民初到现在的20000多张图片，见证了成都的历史变迁和当代发展成就；“影像成都”视频库收录了成都地区各类影像资料，有百余部反映成都历史、文化、风土人情等的视频；21期“电子杂志”以高清图片的形式展示馆藏精美画册，有图片3000余张。此外，地方文献专题网站还有“天下成都”“每月看台”“古蜀文明”“成都旧闻”“蓉城民俗”“川菜天地”“巴蜀人物”“天府览胜”“成都百镇”“西部经济”“法律法规”“成都知识百事通”12个全文专题子库，标准全文数据

22000 余条，6000 多万字，实行一站式检索，可满足信息获取、学术研究、生活指南等多方面的需要。网址：http://www. cdclib. org/localdoc/。

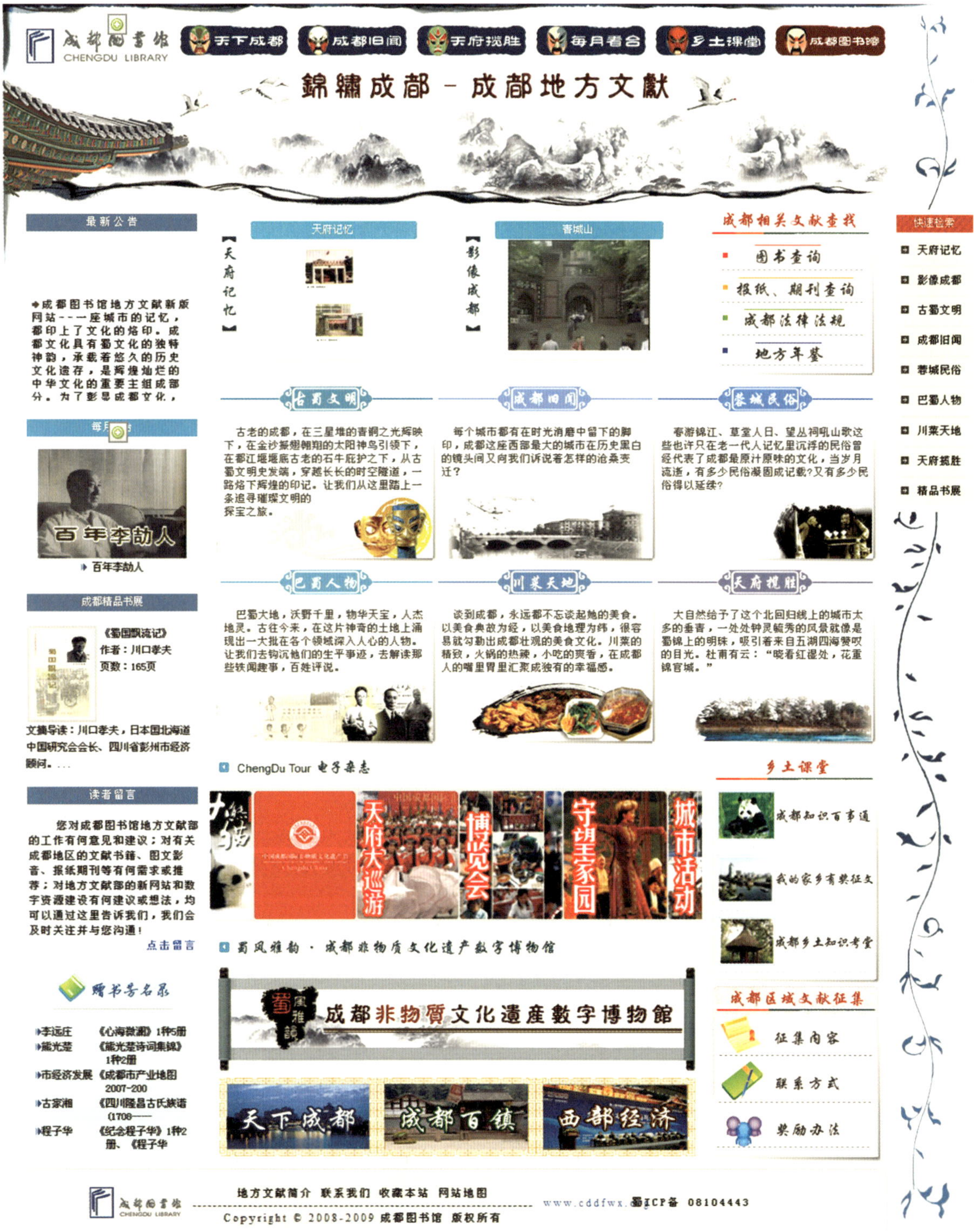

成都地方文献专题网站——锦绣成都

成都数字图书馆RAS远程访问系统
Chendu Library Digital Resource Remote Access System
全国文化信息资源共享工程成都支中心·数字资源
全部 图书 期刊 报纸 学位论文 会议论文 视频 更多
搜索
高级搜索 | 使用帮助
成图自建特色资源：
锦绣成都
成都地方文献专题网站
"锦绣成都——成都地方文献"专题数据库是成都图书馆地方文献部数字化资源展现的窗口，现有关于成都的文明历史、街头趣闻、民风民俗、旅游美食等方面的内容10000余篇，4194万3千余字，图片7000余幅。
视频频道
v.cdclib.org
锦城讲堂——成都图书馆数字图书馆视频频道用于展示我馆讲座的视频专题站点，这次上线的视频重点是我馆系列讲座的精选部分，涵盖了成图讲座、金沙讲坛、锦城讲堂三个阶段的讲座内容。
成图采购数字资源：
超星数字资源平台
目前我馆引进最新各类电子书1,000,181册，并与超星数字图书馆合作建立了成都图书馆地方文献库，其内容覆盖成都地方性的军事、语言文字、历史地理、医药卫生、经济、文学等12类638种书籍。
超星数字图书馆
超星读秀学术搜索
超星学术视频
阅读器下载
apabi 数字资源平台
阿帕比数字资源平台
方正APABI提供的电子图书是出版社最新正版电子书。我馆目前拥有授权图书139,894种，258,319册；工具书253本；年鉴198种。
Apabi电子书
Apabi年鉴库
Apabi工具书
阅读器下载
CNKI 期刊数据库
CNKI数字图书馆具有夯实的文献资源基础。我馆目前拥有中国期刊全文数据库24,098,188篇、中国重要会议论文全文共821,659篇、中国重要报纸全文数据库3,504,175篇、中国优秀硕士学位论文全文数据库339,873篇、中国博士学位论文全文数
CNKI学术论著
CNKI工具书（中小学版）
阅读器下载
万方数据库
万方数据镜像系统是综合利用万方数据资源和软件优势、新近推出的具有高附加值的产品。我馆目前拥有硕博学位论文全文809,235篇，会议论文全文225,453篇，数字期刊7,654,289篇，法律法规216,241部，农业视频927部。
万方数据库资源
万方视频
阅读器下载
龍源 期刊网
www.qikan.com
龙源期刊网，龙源电子期刊阅览室是以中国人文类大刊名刊为主要内容的期刊网络出版物，包含了1800种期刊，以整刊现刊的方式呈现给读者。
KUKE 库客 .com
库克音乐数字图书馆
国内唯一一家专注于非流行音乐发展的数字音乐图书馆，收藏了世界上98%的古典音乐，多个国家独具特色的民族风情音乐……
KUKE音乐图书馆
KUKE在线直播
KUKE视频图书馆
KUKE有声读物
DigiBook
点点电子漫画馆
《点点书库》是由上海点击书公司研发生产的数字动漫平台&书库，是在拥有的大量正版漫画的基础上所打造的全新产品。目前已收录有玉皇朝、讲谈社、蔡志忠、小樱桃等众多出版社的独家电子版权，内容包括漫画书、绘本等，弥补了电子书籍市场缺乏优质正版漫画的空白，丰富了电子阅览室的内容呈现。
新东方
New Oriental
新东方多媒体学习库内容包括了学习资源中心，学习应用中心、学习服务，涵盖了少儿英语、实践英语、成人英语，职业认证与考试类课程。
info.cc
全国电子报纸搜索引擎库
省事、省力、省心、省钱
服务内容
提供600余份电子报纸全文索引查询
提供更全面的媒体舆情监测，涵盖报纸、网络、电视及社会化媒体资源
蔚秀报告厅
WEI XIU BAO GAO TING
蔚秀报告厅使用了大量先进、酷炫的动态效果，您的浏览器版本过低无法支持！推荐您使用以下最新浏览器访问我们，以获得完整、良好的体验。
乐享亲子园
育儿、早教、亲子
卡通故事，培养孩子注意观察生活的能力以及良好的生活习惯。
e线图情
面向图情界、图情理论界、图情教学界、图情协会界以及图情企业界和个人提供集数据库服务、深度研究、专业咨询于一体的专业网站
试用资源
《贝贝国学》启蒙教育数据库
《贝贝英语》数据库
Copyright © 2009-2013 成都图书馆&全国文化信息资源共享工程成都市支中心 版权所有 地址：成都市文翁路98号
联系电话：028-86129091 免责申明

成都数字图书馆

二、外购资源

成都图书馆利用数字资源远程访问系统（简称 RAS），以更便捷的手段为读者在更广的时空范围内提供免费阅读服务。凡在成都图书馆办理了借书证的读者，均可在办公室或家里上网登录成都图书馆官方网站 www. cdclib. org，根据相关提示下载数字资源远程访问系统及相关阅读器后，即可免费使用成都图书馆购买的全部电子资源数据库。目前可使用的数字资源总量近 9000 余万册（篇）。外购资源主要包括以下内容。

1. 超星电子书

包括政治、法律、文学、艺术等种类齐全、数量巨大的电子图书 110 余万册，超星学术视频包括国内众多知名专家学者和学术权威的讲座、授课视频 3866 部。

2. 方正阿帕比电子书

包括北大方正电子有限公司提供的正版电子书 33 万余册。

3. CNKI 系列期刊

包括 1978 年至今的中国博士、硕士学位论文全文 170 万篇及中国期刊全文、中国重要报纸全文、中国重要会议论文全文数据库。提供 1994 年至今 8200 余种中国主要期刊论文 6000 万余篇。

4. 万方数据库

包括学术期刊论文 2090 万篇，硕、博士学位论文 143 万篇以及会议论文、科技成果、政策法规等子数据库，资源总量 2540 万篇（部）。

5. 龙源数字期刊

包括全文在线的综合性人文大众类数字期刊 2500 种。

6. 新东方多媒体学习库

包括学习资源中心、学习应用中心、学习服务，涵盖少儿英语、实践英语、成人英语、职业认证与考试类等计 8484 节课程。

7. 点点书库

兼容图片、视频、Flash 等各种格式的文件，为青少年用户提供漫画的数字阅读平台，包括漫画书、绘本等正版图书 5000 册。

8. 库克音乐数据库

提供西方古典音乐、中国古典音乐、民间音乐、轻音乐、儿童音乐、经典歌曲、舞曲的在线播放与下载服务，资源总量为60万首/部。

9. 全国电子报纸搜索引擎库

提供600余份电子报纸全文索引服务，覆盖报纸、网络、电视及社会媒体等资源。

10. 蔚秀报告厅

采用新兴的数字化学习社区模式，提供多种优质讲座视频，授课者为高校、科研机构的专家或社会名人，内容涵盖生活、学习、科研等多个领域。

11. E线图情

面向图情理论、教学、专业、协会界以及相关企业界，提供集数据库、深度研究、专业咨询服务于一体的专业网站。

三、服务方式

成都图书馆履行区域性中心图书馆的职责，保障数字图书馆推广工程、公共电子阅览室建设计划、文化共享工程等国家重点文化工程的推进。自2006年起，成都图书馆数字资源免费向读者远程开放，目前可供读者使用的资源已占全馆所有资源的93.8%。同时，成都图书馆还与中共成都市委组织部党员远程教育网合作，建立了成都市党员远程教育数字图书馆，为全市60多万党员服务。近年来，成都图书馆陆续引入各种数字化信息技术，主要服务形式包括以下三种。

RFID图书自助借还系统

1. 射频识别（RFID）图书自助借还系统

将RFID图书自助借还系统纳入了数字图书馆升级计划，系统开始使用后，读者就能在联机公共目录查询系统（OPAC）上准确定位所需图书的楼层和架位，在没有馆员配合的情况下完成图书自助借还；馆员能够通过推车式盘点书车保持流通书库的整体有序，将乱架整理的难度降到了最低。

2. 24小时街区图书馆

24小时街区图书馆是智能化读者服务设备，这一专用设施具备图书自助借阅、图书归还自动上架、自动盘点等功能。用户不受时间限制，在图书馆外就可以完成图书借还，实现了图书馆24小时服务的理念。

3. 移动图书馆阅读机

针对成都图书馆持证读者开通了超星移动图书馆服务系统，读者在苹果应用程序商店（App Store）或安卓市场下载"超星移动图书馆"程序后，可以通过移动图书馆阅读机浏览或下载馆藏电子图书与报刊，还可进行馆藏查询，获得教育资源公开课等。

24小时街区图书馆

移动图书馆阅读机

第三节

文献流通

目前，成都图书馆拥有阅览座席1230个，全年365天开放服务，每周开放时间80小时以上，所有馆藏资源和各类活动向读者免费“零门槛”开放。

一、流通服务

成都图书馆各图书借阅区按照借阅一体的管理原则，配置了现代化的图书自助查询定位系统、图书自助消毒柜、自助借还书机等，提高了管理和服务效率。馆内设有7台图书自助借还机，馆外设有5台24小时街区图书馆。2014年，成都图书馆接待读者150万人次，流通图书230万册次。

成都图书馆为读者提供“新书点读”服务。读者将自己所需图书以留言方式告知馆员，由馆员代行查找。若馆藏暂缺，则将留言转给采购部门，由采购部门专门采购后通知读者前来办理借阅。2014年，成都图书馆将此项服务放上网络，读者可通过官方微博进行“新书点读”。成都图书馆的新浪和腾讯官方微博设置“前沿阵地”，读者只需在微博上留下自己“最想看的一本书”的书名及作者名，或者发一张相关图书的封面图片，并@成都图书馆，即可享受该书的优先借阅权。馆员会第一时间为该读者查找所需图书并通知读者。

二、阅览服务

成都图书馆向所有读者提供书刊阅览服务。120万册中外文图书、数千种报刊分置于多个阅览区，免费供读者阅览，图书馆还提供笔记本电脑电源、无线局域网、饮水机等配套设施。自修座席遍及全馆，读者可以随时随地坐下看书学习。

馆内配置的自助查询与借还设备

官方微博开辟新书点读服务

古籍、工具书和地方文献等服务对象多为学术研究人员，鉴于这部分文献历史悠久，复本较少，有着较高的文献保护要求，一般只提供内部阅览，读者可根据自身需要，通过复印、扫描或拍摄等方式获得文献内容。

2006 年，成都图书馆完成全市最长的街边报廊建设。报廊位于成都图书馆外侧，由 14 个玻璃报架组成，每个玻璃报架长 3 米，陈列了成都本地所有的报纸。报廊报纸每天上午 8:30 准时更新，成为市民方便、快捷地获取新闻资讯的一个途径。

成都图书馆报廊

第四节

地方文献

一、文献收藏

成都图书馆藏有成都市所辖九区加上高新技术开发区和天府新区、六县、四市的地方文献，还藏有反映四川省情的各类文献。这些文献包括反映成都地区政治、经济、社会、历史、地理、风土人情、文教卫生、名人轶事、古迹遗址的图书报刊、画册手迹、照片图表以及音像视听资料等。

1）中华人民共和国成立以来省、市、区、县新修的各种志书（含地方志、专业志、行业志）以及编撰志书时出版的各种专题资料；

2）本地区公开出版的各种关于成都的图书、报刊及音像资料；

3）国内外公开出版的涉及成都地区政治、经济、社会、历史、地理、科教卫生、文化名胜的专著、大事记、统计资料、年报、画册、文学作品、企业名录、特优产品目录等资料；

4）成都籍或曾寓居成都以及在成都产生过重大影响的名人作品、传记、年谱、手迹手稿、图片以及他人所著有关研究评论的资料；

5）具有地方文献效用的各种工具书和家谱资料；

6）成都地区党政机关、企事业单位用于内部交流的非公开出版物；

7）成都地区各界所举行的大规模活动的文字资料、照片、纪念图册、音像资料；

8）成都地区民间非正式出版的书刊及音像资料等。

成都图书馆长期开展地方文献征集工作，鼓励机构、组织或个人把其编写的成果或拥有的地方文献资料捐赠图书馆，融入地方文献馆藏。成都市地方志编纂委员会、中共成都市委党史研究室、成都市档案馆等单位，以及著名作家巴金、流沙河、王蒙、高缨，翻译家田大畏和川剧作家徐棻等都曾向成都图书馆赠送自己的图书资料。成都图书馆倡导通过文献交换的方式共建共享地方文献资源，对征集到的文献会检查是否已入藏，多出来的复本将进入地方文献交换书库以供与其他图书馆和单位交换。良好的征集渠道确保了成都图书馆地方文献馆藏稳步增加，读者们能够方便地查阅到全域成都的地方文献。

二、文献服务

成都图书馆地方文献服务包括图书、期刊、报纸查阅，代查服务，扫描复印服务等。

地方志和年鉴设有陈列专架，全开架服务，读者可通过 OPAC 查询书目后，直接到书架取阅，读者若不了解所需文献的位置，咨询馆员会提供协助。

地方文献期刊和报纸为闭架服务。馆员根据读者需求进库提取期刊合订本，读者也可登录成都图书馆“锦绣成都”地方文献专题数据库和 CNKI 等期刊数据库查询。报纸按照出版年代距今 20 年、30 年、30 年以上分为三级，设有提取数量控制规则；也可根据读者提供的准确日期，由馆员代为查阅；读者还可通过全国报纸索引数据库查阅当代地方报纸的电子版，并通过数据库精确获取所需的报纸版面。

地方文献查阅室

读者可以通过电话、电子邮件、微博等方式向地方文献部咨询其所需文献，地方文献部的服务分为免费代查和专项、专题文献服务。普通读者的代查量较小，馆员在图书报刊中查询到其所需信息后，即按照读者预留的联系方式通过网络将信息传送给读者，不收取任何费用。专业用户的大量需求，则由双方协商并签订专题文献代查服务合同，安排专人提供服务。

地方文献部配置了数码相机、扫描仪、复印机，为读者提供文献复制服务，扫描、复印费用按照成都市物价局审定的价格收取。读者可自行携带照相设备复制文献，不收取费用。但馆员会提示读者尊重版权以及对古旧文献不得使用闪光灯等注意事项。

三、社会服务

成都图书馆是市民查找成都地方文献的首选，年均接待读者约 2 万人次。方志、年鉴、报纸是读者查阅资料的重点，反映成都历史、文化、民俗的各种著作也为读者喜爱。清末傅崇矩所著的《成都通览》、著名巴蜀文化学者袁庭栋所著的《成都街巷志》等是热门读物。报纸查阅服务也是服务热点，经常有读者通过电话或微博咨询相关信息。老年读者钟爱旧报，满页历史信息勾起了他们对青春的回忆。

读者在地方文献查阅室内查阅文献

政府部门、媒体、企业是地方文献服务的中心。地方文献部经常为市统计局、市文化局、市档案局等政府部门提供地方文献服务。图书馆与市档案局、市新闻出版广电局等开展多项业务合作，还为成都市委宣传部提供内参《报刊监阅动态》的编辑服务。

第五节

参考咨询

成都图书馆参考咨询服务区（内设成都图书馆政府信息公开查询点）设有读者查阅座位 10 个、读者用电脑 5 台。馆员依托丰富的馆藏纸质资源及海量数字资源，为到馆读者提供面对面的咨询服务，包括专题检索、事实查询、馆际互借、课题受理等。在现场服务的基础上，同时提供虚拟参考咨询服务，通过咨询服务电话、电子邮件、实时交流软件、网上联合参考咨询与文献传递网等为馆外读者提供高效便捷的参考咨询服务。

一、服务方式

成都图书馆参考咨询服务主要有以下几个方面。

1）通过各种数据库内的数字信息资源提供参考咨询服务，初步形成了网上文献检索、全文获取、原文传递和馆藏印本文献协同保障的文献信息综合提供能力，为用户快速及时地提供所需信息。

2）利用互联网搜索引擎，如百度、谷歌等，快速为信息需求者提供直接的信息资源。成都图书馆的信息服务馆员借助互联网，根据用户提供的文献资源线索，经过确认真实性、准确性和完整性后，将结果传递给用户。

3）与国内各级公共图书馆、高校图书馆建立合作关系，开展馆际互借服务。通过联合书目、通借通还等区域内协作协调实现文献资源共享，为用户提供成都图书馆本馆缺藏资源，提高了文献服务的水平。

二、服务对象

成都图书馆参考与决策咨询工作主要服务于以下三个群体。

1．为社会管理机构提供决策信息服务

成都图书馆与市政府相关部门建立了信息双向流通机制，保证图书馆及时了解政府的信息需求，通过开发个性化信息产品为政府决策提供专业信息服务。如在成都市“两会”期间，为人大代表、政协委员提供“两会”相关材料，包括《关于加大对欠发达地区扶持力度实现文化均衡发展的建议》《关于推进新型城镇化进程中统筹文化布局的建议》《关于我市一、二环路高架桥路段采取降低交通噪声措施的建议》《小城镇规划设计》等事关本市社会发展的调研资料。成都图书馆为政府工作人员发放了“一卡通”，使他们能够通过互联网直接查阅图书馆的所有数据库，包括电子图书、电子期刊、电子报纸、电子论文等。

《参考》杂志

2．为科研单位及企事业单位提供科技咨询服务

成都图书馆努力为本地区的经济社会建设提供各种专题信息服务，随时根据用户需求利用馆藏资源和网络共享资源为科研机构、企事业单位提供专业信息服务，编制了《国际非物质文化遗产专辑》《农业科技信息专辑》《农民工之友》等专题资料，提供针对性的用户服务。成都图书馆与市科学技术局签订了《成都市科技应用创新服务平台资源单位合作协议》，努力整合成都地区科技信息资源，构建起创新技术信息服务链，为创新、创业实践提供信息资源支撑；还与广州市时代视点信息服务有限公司、北京闻信智远信息科技有限公司签订了剪报服务合作长期协议，提供专题信息服务。

3．为社会公众提供信息查询服务

成都图书馆根据读者的不同信息需求，提供代查代检、课题服务、剪报服务、专题咨

询等不同层次的服务。利用“全国图书馆参考咨询联盟”，通过在线传递原文、发送电子邮件、在线实时解答等方式免费为全国各地读者提供参考咨询服务。每年接受全国各地读者咨询上万次，咨询内容包括电子图书、期刊论文、学位论文、专利文献、各类标准等文献资料。除此以外，成都图书馆还找准社会关注的热点，不定期向广大群众推出专题信息资料，在图书馆、街道、社区进行免费发放。

三、政府公开信息查询

为了方便市民查询政府公开信息，成都图书馆专门设有政府信息公开查询部门，有参考咨询馆员专门负责查询接待，用户可以通过电话、传真、信函等方式，应用热线查询、函电查询、网上代查、委托代查等服务项目，获得所需信息。

第六节

专门群体服务

一、少儿服务

成都图书馆少儿阅览区馆藏图书3万余册。2014年，少儿图书外借19175人次，流通38780册次。图书馆电子阅览区开辟了“少儿绿色网上空间”，配置30台电脑，有管理人员专门提供上网辅导，并对内容不健康等不良网络信息予以屏蔽，成为成都市首批“少儿绿色网上空间”。图书馆网站还设有“青少年儿童科普之窗”专栏，利用网络这一新颖活动空间，寓教于乐，帮助少年儿童获取更多书本以外的有益知识。

少儿阅览室

二、残障读者服务

社会弱势人群是公共图书馆服务的关注重点之一，残障人士服务尤为重要。成都图书馆将爱心、细心、恒心落实到残障读者服务工作中，为残障读者提供多种便利。一是优先服务，图书馆为残障读者开辟“绿色通道”，为残障读者优先办理所有事宜；二是便利服务，组织文化志愿者为残障读者提供送书上门服务，同时开通电话续借服务和网上续借服务；三是添置盲人读书专用设备，提供盲人听书机等免费借阅服务，让他们与健全人共享现代科技发展成果。至2014年年末，成都图书馆馆藏盲文图书600余册，盲人有声读物70余册，设专用阅览座位8个，配置盲人语音软件的专用计算机2台，盲人专用听书机等。

盲文图书

成都图书馆主动拓宽残障读者服务的载体。一是培训辅导，与市盲协合作，在盲文阅览室举办盲文阅读讲座，帮助盲人读者使用盲文专业阅读软件、学会盲文纸质图书的阅览；二是特定主题图书推荐，重点推荐开拓视野、有益身心健康的书籍，帮助残障读者在阅读中增长见识，提升自身素质；三是依托中国盲文图书馆数字图书馆平台，推广盲人数字图书馆服务。2014年7月与中国盲文图书馆签订合作协议，建设中国盲文图书馆成都图书馆支馆，获得盲人数字资源卡200张，盲文流转图书200册。由此盲人读者将能获取中国盲文图书馆所有数字资源。

文化志愿者为盲人读者提供到馆服务

成都图书馆还将残障读者服务推广到各区（市）县图书馆。全市21个公共图书馆（含高新区）都已设立盲文阅览室，共入藏盲文图书8000余册，并普遍修建了无障碍通道等残障服务设施。

三、外来务工人员服务

成都图书馆重视外来务工人员服务，努力扩大服务覆盖范围，服务内容贴近特定需求。

1）成都图书馆首先着力消除外来务工人员的知识获取障碍，针对这一群体公共图书馆利用意识淡薄的状况，利用报纸、手册、网络等各种途径宣传公共图书馆服务，吸引外来务工人员走进图书馆，让他们了解图书馆，以现场讲座等方式帮助他们学会利用图书馆。

2）先后在外来务工人员活动集中的地域建立了21个图书分馆，在外来务工人员子弟学校建立了3个图书分馆。2014年上半年，又在外来务工人员较多的富士康（成都）科技有限公司建立了图书分馆。深入外来务工人员居住集中的社区举办讲座，现场办理借书证，提供信息咨询服务。

为外来务工人员子弟校分馆配置图书

3）开展多种形式的培训，为外来务工人员融入城市生活提供帮助。市图书馆和分馆通过了解外来务工人员的发展需求，有针对性地汇编各种专题资料，及时提供切合他们发展需求的信息服务，推荐他们感兴趣的书刊。针对外来务工人员难以适应城市生活方式的特点，举办城市管理、社会法制类知识讲座，提高外来务工人员的法制意识。

4）在建立实体图书分馆的同时，成都图书馆引进各种数字资源服务，向外来务工人员开放数字图书馆服务，使他们不仅能在分馆看电影、读小说，还可以学习机械修理、家电维修、家庭装潢、美容美发、服装裁剪、饮食服务、花卉栽培、家政服务，以获得一技之长，增加就业机会，快速地融入城市生活。

第七节

电影放映与展览

一、电影放映

成都图书馆发挥图书馆的社会教育功能，关注未成年人的发展需求，在每年的寒暑假期间举办“科普影视作品展映”活动，丰富未成年人的假期文化生活。

小读者观看暑期电影

2011—2014年，成都图书馆共为青少年读者放映科普电影176场，观影人数共计10571人次。

寒暑假“科普影视作品展映”题材广泛。图书馆员精心挑选展映影片，以纪录片为例，放映的都是英国广播公司、探索频道、中国国家地理频道等拍摄的优秀影片。这样能够让青少年了解世界各地的风土人情，接触当代科技的最新成果，体会自然世界的丰富魅力，构建人与自然和谐发展的科学价值观。

在播放科普纪录片的同时，还适当配映一些或青春励志或幽默诙谐的不同题材的故事片，不仅能传递人文历史知识，也能增加展映活动的凝聚力。

二、公益展览

从2005年起，成都图书馆常年举办公益展览活动，先后举办各种展览活动200余场，观众达85.2万人次。展览题材多样，有摄影作品、美术图片、文物藏品、名家书画、电影海报和新书展览等。

2009 年，成都图书馆与上海图书馆携手合作，加入全国巡展行列。当年 8 月和 10 月与上海图书馆联合举办了“中国作家风采摄影展”和“‘读书乐’全国摄影大赛优秀作品展”。2011 年 9 月，举办了“澳门文化瑰宝——历史城区摄影图片”巡展。

2010 年 4 月，成都图书馆和重庆图书馆联合举办了“七彩纽带——畅通重庆摄影作品展”，展示了重庆市近 60 年来城市轨道交通、立交节点、跨江桥梁、航空航运、港口、铁路、公路等规划与建设的成就。同年 11 月，成都图书馆和四川省图书馆、国家图书馆联合举办“凤凰涅槃·震痛与振兴——中外摄影家看唐山摄影展”。2011 年 11 月，成都图书馆与杭州图书馆联合举办了“在天堂读书”巡回展览。

《感恩奋进》摄影作品展

伴随社会公众文化需求的不断丰富和艺术欣赏水平的提高，成都图书馆与社会各界联合举办了多个图片展。

2010 年 5 月，成都图书馆和峨眉电影放映院线联合举办了“优秀电影海报展”，展品是孩子们耳熟能详的动画片海报，如《黑猫警长》《喜羊羊与灰太狼》《麦兜响当当》《阿童木》《神兵小将》《名侦探柯南》《仙境之桥》《哆啦 A 梦》等。

2012 年 3 月，四川徐悲鸿张大千艺术研究院在成都图书馆举办“书画作品展”，推出一批优秀的四川艺术新秀的作品，扩大了巴蜀书画界的社会影响。

2005 年以来，成都图书馆与本地老年摄影协会合作，举办了多个主题摄影展，有“人物肖像摄影展”、“老有所乐摄影展”、“人生回顾摄影作品展”、“宋国怀先生成都白鹭专题摄影作品展”系列、“‘城在田中，田在城中’摄影展”和“城市风景摄影展”等。

成都图书馆还将展览活动拓展到国际文化合作领域，先后与美国驻成都领事馆、德国驻成都领事馆、法国驻成都领事馆、以色列驻成都领事馆、德国歌德学院等合作举办展览，有“诺曼·罗克威尔眼中的美国”插图画展、“德国莱茵河中上游河谷世界文化遗产”图片展、“以色列中国友好交流历史”影展、“身份与美国风景——华裔摄影师胡明勇作品”展、“一事无成”海报展、“2012—2013 德国摄影获奖图书精品”展等。

2006 年，成都图书馆建成网上数字展厅。从此，用户可以在网上远程访问成都图书馆举办的展览，足不出户即可遍赏大千世界。

“成都阿拉丁”姚宇林先生中外古灯老烛精品展

2012 年，成都图书馆开辟了近 400 平方米的专业展厅，专业展线近 100 米。随后成功举办了“如豆的灯火——中国著名古灯具收藏家、‘成都阿拉丁’姚宇林先生中外古灯老烛精品展”“四川省卫生系统摄影书法绘画作品展”“四川省图书馆成都图书馆百年馆庆书画展”“翰墨新梦——国际青少年书法作品展”“探索求真——成都市青少年书画邀请展”等。

第八节

馆刊与微博

一、馆刊

公共图书馆在全民阅读推广中有着义不容辞的责任。阅读推广，主要是让在图书馆之外，没有时间或者没有阅读习惯的人群，开始关注和尝试读书。为此，成都图书馆创办了文学性读者馆刊——《喜阅》。

2011 年 10 月，《喜阅》创刊，为双月刊。现在每逢单月 1 日发行，截至 2015 年 1 月，已经出版了 20 期。

《喜阅》确定了“读者至上，以人为本”的理念。刊发的文字以读者来稿为主，内容有读书评论、生活感悟、人生经历等，随笔、散文、小说、诗歌等体裁不限，不论文字优美还是粗拙，无关思想深刻还是浅显，刊用的标准在于是否有真情实感。《喜阅》很少有名家专稿或学术话题，大多是图书馆普通读者的作品，旨在为众多读者提供一个阅读分享和写作交流的平台。刊物的编辑活动定位是“我的刊物你做主”，编辑设想从“给读者看什么”转为“读者要看什么”，要求作品内容是“图书馆读者写的”。《喜阅》的文章字数要求最多不超过 1500 字，约相当于目前高中学生作文的文字量。每期刊发文章 10 篇左右，40 页上下，是名副其实的“口袋书”。短小、充实的文章适合各个年龄层次，可在不同时段多种场景下阅读，顺应了当代社会微阅读的流行趋势。《喜阅》刻意营造一种令人舒适的阅读氛围——翻开这样的文本，不需要背景铺垫，不需要感情投入，甚至不要求阅读经验的积累。它所追求的就是微言大义、小中存真的阅读方式。

《喜阅》杂志封面

《喜阅》在读者与馆刊之间形成了“写作—阅读—再写作—再阅读”的良性循环态势。对于了解成都图书馆并喜欢读书的人，它是一本身边人写成的小册子；对于没有走进成都图书馆和没有读书习惯的人，它是一个可以自由发言而不过分挑剔的平台。免费赠阅方式又使馆刊的传播范围最大化。有了读者的热情参与氛围，《喜阅》就成为市民中的一条文化纽带，让潜在阅读群体的目光投向了图书馆，成为阅读推广的助力。

读者在专心阅读《喜阅》

二、微博

2011 年 2 月，成都图书馆创办官方微博，分为每日资讯、文化知识、书籍推荐、公益讲座四个模块，日均发布信息 20 条，发布量曾居全国公共图书馆微博第四位。后一度降至日均 1 条。2013 年 8 月，成都图书馆重新组建了微博团队，制定了《成都图书馆微博推广管理方案》《图书馆官方微博激励方案》，形成了规范的管理机制。

重组后的成都图书馆微博以“沟通、分享、打造第三文化空间”为主旨，“真诚、专业、积极、创意、人性化”为理念，将图书馆各部门微博内容汇总，由办公室统一审核发出，日均发布微博4～5条。固定栏目有“荟萃”“新书到”“锦城讲堂”“银杏树下”“阳光课堂”“馆藏撷萃”“成都冲壳子”“图图美食”“图图学堂”“经典微阅”“古籍寻宝”“声电光影里的图书馆”“触摸ABC”“数字时代”等10余个。微博团队随时关注微友反应，并据此增删、更换、调整栏目与内容。

在微博日常维护之外，每2个月推出一期微博活动，由团队中不同部门成员分别策划和推广。2013年9月，第一期活动为“24小时‘微’观图书馆分享阅读生活小幸福——成都图书馆‘微博日’”。其内容有“关注+转发”有礼活动、微调查“您最喜欢我们微博上的哪几个栏目”、微活动“爱上图书馆的N条理由”，采用在图书馆一楼大厅与新浪、腾讯微博同步进行的方式，在一楼大厅、报栏、咨询台、窗口、数字图书馆网站首页放置了活动的宣传海报和官方微博的二维码，读者可以随时扫描二维码参加活动。当天微博粉丝增长200余名，回复近200余条。以后陆续推出“秀出你的爱书——书评大赛征集令”“阅读无处不在——随手拍”“好书有求必应：前沿阵地”“悦读伴成长”“晒出我的宝贝书”等多期活动。

成都图书馆官方微博首页（新浪微博）

图书馆发布的有关成都历史文化的微博，不仅市民喜爱，也得到“成都发布”（成都市人民政府新闻办公室微博）、“四川发布”（四川省人民政府新闻办公室微博）、“四川文化”（四川省文化厅微博）等政府机构和网络大V的关注、转发和评论。“成都发布”主动前来商讨合作开展“阅读无处不在”活动事宜，达成了政府媒体与成都图书馆长期合作的意愿，以便“共同把成都的文化圈动员起来，将喜欢文学的人联合在一起，形成群体效应”。

#成都记忆#70年代位于一环路南段的跳伞塔（图片来源：成都街巷志）@文化成都 @成都发布 @微成都

来自　　阅读(2.6万) 推广 | (3) | 转发(47) | 收藏 | 评论(18)

官方微博之“成都记忆”

目前，成都图书馆正在申请微信公众平台，努力让成都图书馆实现实体馆和数字馆的无缝对接，使市民可以24小时轻松快捷地使用图书馆资源，享受“移动图书馆”服务。

第九节

国际文化合作

2006 年，成都图书馆与歌德学院北京分院成立了德语资料中心，旨在促进中国的德语教学，使德语教师、学习者以及对德国文化感兴趣者获得最好的德语教学资料，建立了解德国的渠道和中德文化交流的场所。

德语资料中心分为多媒体学习室和讨论区等功能区域，配备 24 个座席，并有互联网、多媒体等设备，读者可通过电脑、电视、影碟机、录像机全方位地开展学习。图书馆网站开设了德语资料区板块，为读者提供远程服务。

德语资料中心自开放以来，陆续开展了 30 余次国际文化交流活动，有展览、联欢会、学术讲座、文艺演出等。如与德国图书信息中心合作举办的“德国最美图书展览”，与北京歌德学院合作举办的“世界语言——足球（Weltsprache Fußball）”摄影展及书展，与德国领事馆、歌德学院、四川省人民政府外事侨务办公室合作举办的“莱茵河图片展”，与（北京）德意志学术交

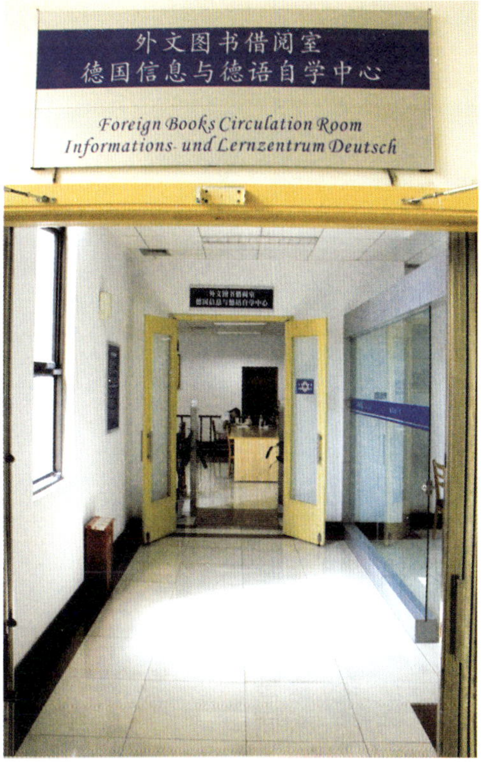

德语信息与德语自学中心

流中心、北京歌德学院合作举办的“德国高等教育概况——德国留学”公益讲座等，还组织了“德语主题圣诞联谊会”“走近歌德——纪念德国伟大的诗人和思想家歌德诞辰260周年”“克劳斯·施泰克作品‘一事无成’海报作品展”“斯蒂芬·库伯卡姆‘本地时间’主题海报展”“Manga&Co德国新漫画艺术”主题海报展等，开拓了成都市民的国际视野，同时也推进了中德文化交流。

德语资料中心“为什么学德语”说明会参会外宾

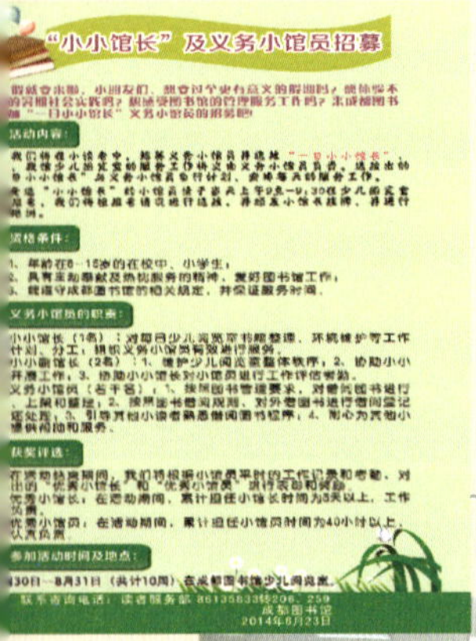
“小小馆长”及义务小馆员招募

活动内容：

资格条件：

1、年龄在8—15岁的在校中、小学生；
2、具有乐于奉献及热忱服务的精神，爱好图书馆工作；
3、能遵守成都图书馆的相关规定，并保证服务时间。

义务小馆员的职责：

小小馆长（1名）：对即日少儿阅览室书籍整理、环境维护等工作计划、分工；组织义务小馆员有效进行服务。
小小副馆长（2名）：1、维护少儿阅览室整体秩序；2、协助小小馆长开展工作；3、协助小小馆长对小馆员进行工作评估考勤。
义务小馆员（若干名）：1、按照图书管理要求，对借阅图书进行上架和整理；2、按照借书借阅规则，对外借图书进行借阅登记处理；3、引导其他小读者熟悉借阅图书程序；4、耐心为其他小读者提供帮助和服务。

获奖评选：

在活动结束期间，我们将根据小馆员平时的工作记录和考勤，对评出的“优秀小馆长”和“优秀小馆员”进行表彰和奖励。
优秀小馆长：在活动期间，累计担任小馆长时间为5天以上，工作认真。
优秀小馆员：在活动期间，累计担任小馆员时间为40小时以上，认真负责。

参加活动时间及地点：

30日—8月31日（共计10周）在成都图书馆少儿阅览室。

联系咨询电话：读者服务部 86135833转206、259
成都图书馆
2014年6月23日

06

第六章 特色活动

第一节

阳光课堂

2005 年，成都图书馆和成都图书馆阳光读友会共同发起了阳光课堂活动，得到众多社会爱心人士的支持。阳光课堂为未成年人量身定制，发掘少年儿童的天赋，培养少年儿童的学习兴趣，促进少年儿童身心健康发展。阳光课堂集综合性、开放性、多样性、互动性为一体，定期、免费开展各种活动，倡导新型亲子关系，让家长与孩子在阅读和游艺中增进感情，一起学习，共同成长。

阳光课堂开展亲子音乐欣赏活动

阳光课堂讲师由社会志愿者组成，包括家长（老师）、大学生、读书会成员、论坛组织、教育机构等。虽然名为“课堂”，但不限于“一个老师一堂课”的传统教学模式。每一节课主题鲜明：有让孩子们发挥想象力的古典音乐鉴赏——“阳光心育”，对于古典音乐的鉴赏，用绘画形式表现；有让孩子们接受中国传统文化教育的课程，如古诗词、《三字经》《弟子规》等；有在玩乐中领会音乐的魅力与美感的课程——奥尔夫音乐教学；有增强孩子们社会责任感的励志教育——通过邀请断臂残疾人做嘉宾（现场用脚书法表演），激励孩子们培养坚强意志；有在充满趣味的互动游戏中学习知识的课程——趣味英语、趣味数学、趣味口才、习字练性；有增进家长与孩子交流与了解的课程——亲子阅读、亲子教育热线现场版、小手牵大手等亲子活动。每到周末，阳光课堂都充满了孩子和家长的欢声笑语。

阳光课堂开展学习机器人制作原理活动

在阳光课堂中，家长放下平日工作的疲惫，孩子释放天性，一种新型亲子关系慢慢建立。通过共同参与阅读和游艺，家长可以充分地了解孩子的心理状态和个性特点，孩子逐渐展示自己的天赋，培养起对世界、对生活的好奇和兴趣。阳光课堂就是一个家长和孩子共同成长的天地。

阳光课堂开办以来，共举办650余期，参加活动的家长和小读者逾万人，成为成都市少儿阅读推广活动的品牌和政府的“民生工程”之一。

第二节

漂流书屋

2012 年，成都图书馆为迎接百年馆庆提供了一项新服务——漂流书屋，提出“让书本去旅行，开启一段文明的芳香之旅”的口号，旨在传播“信任与分享”的理念。借阅漂流书屋的图书无须借阅证，也不用办理借阅手续。

在图书“漂流”活动中，若读者愿把自己认为的好书与大家一起分享，只需在书的扉页留下漂流寄语，由工作人员整理上架，盖上“成都图书馆漂流图书”专用章。借阅者只需要在漂流册上登记姓名、书名、联系方式等信息，就可以让图书“漂进”自己家，待归还时，“漂友”还可在书的扉页上留下寄语。

开放至今，从最初图书馆投入 310 册图书，到现在通过读者自发捐赠，漂流书屋已经有超过 3000 册图书在漂流的路上。

漂流书屋

第三节

义务小馆员

志愿服务是公共文化服务的重要内容，而青少年志愿者队伍则是近年来快速成长的一个志愿者群体，越来越多的在校学生利用假期参与各种社会实践。成都图书馆作为社会公益文化机构，成为志愿服务活动的热门选择。

2009 年，成都图书馆启动了“义务小馆员”志愿服务活动，在寒暑假期间招募青少年志愿者，组织热心志愿服务的少儿读者参与图书馆的服务和管理活动。为规范志愿者服务工作，成都图书馆制定并逐步完善了《成都图书馆文化志愿者服务章程》《义务小馆员招募制度》和《义务小馆员管理办法》。

图书馆招募义务小馆员的年龄段为 6～18 岁，系在校中、小学生以及少数高校学生。6～14 岁的小馆员主要从事少儿阅览室的图书上架整理、读者咨询等工作，15～18 岁的小馆员主要从事中文图书外借室的图书上架、整理等工作，也根据他们的意愿、素质与特长等随时调整岗位。

义务小馆员整理中文图书

成都图书馆对招募时初审合格的小志愿者先进行业务培训，努力使其个人能力与图书馆服务要求很好地结合起来。首先是区分年龄和文化程度，与小志愿者见面相互熟悉，介绍工作岗位的内容与职责；接着实践培训，主要是小志愿者自主学习、讨论，理解服务中可能会与遇到的问题以及应对与改进做法等，融参与热情于服务意识；最后是系统的专业培训，定期安排图书馆服务的专业知识类培训，帮助小志愿者提高服务能力，同时学会更好地利用图书馆。

自活动开展至今，先后有1170余名少儿读者参加了义务服务活动，有200余名小志愿者获得了成都图书馆颁发的“优秀义务小馆员”荣誉证书。2012年，“义务小馆员”活动被国家文化部评为“基层文化志愿服务活动优秀项目”。

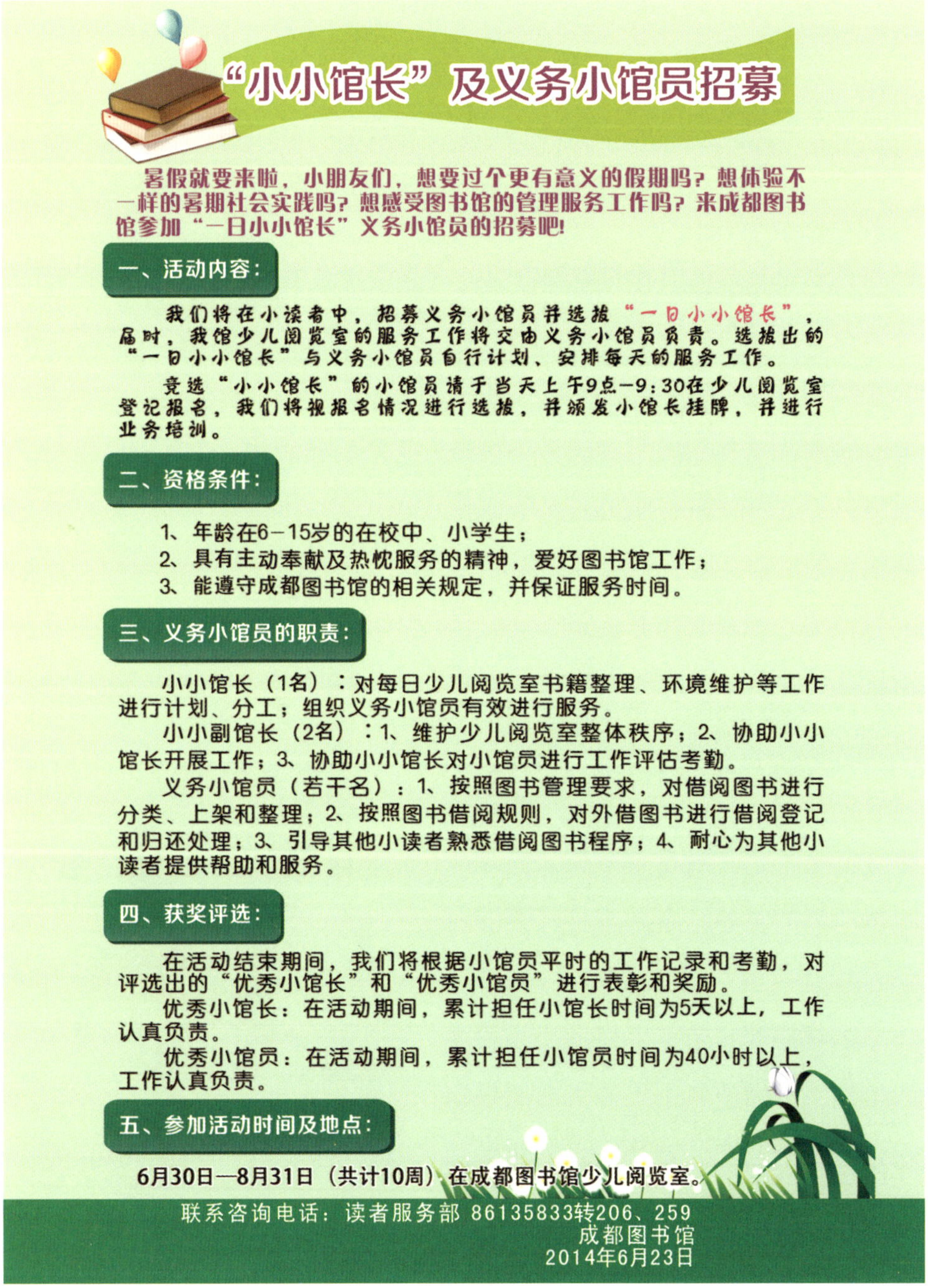

小小馆长及义务小馆员招募海报

第四节

读友会与家长沙龙

为充分发挥图书馆的社会教育功能，成都图书馆以“阳光读友会”的形式，建立了一个集读书交流、听讲学习、信息沟通、人际交往、互助活动为一体的综合平台，为读者提供延伸性服务。图书馆派出经验丰富、能力突出的馆员担任读友会指导老师，负责读友会管理并指导活动开展。

读友会以“读好书，交益友，增智慧，通信息”为宗旨。馆员发动富有爱心的专业人士组建了读友会文化志愿者队伍，由文化志愿者为读友提供各种服务。因此，读友会成员不仅是参加活动的来宾，也是读书活动的策划人和实施者。

成都图书馆阳光读友会

目前，读友会有近百名文化志愿者负责各项读者活动的开展，他们承担着各自主持的兴趣小组的活动策划与实施工作。此举不仅解决了图书馆人力不足的问题，更丰富了读者活动的内容。活动一般以兴趣小组为单位展开，有沙龙讲座、酒会、茶会、音乐会、情景剧小品演出、趣味阅读、徒步读游等。活动可在馆内举办，也可在社区及区（市）县图书馆举办，还有很多户外活动，形式不拘、灵活多样，内容丰富，紧密贴近读者生活。

读友会的各项活动信息均在成都图书馆官方网站“成图公告”和“阳光读友会”（网址：http：//www. cdclib. org/website/web/sunshine/clubnews. aspx）上发布，还在“成图阳光读友会心灵驿站”和“阳光心理营地”等QQ群、成都图书馆阳光读友会新浪博客、成都图书馆（新浪、腾讯）官方微博发布，吸引感兴趣的读友参与和互动。活动得到广泛好评，读友QQ群从最初的一个百人群发展为多个500人大群或千人群。读友会已举办各类活动近千次，参与读者达数万人，泡成都图书馆、参加读友会活动也成为市民生活的时尚之一。

读友会活动也引起了区（市）县图书馆及社区的关注，通过成都图书馆将读友会模式复制、引进区（市）县图书馆，走进社区，带动地区的文化建设。如青羊区图书馆、武侯区图书馆、崇州市图书馆的读书沙龙以及将军街社区成都图书馆读友会分会场等与心理健康小组、音乐小组、儿童教育小组合作举办活动，促进了各区（市）县和社区的文化建设。

读友会活动中活动场次最多、持续时间最久、最受读者欢迎的是家长沙龙。

当代社会鲜有人把“家长”当成一种事业去经营，对于有持家知识需求的家长社会也缺乏相应的培训体系。依托阳光读友会，成都图书馆联合社会教育专家和专业心理咨询师组建了志愿者队伍，发起家长沙龙活动，以倡导“关注心理健康，创享快乐生活”为主旨，关注职场减压、幸福婚姻、家庭关系、青少年健康成长等与日常生活联系紧密的话题，建立起家庭教育辅导平台，探讨家庭生活中有着普遍性的社会问题或热点话题。

成都图书馆周六上午定期举办家长沙龙。举办伊始就受到广泛好评，逐渐成为一项不可替代的读者活动。举办“让爱流动，亲子关系的系统动力”“家庭性教育”“培养家庭中的心理正能量”“思维的魅力，提升孩子学习能力”“用自我对话的能量牵引人生”等讲座时，参与者达上百人，晚到的听众就站在窗外、过道边旁听。主讲人报告结束后，听众或围着主讲人咨询，或自发地分散讨论，经常会持续很久。从2005年8月起至今，家长沙龙已举办活动600余期，数万人次参与，有效提升了成都图书馆的凝聚力。媒体称成都图书馆为“市民时尚生活起居室”。

成都图书馆家长沙龙

2014年，成都图书馆读友会、家长沙龙、阳光课堂系列活动荣获中国图书馆学会“图书馆书友会案例征集”一等奖。

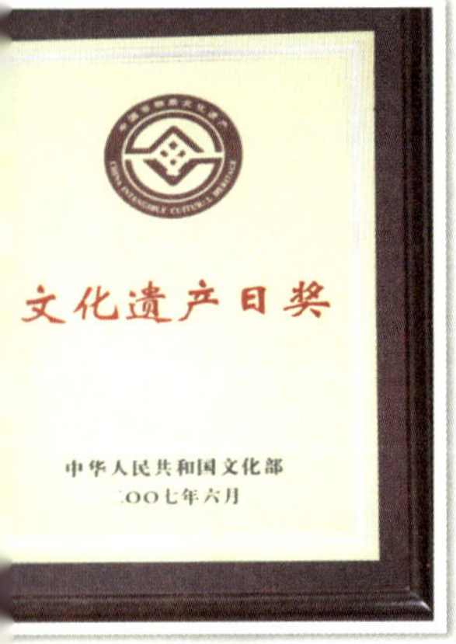
文化遗产日奖
中华人民共和国文化部
二OO七年六月

第三届文化部创新奖

全民阅读示范基地
中国图书馆学会

07

第七章

荣誉奖项

第一节

第三届文化部创新奖

2004 年，国家文化部设立的创新奖，是全国文化系统科技进步与创新领域的最高奖项。初为两年一届，2009 年改为三年一届，设入围奖 50 项，再评选出 1～2 名特等奖，18～19 项创新奖，总数控制在 20 项。2009 年，成都图书馆“蜀风雅韵——成都非物质文化遗产数字博物馆”获第三届文化部创新奖［《文化部关于公布第三届文化部创新奖获奖项目名单的通知》（文科技发〔2009〕41 号）］。

第三届文化部创新奖

第二节

全民阅读示范基地

“全民阅读示范基地”荣誉称号由中国图书馆学会设立，授予全国图书馆界在全民阅读工作方面组织得力，富有创意，做出突出贡献的优秀单位。前提是必须之前曾获得过两次“全民阅读先进单位”称号的图书馆才能申报。成都图书馆于 2008 年、2010 年获得“全民阅读先进单位”称号，2012 年获得“全民阅读示范基地”称号。

全民阅读示范基地

第三节

全国基层文化志愿服务活动优秀项目

“全国基层文化志愿服务活动优秀项目”由国家文化部设立并评定，旨在“进一步发挥文化志愿服务活动中典型带动和示范引领作用，推动文化志愿服务工作体系化、制度化”。2012 年，成都图书馆“成都小馆员志愿者服务活动项目”获得了这一荣誉称号。

第四节

全国古籍保护工作先进单位

2014 年，国家文化部授予成都图书馆“全国古籍保护工作先进单位”荣誉称号［《文化部办公厅关于表扬全国古籍保护工作先进单位和先进个人的通知》（办公共发〔2014〕21 号）］。

全国古籍保护先进单位

第五节

公共文化设施管理先进单位

2006 年，国家文化部授予成都图书馆“公共文化设施管理先进单位”荣誉称号［《文化部关于表彰“公共文化设施管理先进单位”的决定》（文政法发〔2006〕23 号）］。

公共文化设施管理先进单位

第六节

文化遗产日奖

2007年，国家文化部为搞好“文化遗产日”宣传教育和推动文化遗产保护工作广泛深入开展而设立“文化遗产日奖”。当年，成都图书馆即获此殊荣［《文化部关于颁发“文化遗产日奖”的决定》（文社图发〔2007〕23号）］。

文化遗产日奖

第七节

首届中国成都非物质文化遗产节优秀组织奖

2007 年，四川省文化厅颁发“首届中国成都非物质文化遗产节活动奖”。成都图书馆因在这一活动中“表现突出、成绩显著”而获得优秀组织奖。[《四川省文化厅关于颁发“首届中国成都非物质文化遗产节活动奖”的决定》（川文发〔2007〕57 号）]。

第八节

四川省三八红旗集体

2008 年，四川省妇联授予成都图书馆“四川省三八红旗集体”称号［《关于授予胡晓容等 102 名同志四川省三八红旗手、武警四川省总队特警队一区队等 103 个单位四川省三八红旗集体荣誉称号的决定》（川妇字〔2008〕9 号）］。

成都图书馆拥有职工 84 名，其中女性职工 52 名，占职工总数的 62%；16 名中层干部中，女性 11 名，占 70%。在成都图书馆女性员工发挥自身特有魅力，为广大市民提供了温馨、细致、人性化的图书馆服务。

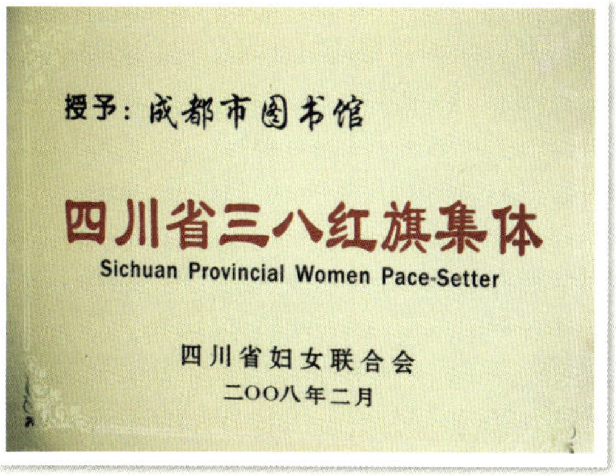

四川省三八红旗集体

成都圖書館

馆藏资源体系与特色馆藏

08

第八章
馆藏资源体系

成都图书馆馆藏体系建设的根本宗旨是为地方经济、社会发展提供强有力的文献信息保障，为全体市民提供公平完善的文献信息服务。成都图书馆的文献资源建设工作始终坚持为社会和人民服务的宗旨，根据所承担的任务和广大读者的需求，有计划、有重点、有系统地补充各类型文献，逐步形成科学、合理、实用的馆藏文献体系。

成都图书馆藏书建设的总方针是“综合入藏、藏用结合、以用为主；中文为主、外文为辅；通用为主、兼顾研究”。文献采选工作遵循以下基本原则。

采编中心新书编目

综合性。文献采选在突出重点、区分层次的前提下，力求学科广泛、门类齐全，满足各方面读者对文献的借阅和查询需要。

系统性。文献补充注重完整，对工具书、丛书、多卷书力求完备齐全，保障各学科重点图书及核心刊物的持续入藏，保持品种的相对稳定，避免时断时续。

地方性。根据成都市社会经济发展的实际，结合本地工农业生产、科学研究、文化教育、历史传统、地方资源以及人文环境等方面的特点，全面系统地收集文献，形成馆藏特色。

协调性。加强和巩固与成都地区图书馆的协作协调，积极推行分工采选，减少重复入藏，促进本馆文献资源的合理布局，实现文献资源的共知共建共享。

经济性。文献采选坚持量入为出和厉行节约的原则，与本馆财力、数据加工能力及库容量相适应，确保合理地使用文献购置经费。

成都图书馆文献资源建设的重点主要有成都地方文献和省内出版物、综合性工具书、社会科学书刊、自然科学通用书刊、文献检索工具等五大类。文献入藏比例（以年度文献购置费为划分依据）为中文图书占 60 %，中文刊报占 15%，电子文献占 22%，外文文献、视听文献及非书资料占 3% 。

工作人员为线装书贴书标

成都图书馆外借中文图书平均复本率为 1:3，地方文献复本率为 1:2，其余图书原则上不购复本。报刊复本数综合考虑期刊学科内容、编辑出版单位与质量、适应对象、是否有保存价值等因素，弹性确定订购数量。

以下所述馆藏资源，只含成都图书馆总馆，不包括分馆。

第一节

基础馆藏资源体系

成都图书馆基础馆藏由中文图书、工具书、中文报纸、中文期刊以及图片资料五大部分构成。其中，基藏中文图书435786种487207册，工具书20439种28128册，中文报纸年入藏164种，中文期刊年入藏1448种，民国期刊1623种，图片资料1676件。

成都图书馆基础馆藏全面采集各学科文献，入藏时注重深度与广度结合，重点与全面兼顾，以社会科学图书为收藏重点，同时兼顾其他类别的重点图书。为了扩大馆藏文献覆盖面，成都图书馆在基藏书库实行无复本入藏制度，减少冗余文献，维持藏书体系的稳定。

基藏书库

成都图书馆历来重视工具书的入藏，经过多年的积淀，全面、系统、完整地入藏各类综合性及学科普及性工具书，建立了工具书专藏体系。

成都图书馆基藏中文报纸以中央和各部委主办的报纸、各省出版的有影响力的综合性报纸为主，兼顾较具代表性的行业报纸，同时保持馆藏中文报纸的连续性。

成都图书馆基藏中文期刊重点选择在各学科中具有权威性和代表性的学术期刊、受读者欢迎的文学艺术期刊。在保证现有期刊馆藏连续性的同时，注重对民国期刊的管理和保存，通过对民国期刊进行的回溯整理工作厘清民国期刊专藏，使馆藏体系更加完备。

基藏书库藏书

成都图书馆基藏图片主要为1951年以来发行的具有文献性、历史性和宣传性的图片资料，为社会机构和读者研究、佐证、展示等提供了文献支持。

另外，通过历年的采购以及接受捐赠，成都图书馆还保存有一定数量的港台图书和报刊。

第二节

流通文献资源体系

成都图书馆外借流通文献由中文图书、中文报纸和中文期刊三部分构成。其中，外借流通中文图书 311394 种 800496 册，中文报纸 280 种，中文期刊 4000 种。

针对公共图书馆服务对象广泛、文献需求多样的特点，流通文献采选在突出重点、区分层次的前提下力求学科广泛、门类齐全，以满足各方面读者对文献的借阅和查询需要。为保障图书内容质量，优先入藏全国百佳出版社的图书。少儿图书主要涵盖儿童启蒙读物、思想品德教育读物、科普读物、历史地理类读物、儿童文学读物、少儿音乐美术读物和动漫卡通连环画等七大类，注重内容健康、学科齐全、品种丰富、形式多样，以满足不同年龄、不同兴趣、不同阅读水平的青少年和儿童的阅读需要。

流通文献分类（1）

流通文献分类（2）

成都图书馆流通中文报纸和期刊与基藏报刊相同。通过制定读者借阅排行榜，根据榜单排名按年度对馆内流通报刊的复本量进行调整。馆藏社科类报刊占全馆报刊种类的 70% 左右（其中文学类占 20%），自科类报刊占 30% 左右。初步形成了以社科核心报刊为主导，多学科并存的流通中文报刊体系。

在为城市人群提供服务的同时，成都图书馆文献资源建设还致力于企业图书分馆和农村图书分馆建设，为企业园区的青年工人以及农村人口提供所需服务。按照青年工人的年龄段和阅读习惯等特点，在进行企业图书分馆资源建设时，除了选取以文学、经济、法律法规、健康知识、计算机和各种企业专业技能知识为主的中文图书外，还甄选了多种畅销期刊。在建设农村图书分馆时，一般以选取农业技术类书刊为主，大众化、娱乐性书刊为补充，实现城乡市民基本公共服务均等化。

成都市新力设备制造有限责任公司青工文化活动中心

第三节

地方文献资源体系

成都图书馆地方文献馆藏由地方志、年鉴、文史资料、地方类图书、地方类报纸、地方类期刊、非书型文献和馆藏字画构成。成都图书馆有计划、有重点、多途径地补充馆藏，逐步形成了具有成都地方特色，服务读者需求的地方文献馆藏。

一、地方志、年鉴、文史资料

馆藏地方志按行政区划分有四川省志、成都市志、区县志、乡镇志和街道志，也有各种行业志、部门志、专业志，共计 648 种 1153 册；馆藏年鉴按行政区划分，上至省级年鉴，下至街道年鉴，涵盖四川省和成都市的各行各业，共计 102 种 1252 册。地方志和年鉴在地方文献查阅室设专架陈列，按行政区划结合中国图书馆分类法排列。

地方志与年鉴专藏

文史资料是有很高文献价值的地方文献，记述了地区政治、经济、文化、历史等。地方文献馆藏有《四川文史资料选辑》《成都文史资料选辑》《少城文史资料》《锦江文史资料》《崇州市文史资料选辑》等各种文史资料 400 余册。

二、地方类图书、报纸、期刊

地方类图书包括国内外公开出版的涉及成都地区政治、经济、社会、历史、地理、科教卫生、文化名胜的图书，约有 1 万余种 2 万余册。成都图书馆向社会公布了《成都图书馆地方文献征集公告》，广泛征集地方文献，近年来平均每年征集图书 2000 余册。早年巴金、艾芜、马识途、流沙河等作家纷纷把他们的签名书赠给成都图书馆。

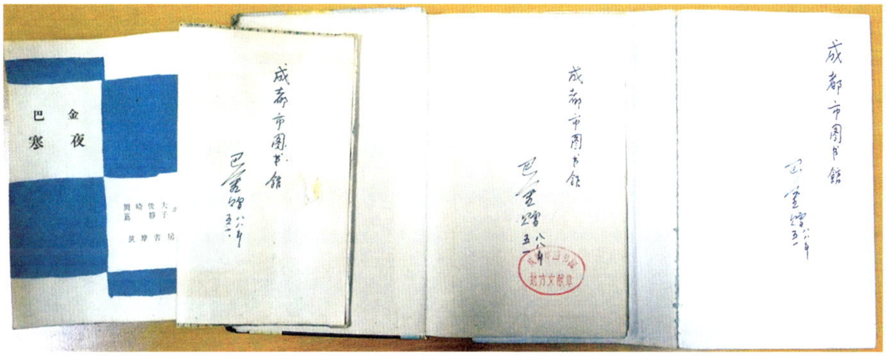

巴金签名本

地方类报纸和期刊是成都图书馆地方文献馆藏的重要组成部分，也是读者查阅率较高的地方文献之一。地方文献部保存了 1950 年至今的四川省和成都市的综合性报纸、行业报、企业报、校报等，这些报纸装订后按年代排列。综合性报纸清晰地展现了新中国成立后成都市新闻出版业的发展历史，行业报、企业报、校报则记录了这些行业、企业和学校的发展情况。报纸的保存状况较好，除个别年份的部分合订本因脆化不能翻阅，其余均可以提供给读者查阅。地方类期刊主要收藏成都市各党政机关、企事业单位、学校和社会团体的公开刊物和内部刊物，装订后上架保存。地方类报纸和期刊馆藏来自于订购和面向社会征集。

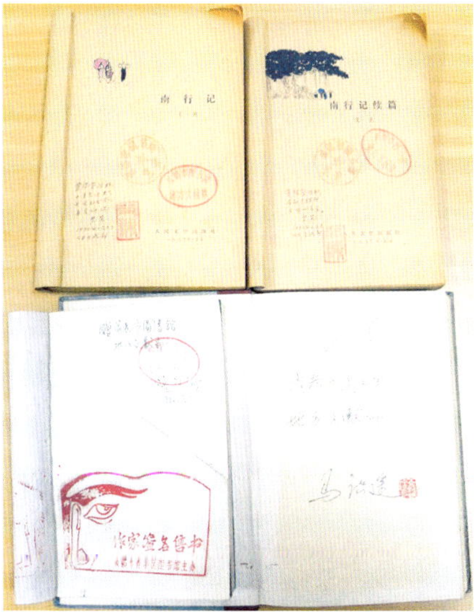

艾芜、流沙河、马识途签名本

地方文献设立了非物质文化遗产保护专藏，专门收集有关全国各地非物质文化遗产保护的书籍，并与成都市非物质文化遗产保护中心合作征集非物质文化遗产保护的文献，为非物质文化遗产保护工作的开展提供文献支持。

地方报纸库房

地方期刊库房

三、非书型文献、馆藏字画

非书型文献馆藏主要有照片、图片、书信、手稿、地图等。对非书型文献资源进行收集、保护和传承，是完善地方文献馆藏工作的重点。成都图书馆在民间收集到的非书型文献有 5000 多份。巴金书信、解放前成都市的各种资料和地图、成都图书馆馆史资料等都显得弥足珍贵，这些非书型文献的收集和保护凝聚了几代图书馆人的心血和汗水。20 世纪 90 年代，《星星诗刊》和《青年作家》编辑部曾把投稿作者的手稿赠予成都图书馆。成都图书馆后来对这些手稿进行整理后发现其中有大量的名人手稿，王蒙、舒婷、阿来、臧克家等当年均向这两家成都本土杂志投过稿。近年来，一些老作家和资深学者向成都图书馆赠书的同时，也将他们的稿件和个人物品送来，使这些非书文献得到了妥善的保存和利用。

馆藏字画共 85 件，不乏清代和民国时期名家之作，其中徐悲鸿 1943 年在成都作的《秋兴图》、崇州画家胡右曾的《花虫图》、吴笠仙的《菊花图》、刘梓谦的《墨竹图团扇》、陈耦可的《行书论画松轴》、王宫午的《麻姑献寿》、梁又铭的《劲节高风图》等作品具有较高的艺术价值和收藏价值。

第四节

古籍文献资源体系

成都图书馆现有古籍34065种110991册。其中善本书281种3711册，善本中明刻本51种556册，清刻本215种3106册，手稿本6种27册，旧抄本9种22册。馆藏古籍从建馆初期就按照经、史、子、集四部和类丛做了较为精确的分类，并不断修正原有的编目，以方便读者检索，也能更加准确地揭示馆藏。

古籍库房

经部古籍约占馆藏古籍的五分之一，主要由儒家经典著作构成，包括常见的十三经，其中也有一些比较珍贵的善本，如毛氏汲古阁刊本《春秋公羊传注疏》和《孟子注疏解经》等。史部古籍约占馆藏古籍的五分之一，包含正史、别史、杂史以及各类传记、家谱族谱等，其中较有代表性的史书有明万历南京国子监刊本《史记》《南齐书》《隋书》等。馆藏家谱73种，其中四川籍家谱18种，还有部分族籍为湖南、广东的家谱，反映了清初

“湖广填四川”的历史事实。纂修年代最早的家谱为明朝的《汪氏重修族谱》。子部古籍约占馆藏古籍的五分之一，主要由诸子百家构成，其中中医典籍占据了绝大部分，版本较为珍贵的是明嘉靖十八年刻本《婴童百问十卷》、明万历刻本《泊如斋重修宣和博古图》、日本昭和年间刻本《唐土名胜图会》等。集部图书占馆藏古籍的五分之二，包括文人别集、总集、诗文评、小说、戏曲等各种形式的文艺作品，并多有反映本地文化的词曲、别集，如《四川扬琴唱词》和《川剧唱词》等。另外，还有少量的类书、丛书，如常见的《四部丛刊》《四部备要》等，还有大型的中医古籍类书，如康熙年间刻本《景岳全书》十六种等。

成都图书馆馆藏古籍经历了长期的积累，过程也颇为曲折，这与成都图书馆同四川省图书馆历史上的分合有很大的关系。早期，成都图书馆所藏古籍数量也相当可观，大约有5万册，其中不乏精品善本。1952年，由于成都图书馆古籍保存条件不佳，遂将全部古籍移交四川省图书馆保存，此后大多古籍就此流入四川省图书馆。现今成都图书馆所藏古籍大多是后来多方征集、采购所得，来源分为三种情况。一是征集、接收成都范围内区（市）县的古籍，比如曾经的成都西城区图书馆、东城区图书馆所藏古籍随着行政区划的更改和保存条件等原因，大多移交给成都图书馆。二是调拨其他地、市、县图书馆所藏古籍，如根据古籍交接档案，部分古籍来自泸州图书馆。三是购买本地藏书家藏书，如2007年曾集中向成都本地藏书家购买古籍，主要包括两大类型：其一是四川地方志，共计137种1048册，有助于丰富完善馆藏的地方志体系；其二是一般清刻本古籍293种2559册以及比较珍贵的民国图书217种1070册，进一步丰富了馆藏古籍资源。

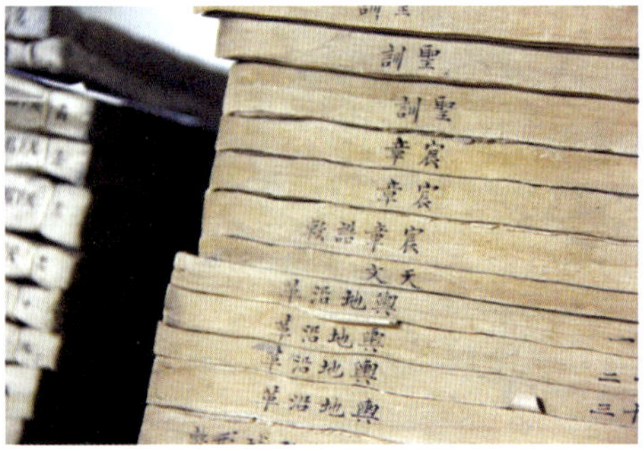

馆藏古籍

古籍文献保存柜

第五节

西文文献资源体系

成都图书馆西文文献建设方针主要体现为突出重点、连续性和补充不足。截至 2014 年年底，馆藏西文文献 17940 种 18573 册，音像资料 1489 件。其中，英文图书 15256 种 15867 册，德文图书 2684 种 2706 册。

英文文献资料

西文馆藏资源以英文和德文文献资料为主。英文文献馆藏中，占馆藏比例最大的前五大类别依次为：文学类 33%，语言类 10%，艺术类 8%，历史地理类 8%，经济类 7%。德文文献馆藏中，语言学习类和综合类图书各占 50%。其中，文学和德国概况类图书共有 1200 余种，约占综合类图书的三分之二，德文音像资料则全部为语言学习类资料。德语文献以普及类读物为主（以幼儿绘本类为特色），以科研类资料为辅。德语资料中心的图书资料由歌德学院北京分院提供，语言学习类是藏书重点，约占总量的一半，细分为初级、中级、高级德语以及职业德语、听力、DaF、ZD、工具书等。综合类图书涵盖经济、社会、艺术、工业、文学、历史地理及自然科学等，大都选自德国著名出版社出版的新书。

德文文献资料

德语套装学习资料

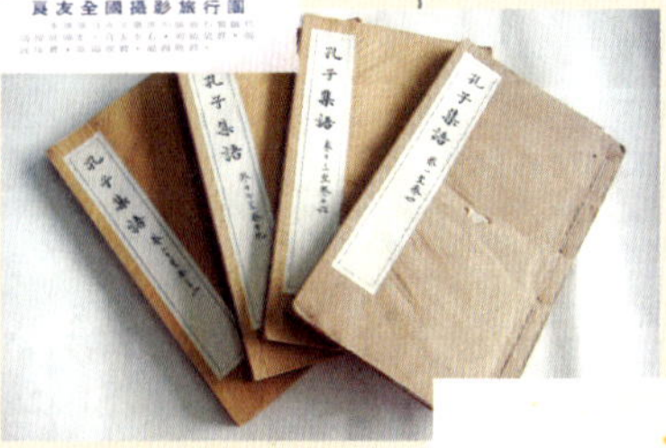
孔子集語

09

第九章
特色馆藏

第一节

馆藏善本

一、《新镌古今大雅北宫词纪》（六卷）［（明）陈荩卿选，（明）陈大来辑］

明万历三十二年（1604 年）刻本，六册；框高 18.6 厘米，广 13.7 厘米；半页十行，行二十字；白口，四周单边。

此书为 16 世纪初金陵的著名书坊继志斋刊本，收元明散曲 308 套，按宴赏、祝贺、栖逸、送别、咏物、宫室、闺情等八个类目排列，其中以闺情最多。凡例云：“纪内所选，专门体裁，间有一、二稍逸于格，必其词意超绝，未忍割爱删者。”此书当是北曲范本。

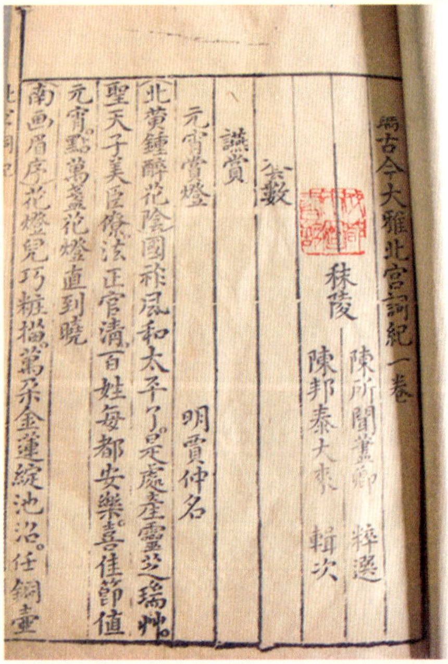

《新镌古今大雅北宫词纪》（六卷）

（明）陈荩卿选，（明）陈大来辑

二、《纳书楹牡丹亭全谱》（二卷）［（明）汤显祖撰，（清）叶堂订谱］

清乾隆五十七年（1792 年）刻本，二册；框高 18.6 厘米，广 13.1 厘米；半页六行，行十八字；白口，单鱼尾，四周双边。

《牡丹亭》的本腔是“有临川特色的昆腔”，这便导致了从明代以来包括叶堂在内的众曲家责其失律的现象。正是有感于此，清乾隆时昆曲家叶堂谱订了《纳书楹牡丹亭全谱》，收入《纳书楹》曲谱中。叶本人在《纳书楹四梦全谱自序中》谈到了订谱的动机：在不改动曲文并参考旧谱的基础上，“殚聪倾听”“积有岁年”，使这一梨园瑰宝以撩人之目、动人之听的姿态跃然于舞台歌场。《纳书楹曲谱·四梦全谱》八卷八册，方字镌刻精整，开本阔朗。内有《邯郸记》《南柯记》《牡丹亭》《紫钗记》。该曲谱行腔细致考究，在一定程度上丰富了昆曲的歌唱艺术，是唱家所推崇和遵守的曲谱。

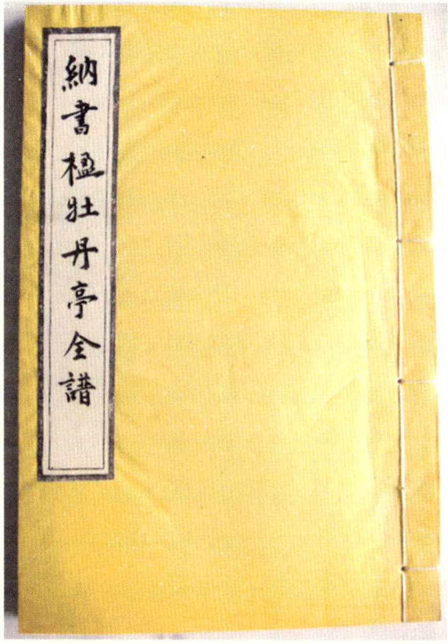

《纳书楹牡丹亭全谱》（二卷）
（明）汤显祖撰，（清）叶堂订谱

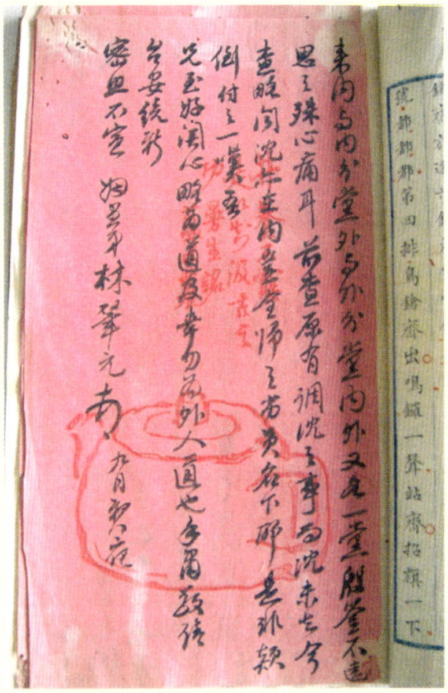

《林中丞书札》(不分卷)
(清) 林肇元撰

三、林中丞书札(不分卷)[(清)林肇元撰]

清咸丰手稿本,三册;白文,每页行数、字数不等。

林肇元,字贞伯,清代广西贺州贺街镇寿峰西塘人,早年参加童试取庠生,后再未登科。咸丰十一年(1861年)避战乱入湘,被屯军湘之云南布政使刘岳昭招入军营,随军后转战湖北、陕西、四川等省,参与镇压太平天国石达开部、贵州苗族起义等,官至贵州巡抚,二品。居黔20余年,整饬吏治,教民养桑蚕,兴修水利,储义仓以备荒,购书籍训士,并在苗瑶少数民族居住地区兴办义学,政绩昭著。此书札有一定史料价值。

四、郑氏周易(三卷图一卷)[(汉)郑玄注,(宋)王应麟辑,(清)惠栋增补]

清乾隆二十一年(1756年)刻本,一册;框高17.6厘米,广13.6厘米;半页十行,行二十一字;白口,单鱼尾,四周单边。

郑玄所注周易,汉魏六朝曾立于学官,为易说重要一脉,但南宋时便已亡佚。南宋王应麟曾多方检索,辑录一卷,却不著录出处,经文注疏次序间有不应,又有遗漏者。清大儒惠栋便在王应麟的基础上增补上经二十八条,下经十六条,系辞传十四条,说卦传二十二条,序卦传七条,杂卦传五条,并删引诸经正义论互卦者八条而成,其后又附录《郑司农集》,合计共为三卷,实在难得。

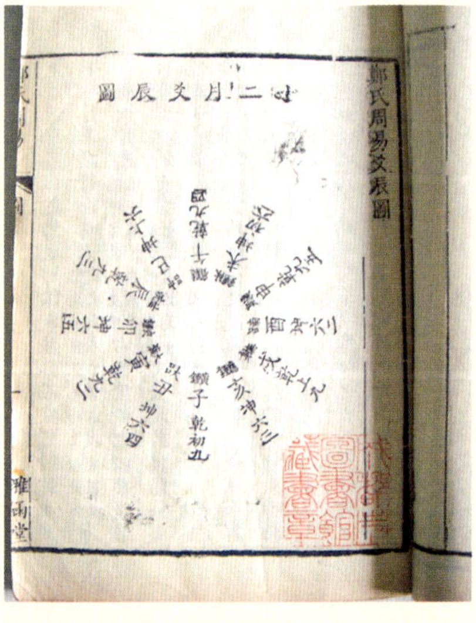

郑氏周易(三卷图一卷)
(汉) 郑玄注,(宋) 王应麟辑,(清) 惠栋增补

五、《孔子集语》（二十二卷）［（清）罗惇衍辑］

清咸丰四年（1854 年）手稿木，四册；框高 17.4 厘米，广 11.7 厘米；半页八行，行二十一字；白口，红鱼尾，朱丝栏，四周双边。

《孔子集语》是关于孔子言行事迹的文字汇编，传世有两种：一是宋朝薛璩辑的两卷本，二是清朝孙星衍辑的十七卷本。薛氏辑本被收入《四库全书》，孙氏辑本被收入《续修四库全书》。本书在这两种书的基础上增删而成。自序云：“宋薛璩撰《孔子集语》二卷，前观察孙渊如增订为十七卷，可谓大备……顾其搜付诸书，容有未尽，其互证未免繁芜……予窃病之。……十余年来，予循诵久，凡他书所当采，复为增益……补入及门，并附录思孟遗言亦差近圣人者……综十四篇，为卷二十有二”。此语证稿本为罗惇衍不惬孙星衍增订《孔子集语》而增辑之。罗惇衍，广东顺德人，字兆蕃，号椒生，道光进士，任编修、侍讲学士、太仆侍卿、通政史、刑部侍郎、户部侍郎、户部尚书等职。

《孔子集语》（二十二卷）
（清）罗惇衍辑

六、《山海经》（十八卷）［（晋）郭璞传，（清）孙星衍校］

清乾隆刻本，二册；框高 18 厘米，广 13.2 厘米；半页十一行，行二十一字，小字单行，行二十一字；细黑口，单鱼尾，四周单边。

《山海经》（十八卷）
（晋）郭璞传，（清）孙星衍校

《山海经》是中国先秦重要古籍，共计十八卷，包括《山经》五卷，《海经》十三卷，内容主要是民间传说中的地理知识，包括山川、矿物、民族、物产、药物等，保存了包括夸父追日、女娲补天、精卫填海、大禹治水等相关内容在内的不少脍炙人口的远古神话传说和寓言故事。《山海经》具有非凡的文献价值，对中国古代历史、地理、文化、中外交通、民俗、神话等的研究，均有参考意义。其中的矿物记录，更是世界上最早的有关文献。《山海经》影响很大，也颇受国际汉学界重视，对于它的内容性质古今学者有着不同的认识，如司马迁直言其内容“余不敢言也”，鲁迅认为其为“巫觋、方士之书”。现大多数学者认为，《山海经》是一部早期有价值的地理著作。本书为清乾隆年间的刻本，卷首页书序下钤“韩松”“紫阳家藏”“戎马书生”等印记。

七、《芥子园画传》（二集八卷）［（清）王安节等绘］

清乾隆四十七年（1782 年）刻本，三册；框高 21.8 厘米，广 14 厘米；半页九行，行二十字；白口，图谱不分行，四周单边；第三、四卷竹谱、菊谱为彩色。

《芥子园画传》，又称《芥子园画谱》，中国画技法图谱，诞生于清代。清代著名文学家李渔曾在南京营造别墅“芥子园”，并支持其婿沈心友及王氏三兄弟（王概、王蓍、王臬）编绘画谱，故成书出版之时，即以此园名之。此画谱堪称中国画的教科书，自出版三百多年以来，不断拓展出新，历来被世人所推崇，为世人学画必修之书。我馆所存的二集为兰、竹、梅、菊四谱，品相良好，画工精美，色彩亮丽如新。

《芥子园画传》（二集八卷）
（清）王安节等绘

八、《华阳国志》（十二卷）［（晋）常璩撰，（清）李调元校］

清乾隆四十六年（1781 年）刻本，四册；框高 18.8 厘米，广 13.5 厘米；半页十行，行二十字，小字双行四十字；白口，单鱼尾，四周双边。

《华阳国志》又名《华阳国记》，是一部专门记述古代中国西南地区地方历史、地理、人物等的地方志著作，由东晋常璩撰写于晋穆帝永和四年至永和十年（348—354 年）。全书分为巴志，汉中志，蜀志，南中志，公孙述、刘二牧志，刘先主志，刘后主志，大同志，李特、李雄、李期、李寿、李势志，先贤仕女总赞、后贤志，序志并仕女目录等，共十二卷，约十一万字，记录了从远古到东晋永和三年巴蜀史事以及这些地方的出产和历史人物。洪亮吉认为，此书与《越绝书》是中国现存最早的地方志。我馆所存为清乾隆四十六年版本，仅有卷六至卷十，另存复本一册（卷九至卷十）。

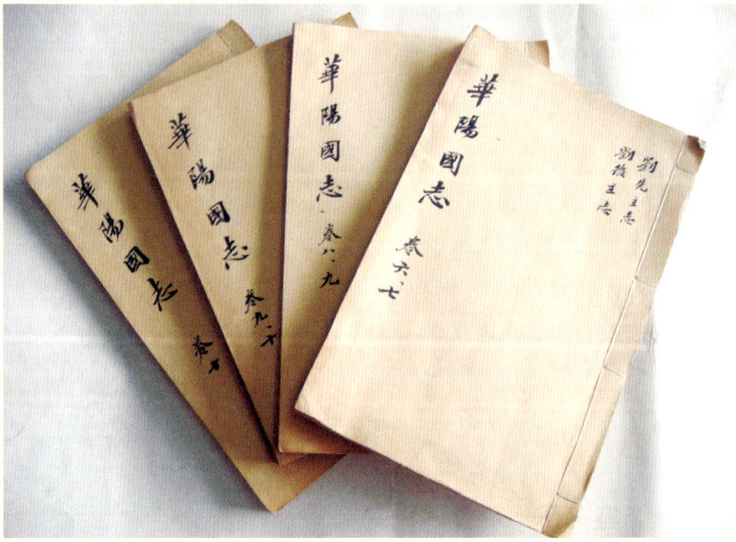

《华阳国志》（十二卷）
（晋）常璩撰，（清）李调元校

九、《唐土名胜图会》（六卷）［（日本）冈田玉山等编绘］

《唐土名胜图会》（六卷）
（日本）冈田玉山等编绘

清嘉庆十年（1805 年）刻本，六册；框高 20.5 厘米，广 15.3 厘米；半页十一行，行二十七字；白口，四周单边。

“名胜图会”是日本江户时代介绍名胜古迹的流行版本形态，以图为引，据以描述名胜古迹的来历等。本书描绘了清王朝的宫殿，揭示了都城的繁华盛况，还介绍了中国各地的风景名胜。同时，对庭园建筑、将相仕女服饰、饮宴器物等也有图文介绍。

十、《事类赋》（三十卷）［（宋）吴淑撰并注］

明嘉靖四十五年（1566 年）刻本，五册；框高 19 厘米，广 14.5 厘米；半页十二行，行二十字；单鱼尾，左右双边。

成都图书馆馆藏刻印时间最久远的古籍。

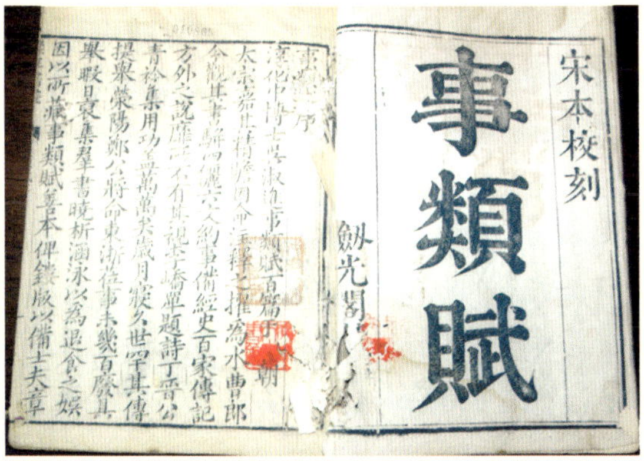

《事类赋》三十卷
（宋）吴淑撰并注

本书计天部三卷，岁时部二卷，地部三卷，宝货部二卷，乐部一卷，服用部三卷，什物部二卷，饮食部一卷，禽部二卷，兽部四卷，草木部、果部、鳞介部各二卷，虫部一卷。《事类赋》标志着宋初文坛重学风气的形成，对汉晋赋艺的借鉴反映了宋初赋坛接续汉晋传统的倾向，是宋人在文学上另辟蹊径的一种表现。《事类赋》显现了强烈的文学创作意识，非一般类书可比，慧眼独具的学术见识也超越了普通类书。

十一、《全唐七律分韵集七绝分韵集》[（清）程祖润辑]

清咸丰六年（1856 年）手稿本，十六册；半页九行，行二十一字不等；白口，七律四周双边，七绝无边栏。

程祖润（1804—1860），原名锡书，字雨琴，丹徒（今江苏丹徒县）人。道光二十四年（1844 年）进士。以知县发四川，辅授新繁县知县，后转任江津。升道员，总办川东防剿军务。

律诗、绝句是诗歌创作的两种形式，在唐代获得了很大的发展，且成就极高。杜甫之诗乃其标志。程祖润尤好此者，其《全唐七律分韵集七绝分韵集》即为类例。全书以韵分编唐诗，就其体例而言是一种创造，且方便学诗者。此书为程氏自书手稿本，仅此一帙，极为珍罕。根据文化部《古籍定级标准》，此书定为三级古籍，入选《四川省珍贵古籍名录》。

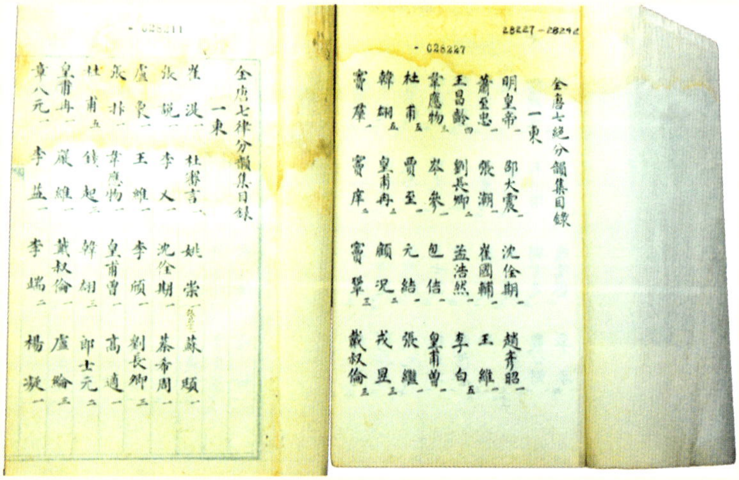

《全唐七律分韵集七绝分韵集》
（清）程祖润辑

十二、《食宪鸿秘》（二卷附录一卷）［（清）朱彝尊撰］

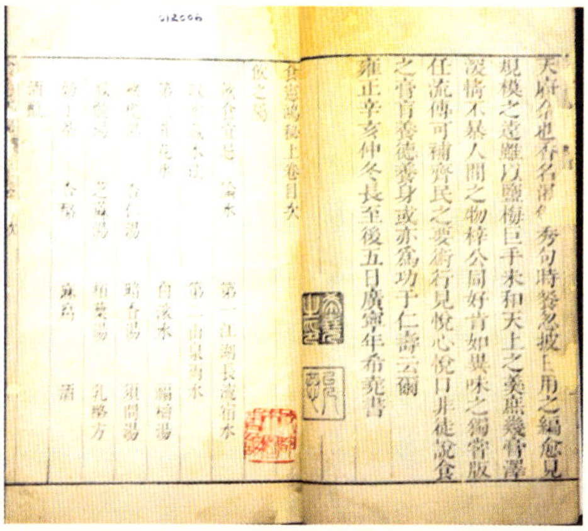

《食宪鸿秘》（二卷附录一卷）
（清）朱彝尊撰

清刻本，二册；框高 18.2 厘米，广 12.8 厘米；半页九行，行二十字；白口，版心有数字。

《食宪鸿秘》为食谱类典籍，搜罗宏富、叙述详尽。此类文献在古籍中极为稀少，盖因业者多无文字撰述能力，技艺多以口口相传，且多为个人体会，世代相袭。现存文献多为好此之道的文化人所记，是研究中国饮食文化史的重要资料之一。本书纸墨精良，刻工精审。根据文化部《古籍定级标准》，本书定为三级古籍，入选《四川省珍贵古籍名录》。

十三、《南史》（八十卷）［（唐）李延寿撰］

光绪六年（1880 年）刻本，十六册；框高 17.5 厘米，广 13 厘米；半页十三行，行二十一字；黑口，四周双边，版心有数字。

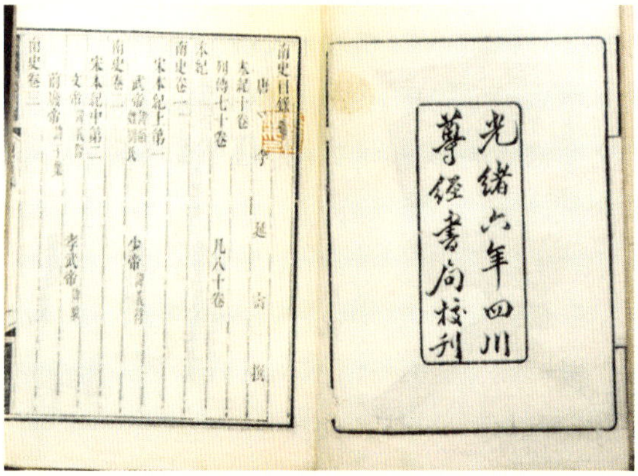

《南史》（八十卷）
（唐）李延寿撰

中国历代官修正史“二十四史”之一。纪传体，共八十卷，含本纪十卷，列传七十卷，上起宋武帝刘裕永初元年（420 年），下迄陈后主陈叔宝祯明三年（589 年）。记载南朝宋、齐、梁、陈四国一百七十年史事。《南史》与《北史》为姊妹篇。《南史》一书钤有“闇公”藏书印记，是革命先烈中共四川省委首任书记潼南杨闇公的遗物，书中留有收藏者的圈点、笺条，故成为珍贵革命文物。

《石墨镌华》（六卷附二卷）
（明）赵崡撰

十四、《石墨镌华》（六卷附二卷）［（明）赵崡撰］

明万历四十六年（1618年）自刻本，四册；框高21.4厘米，广13.5厘米；半叶八行，行十八字；白口，四周单边。

作者赵崡，家近汉唐故都，性好收集石刻，所蓄旧碑颇多。若刊印碑刻全文，则力所不及，故只刻其跋尾。全书由作者将其三十余年所收碑帖详加考证而成，共收录石碑跋尾二百五十余种，著录的石刻数量超过了欧阳修和赵明诚，是研究碑帖拓片的重要参考书。馆藏此书为初刻本，各碑分别注明出土地点，记述详备。此外还刊有部分梵文碑文。根据文化部《古籍定级标准》，此书定为三级古籍，入选《四川省珍贵古籍名录》。

十五、泊如斋《重修宣和博古图》（三十卷）［（宋）王黼撰，（明）程士庄重修］

明万历十六年（1588年）泊如斋刻本，二十四册；框高23.8厘米，广15厘米；半页八行，行十七字，白口，四周单边，版心有数字。

该书集中了宋代集藏青铜器的精华，包括一些著名的重器。分为鼎、尊、罍、彝、卣、瓶、壶、爵、觯、敦、簋、簠、鬲、鍑及盘、匜、钟磬錞于、杂器、镜鉴等，凡二十类。各种器物均按时代编排，每类器物都有总说，每件器物都有摹绘图、铭文拓本及释文，并记有器物尺寸、重量与容量。有些还附记了出土地点、颜色和收藏家的姓名，对器名、铭文也有详尽的说明与精审的考证。根据文化部《古籍定级标准》，此书定为二级古籍，入选《四川省珍贵古籍名录》。

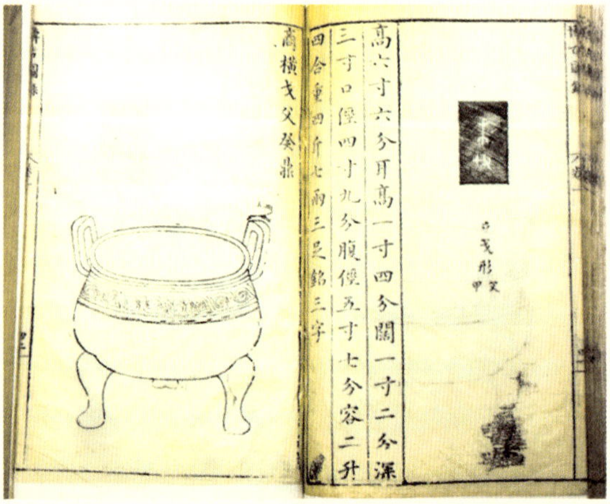

泊如斋《重修宣和博古图》（三十卷）
（宋）王黼撰，（明）程士庄重修

十六、《四川通志》（四十七卷首一卷）［（清）黄廷桂等修，（清）张晋生等纂］

《四川通志》（四十七卷首一卷）（清）黄廷桂等修，（清）张晋生等纂

清雍正十一年（1733 年）刻本，48 册；框高 20.6 厘米，广 14.1 厘米；半页九行，行二十一字；白口，单鱼尾，四周双边。

此书卷三为写本。卷首有“杨馝序＼窦启英序（乾隆元年）”。清黄廷桂等修纂。廷桂字丹岩，汉军镶红旗人。世袭云骑尉，官陕甘总督、武英殿大学士。鉴于明修《四川总志》谬误处甚多，黄氏肆力搜讨，尽补其遗，校订其误，有关田赋、边防、土司、兵制的记述十分详备，是四川省第一部内容翔实、体制得宜的通志。

十七、成都尊经书院编《蜀学报》［（清）宋育仁主编］

清光绪二十四年（1898 年）铅印本，九册；框高 19 厘米，广 12.2 厘米；半页十三行，行二十五字；黑口，双鱼尾，四周双边。

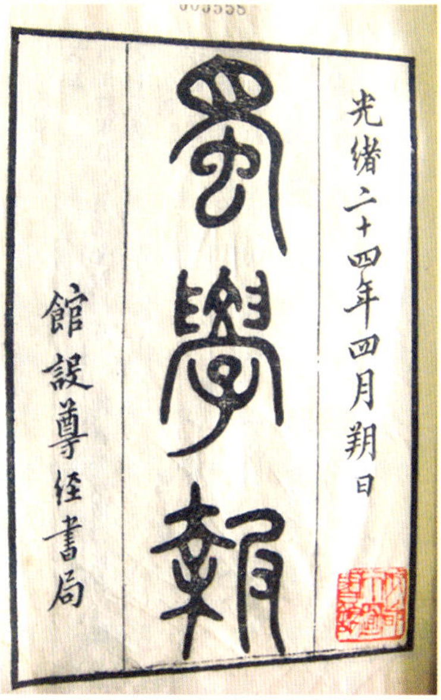

成都尊经书院编《蜀学报》（清）宋育仁主编

光绪二十四年（1898 年）创刊，四川维新派的主要宣传刊物。1898 年春末，宋育仁主持蜀学会，并在成都创办《蜀学报》，1898 年 5 月创刊，在成都出版，旬刊，每期 30 页左右，1898 年 9 月出版至第十三期后被查禁。该报大量刊载维新变法的文章，声称：“《时务》、《求是》各报既已畅行，蜀中更立此报者，意在昌明蜀学，开通邻省，故与各报体例略有不同。各报沿海疆，闻见较易，于洋务不详，本局意立推行，力求实用，言务不当，不嫌并行。”第十三期还有规定：“访刊近事，必须有关时务者始行登载。”该报依靠私人捐款和卖报收入维持，省内外设有代派处四十余处，兼采当地新闻，访员每月发给工资。该报是成都地区最早出版发行的近代报纸。本馆现存第二册至第三册、第六册至第十二册。

第二节

民国书刊

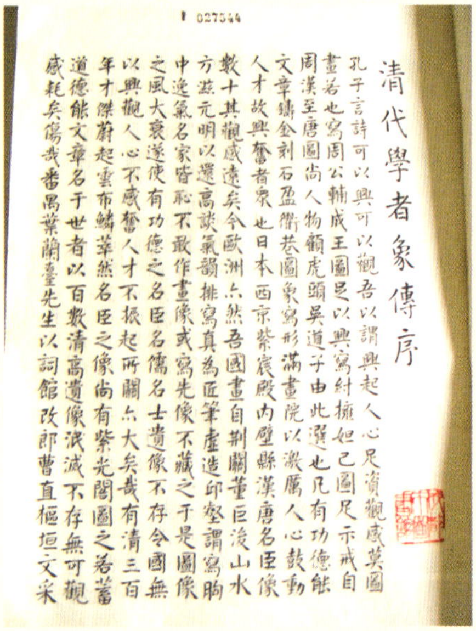

清代學者象傳序

孔子言詩可以興可以觀吾以謂興起人心足資觀感莫圖畫若也寫周公輔成王圖足以興寫紂擁妲己圖足示戒自周漢至唐圖尚人物顧虎頭吳道子由此選也凡有功德能文章鑄金刻石盈衢巷圖象寫形滿畫院以激厲人心鼓動人才故興奮者衆也日本西京紫宸殿內壁縣漢唐名臣像數十其觀感遠矣今歐洲亦然吾國畫自荆關董巨後山水方滋元明以還高談氣韻排寫真為匠筆虛造邱壑謂寫胸中逸氣名家皆恥不敢作畫像或寫先像不藏之于是圖像之風大衰遂使有功德之名臣名儒名士遺像不存令國無以興觀人心不感奮人才不振起所關亦大矣哉有清三百年才傑蔚起雲布鱗萃然名臣之像尚有紫光閣圖之若蓄道德能文章名于世者以百數清高遺像泯滅不存無可觀感耗矣傷哉番禺葉蘭臺先生以詞館改郎曹直樞垣文采

《清代学者象传》（不分卷）
（民国）叶衍兰、叶恭绰编

一、民国图书

1.《清代学者象传》（不分卷）［（民国）叶衍兰、叶恭绰编］

民国间手抄本，一册；白文，无边口；半页十五行，行二十三字。

本书是《清代学者象传》的手抄本，抄者不详。原书是一部清代名贤画像的集成书册，共两集，由叶衍兰、叶恭绰祖孙完成。收入清代较为知名学者如顾炎武、黄宗羲等369人的图像，第一集共169人，171幅图像，并附每份像主小传；第二集共收200人图像，无小传。本书只抄写了第一集中的传记部分。全书采用棉纸抄写，字迹清晰优美。

2.《中华景象》（一册）［良友图书有限公司（1934 年）出版］

《中华景象》又称《全国摄影总集》，主编伍联德，英文编辑陆上之，小八开本，收录 20 世纪 30 年代全国二十七个省份最具代表性风景名胜及建筑照片近千幅，为良友全国摄影旅行团梁得所、张源恒、欧阳璞、司徒荣拍摄。

发刊旨趣言：“人患不自知，国族亦然，方今中华命脉之危，不绝如线，然通达国情，深知民瘼者，几何人矣广。”良友组织全国摄影旅行团，行程三万里，费时八个多月，拍得照片上万幅，凡“山陬海涯，穷荒远激，民情风俗，景色物产，罔不均衡注意，尽量搜罗”。后选出千余幅，分省和地区编排，先介绍概况，然后是照片及文字说明。除图片外，还有当时各省面积、人口、行政机构、国防等数据，全国铁道及公路里数、内河通航里数、电报局数及线路里数，以及全国教育、农林产业、工业发展、矿产贸易等统计数据。

《中华景象》（一册）
良友图书有限公司（1934 年）出版

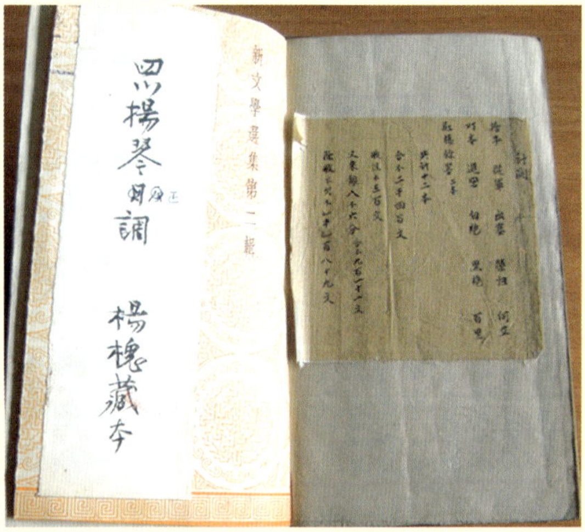

《四川扬琴唱词》

3.《四川扬琴唱词》

手抄本，十六册；框高 13.5 厘米，广 9.4 厘米；半页八行，行十八字，小字双行同；白口，单鱼尾，四周双边。

四川扬琴是一种唱腔、音乐、文词俱美的四川地方曲艺，主要流行于成都、重庆、泸州、自贡等城市和地区，是四川说唱艺术代表性曲种之一。光绪时期有艺人一百多名，并分为南会、北会两大流派。南会行腔华丽，细腻柔美；北会工稳豪放，长于叙事。本书收录《夏瑚戏妻》《思凡琴挑》《木兰出塞》等几十个曲目的唱词，是研究四川扬琴唱词的经典范本。

4.《川剧唱词》

手抄本、刻本兼有，八册；行字不等；白口，单鱼尾，四周单边，版框不一。

川剧是汉族戏曲剧种之一，是中国戏曲宝库中一颗光彩照人的明珠。川剧历史悠久，流行于四川东中部、重庆及贵州、云南部分地区。本书收录了《济公传》《杨家将》《玉堂春》《武松打店》等十一个传统剧目的唱词，刻印年代不详，手抄部分字迹优美，部分曲目伴有精美插图，各种角色鲜活灵动、跃然纸上，是川剧研究的重要史料。

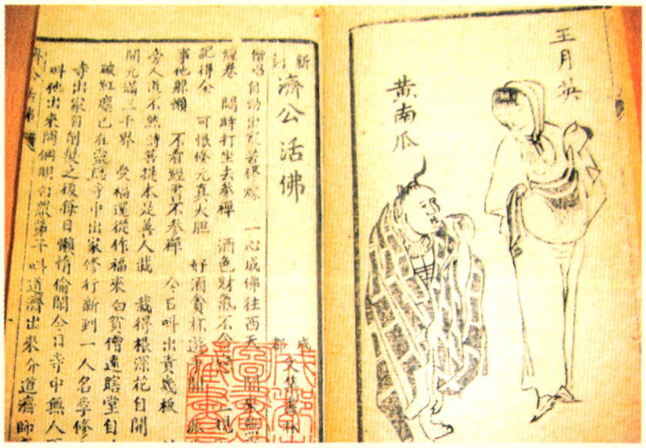

《川剧唱词》

5.《峨眉山志》（十二卷）［（清）蒋超纂］

《峨眉山志》（十二卷）
（清）蒋超纂

民国 18 年（1929 年）重印本，四册；框高 21.7 厘米，广 14.5 厘米；半页十行，行二十字，小字双行同；白口，单鱼尾，左右双边。

峨眉山位于四川峨眉县西南，由麓至顶有大小七十余寺，以报国寺、伏虎寺、湘子洞、金顶寺为其最著者。峨眉山为普贤菩萨之道场，全山各寺皆奉普贤菩萨。所有宫观殿刹、古迹胜境，自成天然雅趣。峨眉山被尊为中国佛教四大名山之一。清康熙十一年（1672 年）蒋超编成《峨眉山志》，民国十九年（1930 年）印光大师重修，分为星野图说、菩萨圣迹、金山形胜、寺庵胜概、感应灵异、历代高僧、王臣外护、仙隐流寓、古今艺文、动植物产等十一门，为峨眉山之全史。

6.《川边各县舆地图》［（民国）川康边政训练所编绘］

民国 17 年（1928 年）石印本，一册。

西康省，简称康，别名川边特别区，清代设置的二十二个省级行政区之一，1955 年废止，分别划归四川省和西藏自治区（当时为西藏自治区筹备委员会）。本书共有地图三十幅，描绘了西康全境及其各县山川河流地理形势。

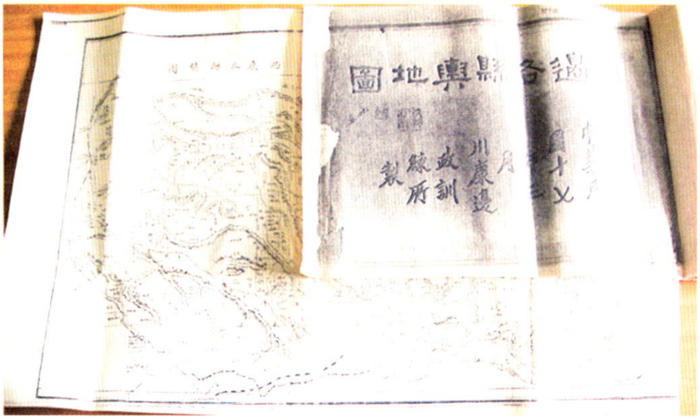

《川边各县舆地图》
（民国）川康边政训练所编绘

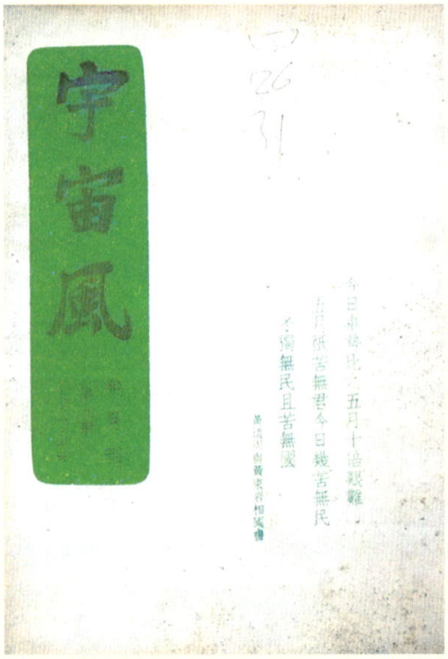

《宇宙风》

二、民国期刊

1.《宇宙风》

1935 年 9 月在上海创刊。林语堂、陶亢德、林憾庐等编辑，宇宙风社发行。其文学主张与《论语》同调，提倡“幽默”“性灵”的小品。除散文小品外，也发表一些小说和诗歌，老舍的《骆驼祥子》曾在该刊连载。抗战爆发后，曾迁至广州出版。1938 年 10 月广州沦陷后停刊。曾在桂林、重庆等地数次复刊，1947 年 8 月终刊，共出版 152 期。

2.《新中华》

1933 年 1 月在上海创刊，半月刊。1937 年 8 月出版第五卷第十五期后停刊。1943 年在重庆复刊，改为月刊。1947 年出版第六卷第十一期后回上海，仍改为半月刊，卷期另起。1951 年出版第四卷第十二期后停刊。

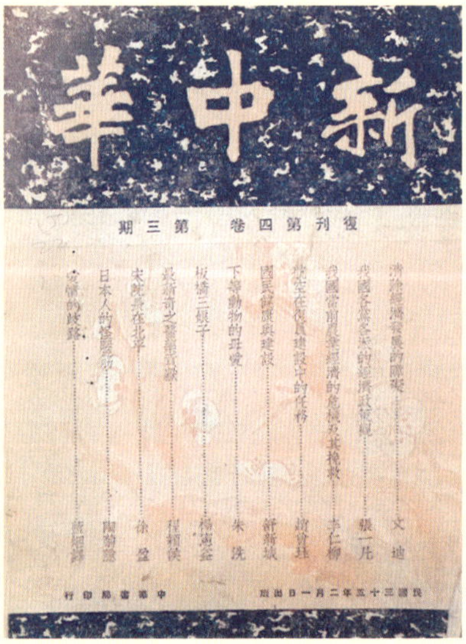

《新中华》

《儿童世界》

3.《儿童世界》

1922 年 1 月在上海创刊，1932 年“一·二八”抗战期间曾休刊数月。复刊后改为半月刊。1937 年“八一三”淞沪抗战爆发后休刊。同年 10 月在香港复刊，香港沦陷后停刊。第一任主编为郑振铎。从 1923 年第五卷第二期开始由徐庆祉等主编。该刊曾风行海内，并远销新加坡和日本。

《西风》

4.《西风》

1936 年 9 月在上海创刊，是较早向国内介绍西方社会的综合性刊物之一。1941 年 12 月太平洋战争爆发后休刊，共出 65 期。1944 年 7 月在重庆复刊，刊期续前。1945 年 12 月回迁上海出版。

《科学画报》

5.《科学画报》

1933年中国科学社创办的科普期刊。《科学画报》的办刊理念为“格物致知，利用厚生”，其很快成为当时的科普名刊，发行量超过许多知名的文艺期刊，并且远销海外。

三、民国报纸

1.《新新新闻》

1929年9月1日创刊于成都，日刊。《新新新闻》是1950年前四川报业出版时间最长、发行量最大、影响面最广的民办商业性报纸。开始为三中张，后增至四中张。本报以地方新闻多见长，极具地方特色，本地读者众多，也很受外县读者欢迎。

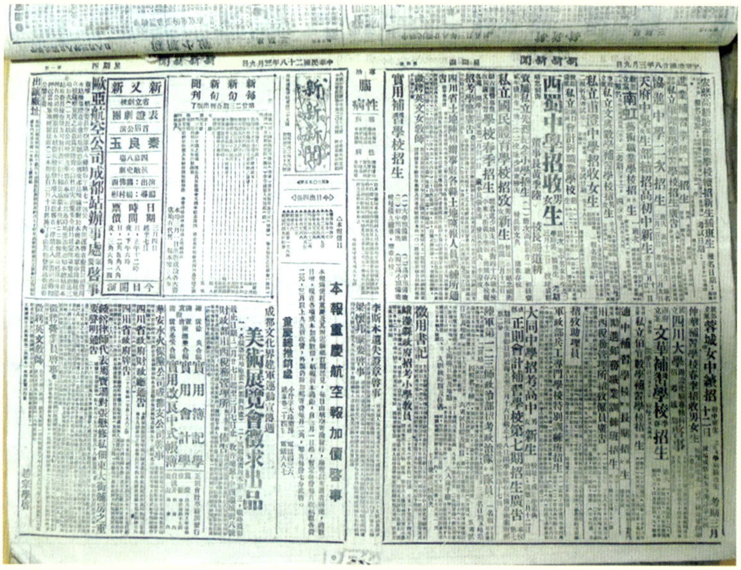

《新新新闻》

2.《新蜀报》

1921 年 2 月 1 日创刊于重庆。《新蜀报》是少年中国学会会员在四川创办的报纸。在当时的地方性大报中，《新蜀报》是“五四”运动及新文化运动在四川传播的产物，以传播新思想新文化为己任，具有全国性影响。1923 年春至 1925 年夏，萧楚女被聘任主笔，撰写社论和时评近千篇百余万字，报纸成为宣传新文化思想和马克思主义的阵地。抗战时期，也是经济独立，主张团结抗日、民主进步的民办报纸。

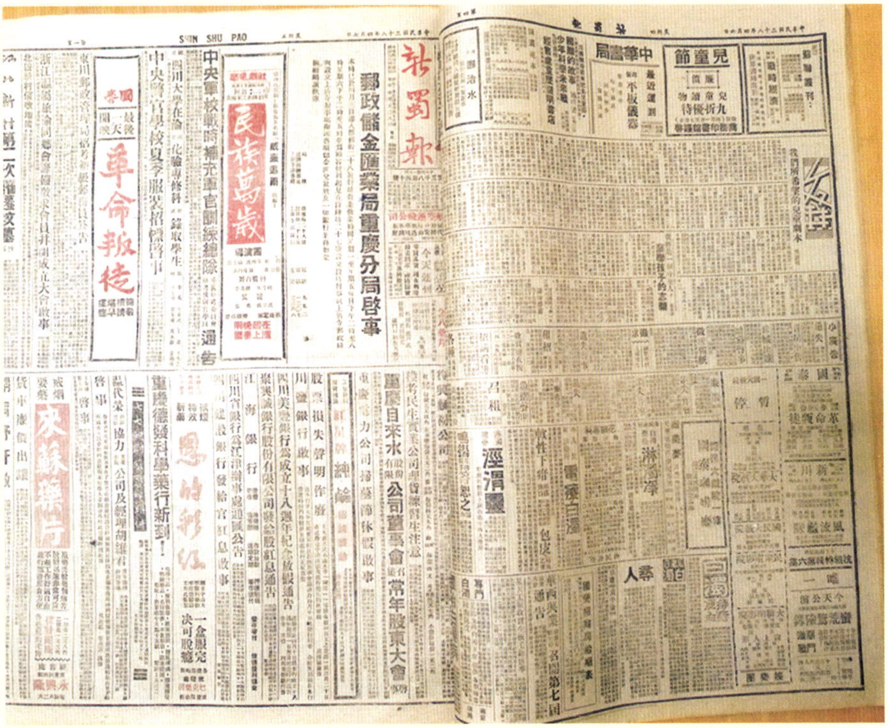
SHIN SHU PAO
新蜀報
革命叛徒
民族萬歲
郵政儲金匯業局重慶分局啓事
重慶自來水公司董事會常年股東大會
中華書局
兒童節

《新蜀报》

3.《新民报》

1929 年 9 月 9 日创刊于南京，1938 年 1 月 15 日迁重庆出版。该报在全国各地先后有五社八版。郭沫若、巴金、老舍、夏衍、田汉、聂绀弩、吴祖光、马彦祥等文化界著名人士先后应邀任该报撰稿人或副刊主编。该报注重社会新闻报道，副刊很有特色，尤其讲究版面编排和标题制作，在读者中和新闻界有较大影响。建国后各地版陆续停刊，仅上海版继续出版，并于 1958 年改名《新民晚报》。

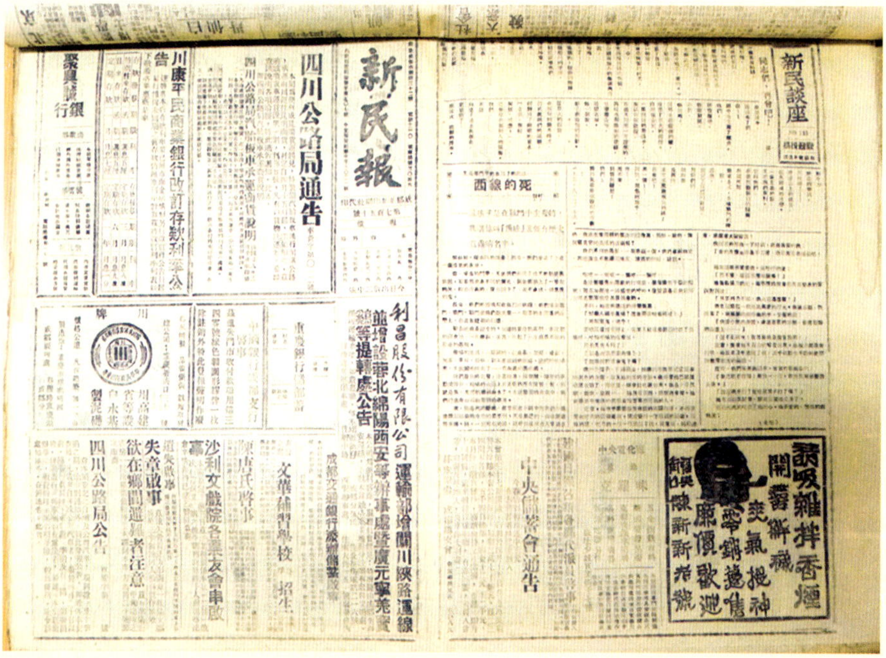
新民報

四川公路局通告

新民談座

中央儲蓄會通告

四川公路局公告

《新民报》

4.《华西日报》

1934 年 3 月 15 日创刊于成都，初为对开一大张，后扩充为四开四中张。该报原为四川地方实力派、国民党川康绥靖公署主任刘湘创办，刘湘任四川省政府主席后，报纸遂成为四川省政府的机关报。该报在一段时间内曾是宣传抗日、揭露国民党专权的舆论阵地，1945 年 5 月被迫停刊。随后国民党中央宣传部派刘白新任社长，使之成为国民党的宣传工具。1947 年春，赵星洲接办后，在中共地下党外围组织新民主主义读书会帮助下，逐渐趋向进步，减少时论，增加副刊，常用诙谐嘲讽手法揭露国民党的黑暗统治。1949 年 8 月，四川解放前夕终刊。

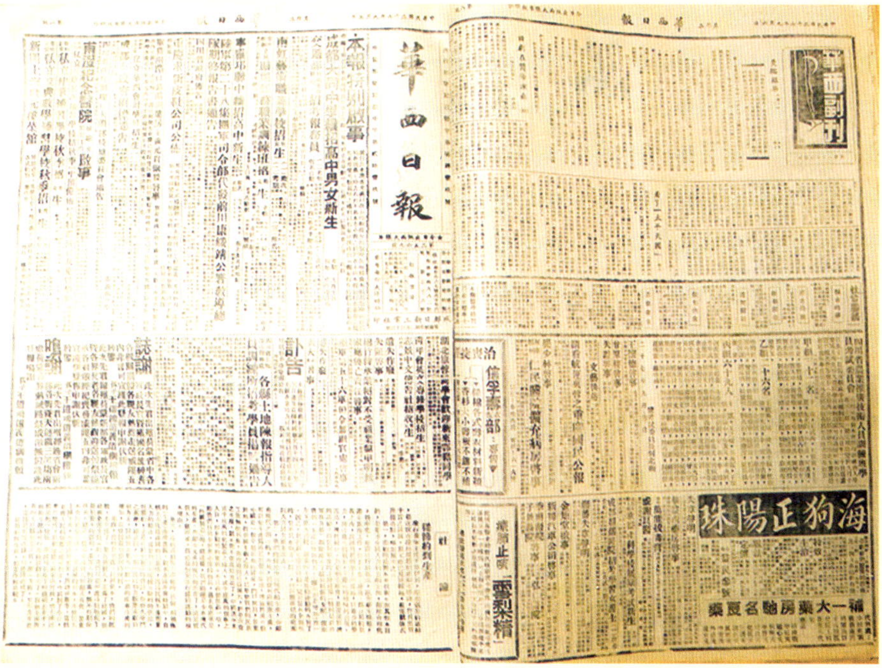
華西日報

《华西日报》

5.《党军日报》

1931 年 6 月于南京创刊，1939 年 1 月 1 日迁成都出版，国民党中央军校机关报。曾在铜梁等地出版发行，迁蓉后开始面向社会发行。开始为大、小张各两版，一年后改为对开四版一大张。内容除社论、消息外，还办有综合性文艺副刊《血花》等多种专刊。1945 年 7 月 10 日改名为《黄埔日报》，社址在江汉路 143 号，并在祠堂街、春熙路、东大街分设第一、二、三营业处，由该校政治部主任邓文仪任社长。成都解放前夕停刊。

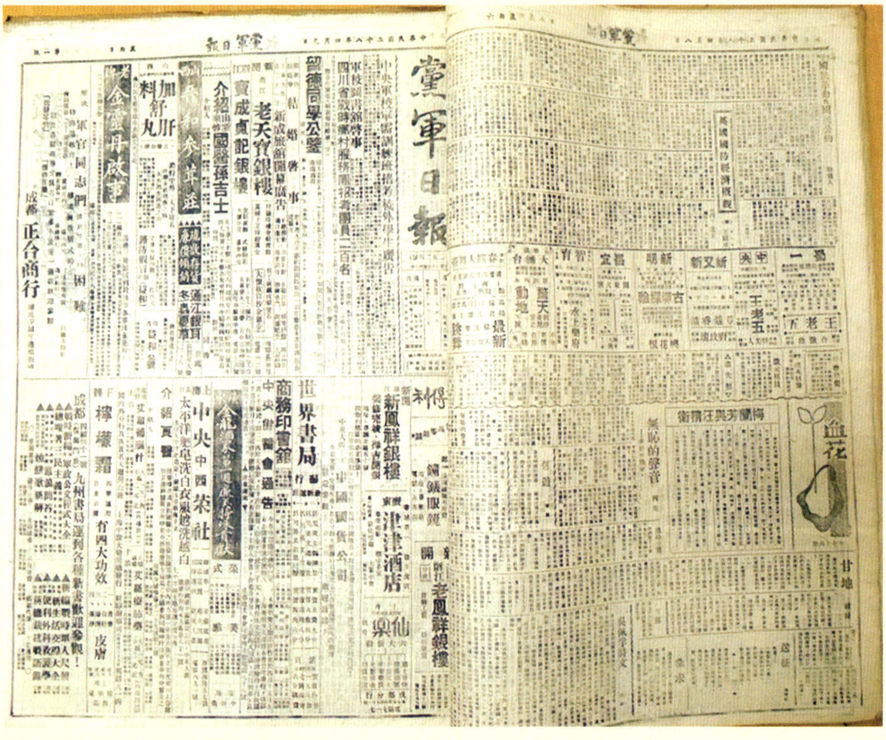
黨軍日報

《党军日报》

6.《国民公报》

1912 年 4 月 22 日创刊于成都，是四川较早的民营报纸，由《中华国民报》与《四川公报》合并而成。1915 年 1 月 23 日，因披露袁世凯亲信入川事，被宪兵司令部以“谣惑军心”之名查封。同年 8 月 4 日复刊，由李澄波主持。至 1935 年 5 月 1 日停刊，历时 24 年，共出版 7925 号。

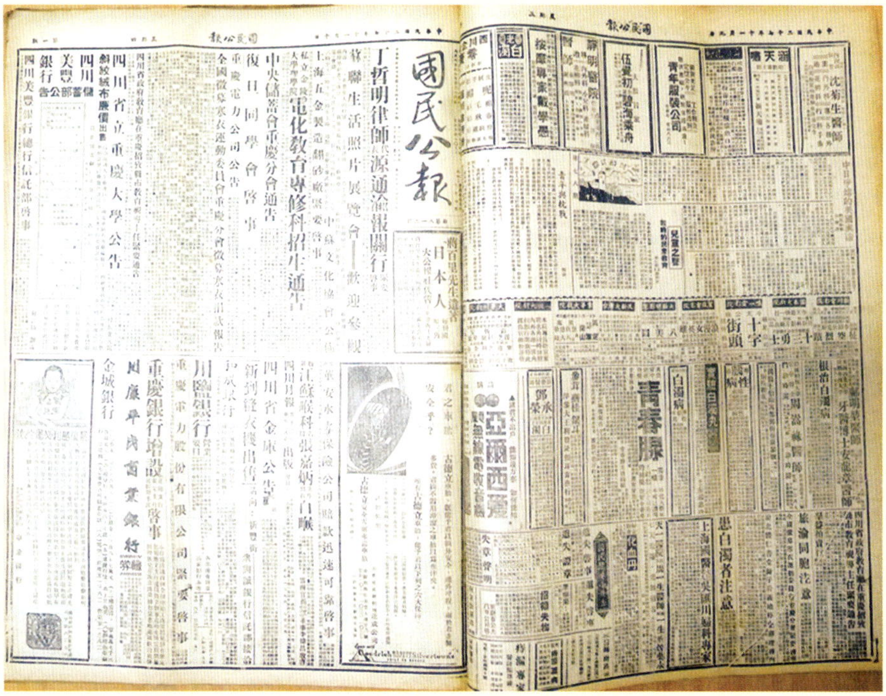
國民公報
四川省立重慶大學公告
中央儲蓄會重慶分會通告
復旦同學會啓事

《国民公报》

第三节

地方文献

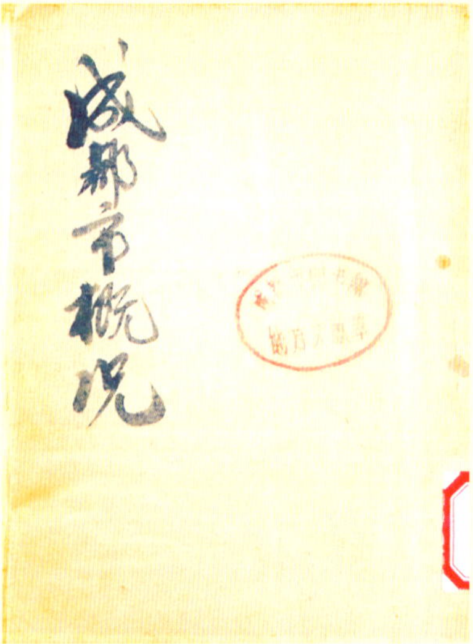

《成都市概况》

一、《成都市概况》

本书系成都解放前夕中共地下党组织编写。内容涵盖了当时成都的行政机构、社会团体、重要工业、公用事业、金融贸易、税收政策、农业水利及文化教育等详细信息，完整地反映了成都市的政治经济文化概况，是极具历史价值的珍贵史料。

二、成都文史资料选编

此书系列记述了成都政治、经济、文化、历史等各领域的史实，是真实可信的综合性史料丛书，具有极高的历史研究价值。此书由成都市政协文史学习委员会编辑，四川人民出版社出版。

《成都文史资料选编》

三、成都街巷志

本书有选择地介绍了中华人民共和国成立以前已经存在并有一定文化内涵的老街巷。以成都市区的河流、桥梁为叙述构架，通过对一条条街巷的介绍，述说成都的历史文化，是了解成都城市的基础读物。本书为四川教育出版社出版。

《成都街巷志》

《成都通史》

四、《成都通史》

本书是成都建城2300年来的第一部通史。全书共七卷，划分为古蜀时期、秦汉三国（蜀汉）时期、两晋南北朝隋唐时期、五代（前、后蜀）两宋时期、元明时期、清时期、民国时期，每个时期为一卷。全书共335.7万字。《成都通史》分“概述”“专题”和“大事记”三部分，其内容涵盖成都经济、政治、文化和社会等方面演变、发展的历史进程，着重勾画城市文明为核心的基本发展轨迹。《成都通史》以成都城市的发展史为重心，但又不局限于城市，是当代成都地域范畴中的城乡文明的演进史。此书由成都市社会科学院组织编写，四川人民出版社出版。

五、《成都通览》

初由成都《通俗报》报社于1909—1910年间分册出版。图文并茂，史料翔实，描绘了清末成都的气候、江河、街巷、场镇、学校、工商、农业、土特产、邮政、古迹、名胜、风俗乃至民间语言、儿歌等，是清末成都社会研究的珍贵史料。近年多次重印出版，此为四川天地出版社2014年版。

《成都通览》

六、《成都城坊古迹考》

成都是国务院首批公布的全国历史文化名城之一，本书上起公元前310年，终于1949年，对成都两千多年来的发展与变化，有系统的考证与论述，为成都历史研究提供了重要的参考资料。本书由四川省文史馆编撰，成都时代出版社2006年出版。

《成都城坊古迹考》

七、《川剧简史》

本书把川剧历史分为孕育期、萌芽期、成长期、发展期、繁盛期、变革期、复兴期和衰落期。本书将川剧艺术本身特殊的传承关系即其内在发展规律，同一定历史范围内的社会经济、政治、民俗、文化等状况联系起来，叙述了川剧前辈们走过的崎岖道路以及川剧兴衰变迁的历史过程。本书为四川天地出版社1997年出版。

《川剧简史》

《李劼人说成都》

八、《李劼人说成都》

老成都代言人李劼人先生在此书中从说历史、说称号、说方言等二十多个方面，为读者讲述了自己心目中的成都。2001 年，为纪念中国现代著名作家、翻译家李劼人对成都文化所做的贡献，曾智中、尤德彦编纂出版了此书。此书于 2007 年再版，由四川文艺出版社出版。

九、《成都诗览》

本书是文人雅士吟咏成都的诗词汇集，作品上溯远古，下迄 1949 年。本书也是分门别类检索有关成都诗赋的工具书，全书选诗 2000 余首，旨在以诗证史，以史诠诗，使诗与史彼此发明，相互辉映。本书可供历史学家、民俗学家、方志学家、诗词家、院校师生以及热爱成都的朋友们鉴赏、观览、引用。本书为华夏出版社 2008 年出版。

《成都诗览》

十、《成都民间文学集成》

这本文集是千百年来流传在成都地区的民间口头优秀文学作品的总汇，全书共选民间故事850篇，民间歌谣759首，民间谚语1600余条，共约170余万字。此书为陈浩东主编，四川人民出版社1991年出版。

《成都民间文学集成》

《成都方言》

十一、《成都方言》

本书系作者经过多年的收集、整理而汇集的成都传统方言及现代方言全书，在内容及词汇上超过了以往所有四川方言类图书，经过精心编排，查找方便，有助于热爱成都方言的读者借鉴。本书为马骥著，四川文艺出版社2012年出版。

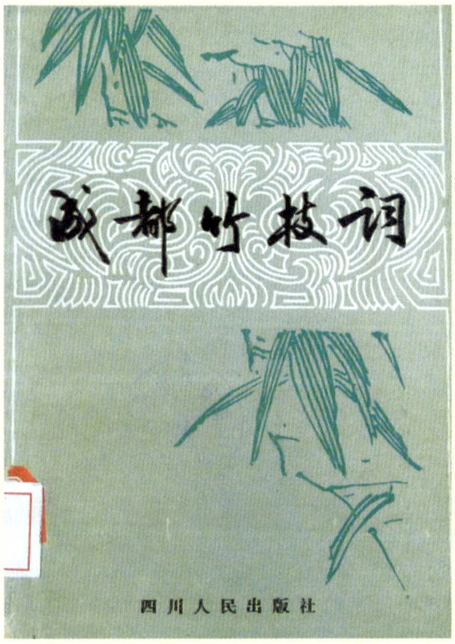

《成都竹枝词》

十二、《成都竹枝词》

竹枝词是唐代巴蜀地区的民间歌词，属于民歌中的一种，极富节奏感和音律美，而且在表演时有独唱、对唱、联唱等多种形式。本书是一部较为详备的成都竹枝词总集，特点可用“全”“真”二字概括。成都数百年来习俗风光、人情世态，于此可窥其大略。本书为杨燮编著，四川人民出版社 1982 年出版。

十三、《历代文化名人在四川》

巴山蜀水，人杰地灵。在这块号称“天府”的土地上，出现了很多具有杰出贡献的著名人物，给我们留下了许多优秀的文化遗产。本书介绍了古代著名川籍和客寓四川的文学艺术家的主要活动，展示了现存的重要遗迹。本书为袁庭栋、张志烈著，四川人民出版社 1985 年出版。

《历代文化名人在四川》

第四节

名人手稿

一、《致树基》《无题集》（巴金）

巴金（1904—2005），四川成都人，祖籍浙江嘉兴。原名李尧棠，现代文学家、出版家、翻译家。巴金被誉为“五四”运动和新文化运动以来最有影响的作家之一，是20世纪中国杰出的文学大师、中国当代文坛的巨匠。代表作有“激流三部曲”《家》《春》《秋》，“爱情三部曲”《雾》《雨》《电》。手稿《致树基》和《无题集》分别是巴金为他的散文集《随想录》所写的跋和后记，手稿来源是成都图书馆工作人员20世纪80年代到上海拜访巴金老人时其亲手所赠。

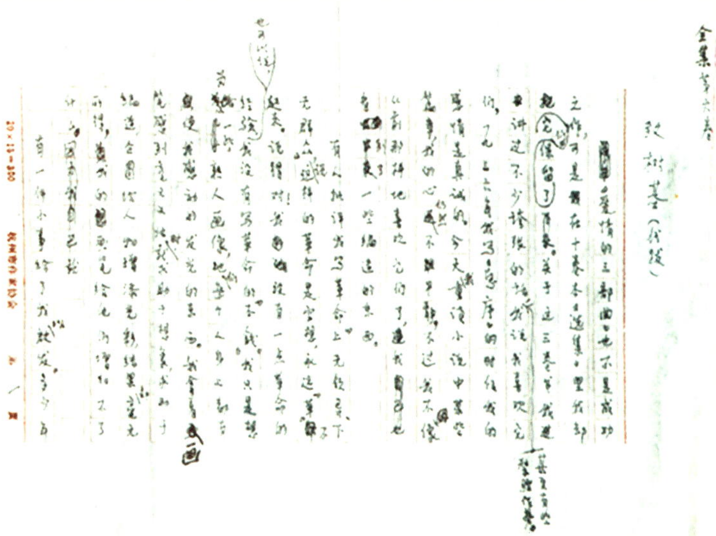

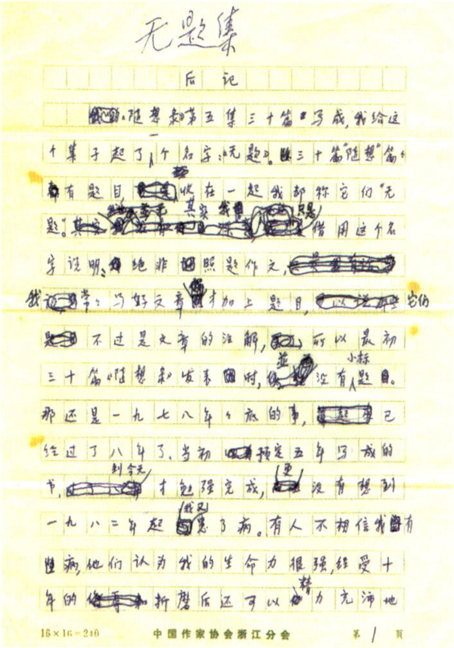
无题集
后记
中国作家协会浙江分会

《致树基》《无题集》

巴金

二、《一种演奏风格》(组诗)(舒婷)

舒婷（1952— ），祖籍福建泉州，当代著名女诗人。舒婷崛起于20世纪70年代末的中国诗坛，是朦胧诗派的代表人物。代表作有诗集《双桅船》《会唱歌的鸢尾花》《始祖鸟》，散文集《心烟》等。手稿是舒婷在美国旧金山短暂居留时，根据所见所闻所写的一组抒情诗，风格飘逸朦胧。

（以下手稿多为《星星诗刊》《青年作家》转赠成都图书馆收藏，故手稿上多见编辑的修改和排版指示文字）

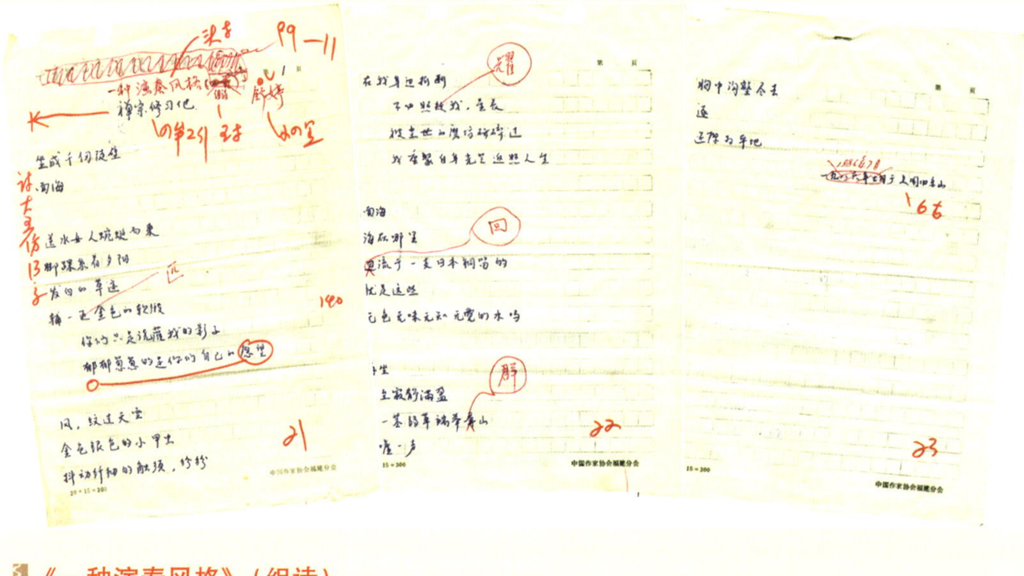

《一种演奏风格》（组诗）

舒婷

三、《回新疆》（王蒙）

王蒙（1934—　），河北南皮人，当代作家、学者。王蒙是当代文坛上创作最为丰硕、始终保持创作活力的作家之一，曾担任文化部部长、中国作家协会副主席。代表作有长篇小说《青春万岁》《活动变人形》等，其作品反映了中国人民在前进道路上的坎坷历程。王蒙曾在新疆劳动工作多年，手稿是他重回新疆故地重游时写的一首诗，表达了自己对新疆的热爱。

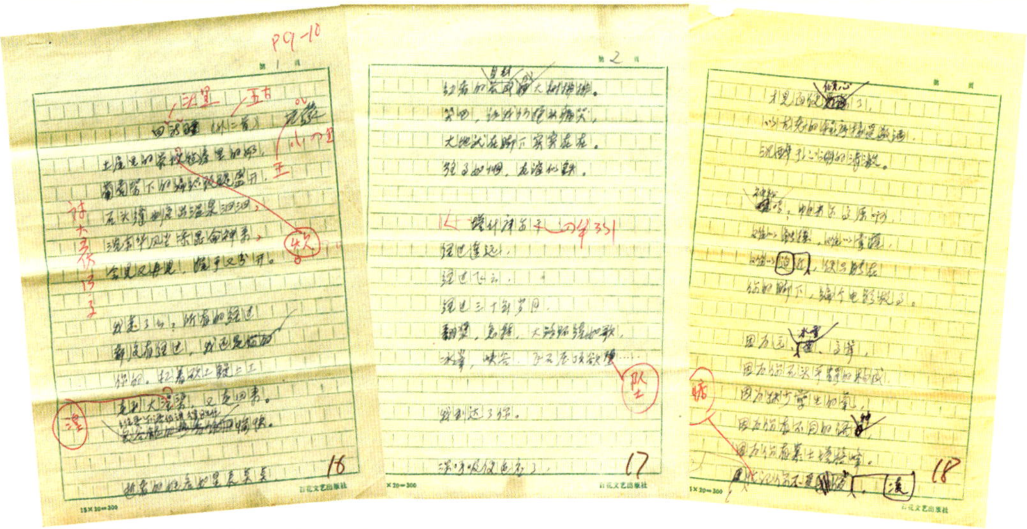

《回新疆》

王蒙

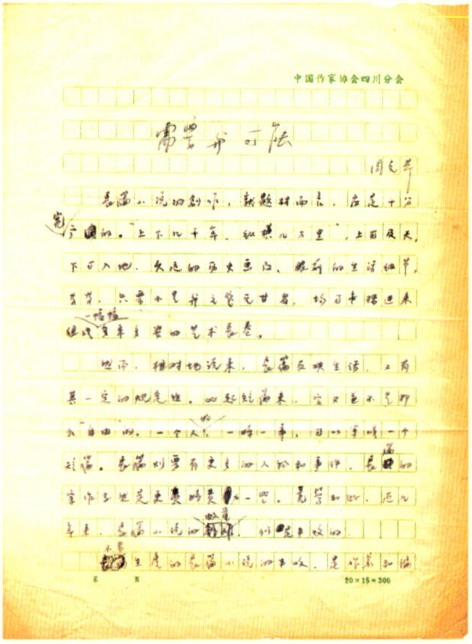

《需要与可能》
周克芹

四、《需要与可能》（周克芹）

周克芹（1936—1990），四川简阳人，当代作家。他熟悉农民，作品大多反映农村生活。1979 年发表的长篇小说《许茂和他的女儿们》是对“文化大革命”十年农村生活的深刻反思，在社会上反响很大，电影、电视和戏曲界纷纷改编成剧本，也因此获首届茅盾文学奖。代表作有《石家兄妹》《许茂和他的女儿们》《秋之惑》等。手稿是周克芹对长篇小说创作的感想和思考，富有实践经验和生活气息，为作家创作“经验谈”。

五、《如何面对一片荒原》（阿来）

阿来（1959—　），当代作家，第五届茅盾文学奖获得者，四川省作家协会主席，兼任中国作家协会副主席。1982 年开始诗歌创作，80 年代中后期转向小说创作。长篇小说《尘埃落定》于 2000 年荣获第五届茅盾文学奖。代表作有诗集《棱磨河》，小说集《旧年的血迹》《月光下的银匠》，长篇小说《尘埃落定》《空山》。手稿是对青藏高原自然景色的描写和讴歌，诗虽不长，但空灵苍劲。

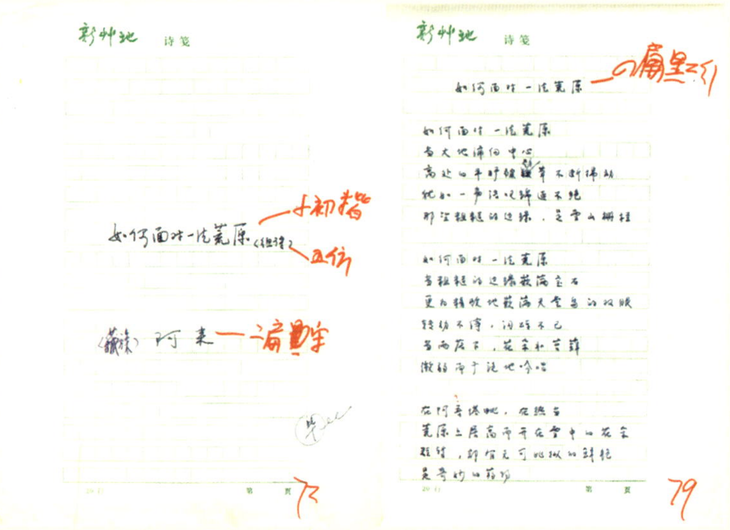

《如何面对一片荒原》
阿来

六、《杂色风景》（雷抒雁）

雷抒雁（1942—2013），陕西泾阳人，当代诗人、作家。曾任《诗刊》社副主编、鲁迅文学院常务副院长，是中国作家协会全国委员会委员。获得过各种文学创作奖，并有多种文字的翻译诗作发表于国外。代表作有诗集《小草在歌唱》《父母之河》《踏尘而过》《激情编年》等，散文随笔集《悬肠草》《秋思》《分香散玉记》等。手稿为组诗，抒发了作者对大自然的热爱之情。

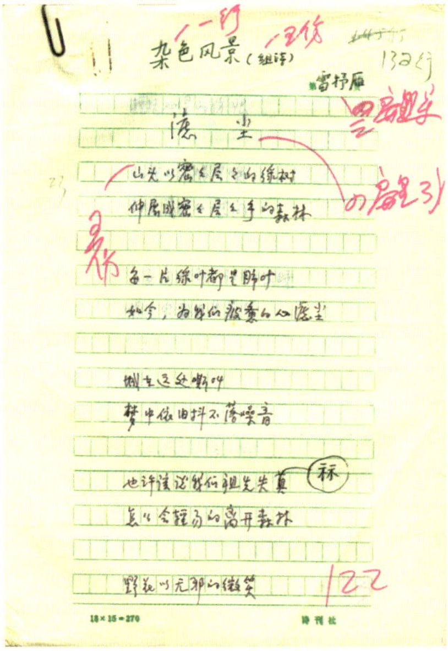
杂色风景（组诗）
雷抒雁

《杂色风景》
雷抒雁

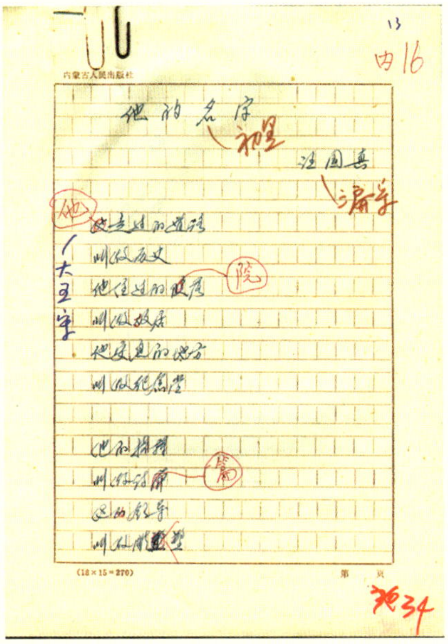
他的名字
汪国真

《他的名字》
汪国真

七、《他的名字》（汪国真）

汪国真（1956—2015），毕业于暨南大学中文系，当代诗人。曾任《中国文艺年鉴》编辑部副主任，《辽宁青年》《中国青年》《女友》的专栏撰稿人。1985 年开始进行诗歌的创作，1990 年开始出版诗集，第一部诗集为《年轻的潮》。曾经在 20 世纪 90 年代掀起一股“汪国真热”，诗作《嫁给幸福》和《热爱生命》最受追捧。手稿延续汪国真独特的个人风格，诗作虽短，但充满哲理和遐思。

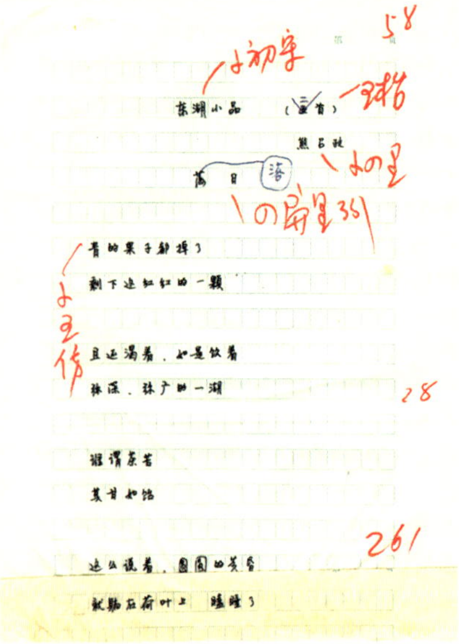

《东湖小品》
熊召政

八、《东湖小品》（熊召政）

熊召政（1953— ），湖北省英山县人，当代诗人、作家。曾任湖北省作家协会副主席，现任中国文联全国委员会委员、湖北省文联主席。代表作有长篇小说《酒色财气》《盐王》《梅花钥匙》，诗集《在深山》《为少女而歌》《南歌》《瘠地上的樱桃》《魔瓶》，散文集《禅游》《溪边小牧童》，报告文学集《太阳家族》，长篇纪实文学《东方功夫王子》等。手稿为熊召政描写武汉东湖的短诗一首，文字简洁优美。

九、《一挥手》（刘湛秋）

刘湛秋（1935— ），安徽芜湖人，当代著名诗人、翻译家、评论家。《诗刊》前副主编，中国散文诗学会副会长，被誉为“抒情诗之王”。代表作有诗集《生命的欢乐》《无题抒情诗》《人·爱情·风景》《遥远的吉他》《抒情诗的旋律》等共22部，部分作品译有英、法、日、德、意、俄、西、韩、南、保等外文版本。《雨的四季》《随便为自己找个座位》等数篇散文被选入中小学语文课本及课外读物。手稿是作者为送别女儿赴美求学所作，共三首诗，表达了对女儿的深情爱意和依依惜别之情。

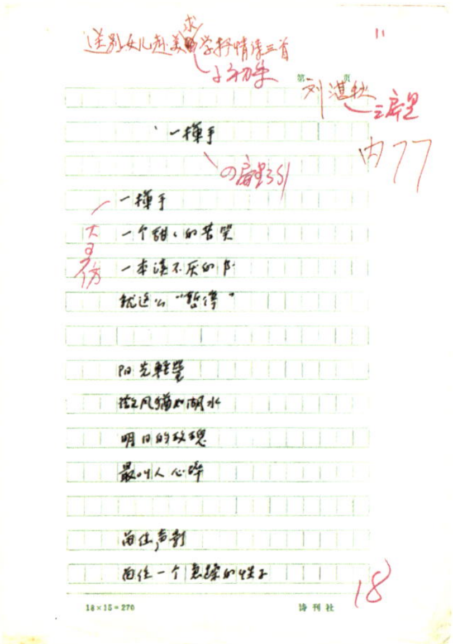

《一挥手》
刘湛秋

十、《关于山水诗的通信——屠岸致晏明》（屠岸）

屠岸（1923—　），文学翻译家、作家、编辑，江苏省常州市人。曾任《戏剧报》常务编委兼编辑部主任，人民文学出版社总编辑。翻译出版了《莎士比亚十四行诗集》《诗歌工作者在苏联》以及前南斯拉夫剧作家努西奇的名剧《大臣夫人》。手稿为作者读晏明诗集《东娥错那梦幻》所写的读后感，重点谈到了山水诗的写作问题。

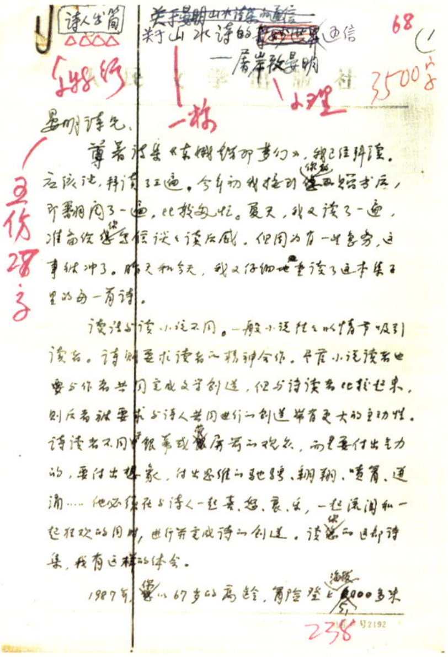
关于山水诗的通信
—屠岸致晏明

《关于山水诗的通信——屠岸致晏明》屠岸

十一、《旧诗坛上闻新声》（臧克家）

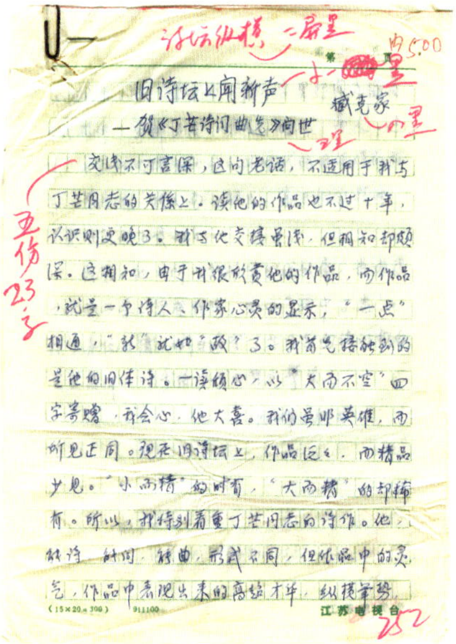
旧诗坛上闻新声
臧克家
—贺《丁芒诗词曲选》问世

《旧诗坛上闻新声》
臧克家

臧克家（1905—2004），山东潍坊市诸城人，是诗人闻一多先生的高徒，杰出诗人，著名作家、编辑家。曾任中国作家协会名誉副主席、中国诗歌学会会长、中国毛泽东诗词研究会名誉会长、中国写作学会名誉会长。作品多次获奖，曾被翻译成多种文字，在国内外产生广泛影响。手稿为臧克家为《丁芒诗词曲选》一书的问世所写的推荐文字，对丁芒的诗词才华给予了较高评价。

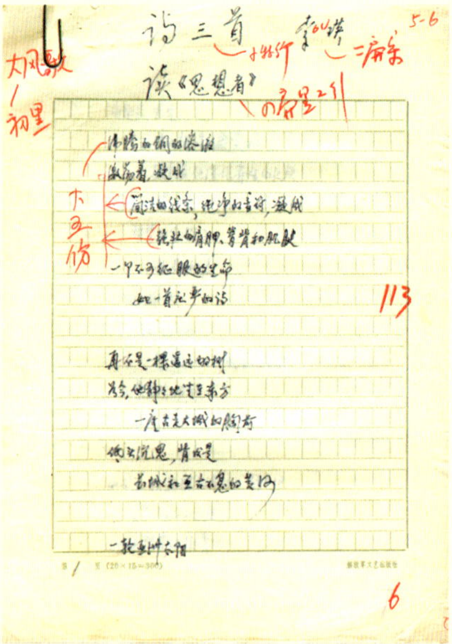

《读〈思想者〉》
李瑛

十二、《读〈思想者〉》李瑛

李瑛（1926— ），辽宁锦州人。先后任记者、文艺刊物编辑、文艺出版社社长、总政文化部部长、中国作家协会主席团成员、中国文艺界联合会副主席等职。现任中国文学艺术界联合会和中国作家协会荣誉委员、中国诗歌学会副会长、《诗刊》编委。代表作有诗集《石城底青苗》《枪》《我骄傲，我是一棵树》《春的笑容》《生命是一片叶子》《我的中国》《美国之旅》《在燃烧的战场》以及长诗《一月的哀思》等。手稿是作者欣赏罗丹雕塑《思想者》后所写的一首诗，风格凝重深沉。

十三、《墨水瓶》（欧阳江河）

欧阳江河（1956— ），四川泸州人，著名朦胧派诗人。其写作理念对20世纪90年代以来的中国诗坛有较大的影响。代表作有《玻璃工厂》《计划经济时代的爱情》《傍晚穿过广场》《最后的幻象》《椅中人的倾听与交谈》《咖啡馆》《雪》《透过词语的玻璃》《谁去谁留》《事物的眼泪》以及评论集《站在虚构这边》等。手稿延续作者朦胧诗的风格，写情状物充满想象力和细致入微的观察。

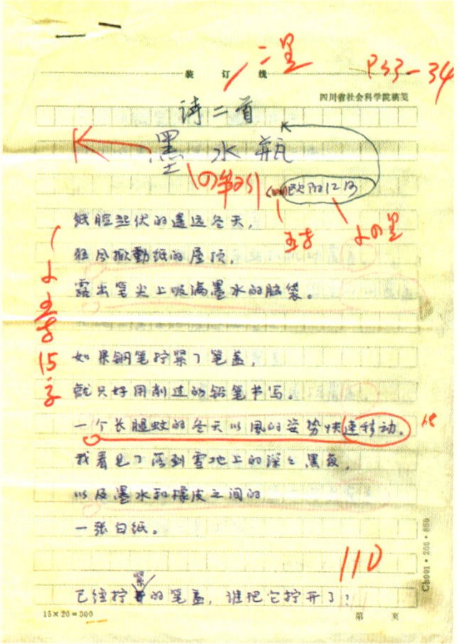

《墨水瓶》
欧阳江河

十四、《心象》（邹静之）

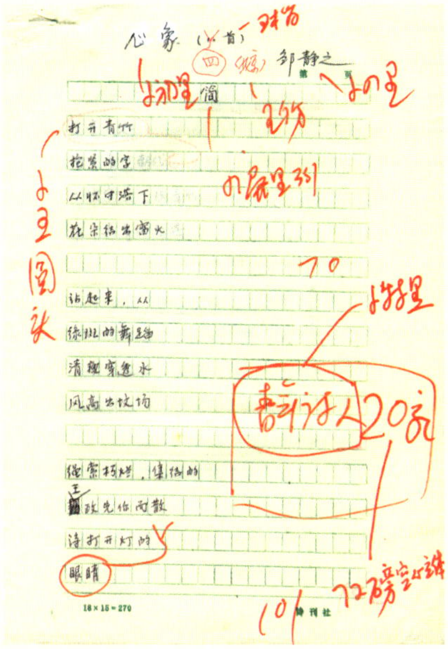

《心象》
邹静之

邹静之（1952— ），江西南昌人，当代诗人，中国作家协会会员，《诗刊》编辑，被称为“中国第一编剧”。代表作有《吹笛人》《大地》《琉璃厂传奇》《康熙微服私访记》《铁齿铜牙纪晓岚》《爱情宝典》《五月槐花香》《因为有爱》，为导演何群写的《平原枪声》，以及《衣裳》《少年行》等。手稿为邹静之早期诗作，文字洗练，意境丰富。

第五节

馆藏字画

一、《秋兴图》（徐悲鸿）

《秋兴图》

徐悲鸿

徐悲鸿（1895—1953），江苏宜兴人，现代画家、美术教育家。擅长创作人物、走兽、花鸟，主张现实主义，强调国画改革融入西画技法，作画主张光线、造型，讲求对对象的解剖结构、骨骼的准确把握，并强调作品的思想内涵，对当时中国画坛影响甚大，所作国画彩墨浑成，尤以奔马享名于世。

二、《花虫图》（胡右曾）

胡右曾（1867—1931），原名启全，四川崇州人。年轻时随兄就读于北京，在其兄任职之翁同龢府内刻苦临摹名人书画，返川后定居成都，以书画谋生。当年车耀先经营的“努力餐”饭店铭牌，即为其手迹。其画工笔细腻，造型生动，尤擅长画秋天的昆虫，故以“胡九秋”闻名。

三、《麻雀图》（毕莲洲）

毕莲洲（1843—1938）的绘画艺术造诣很深，在笔墨中渗透自己对生活的感受，使作品充满生活的气息。他不求闻达，不附权贵，终生布衣，是一位民间名画家。他的传世作品以麻雀最负盛名，有“一锭银子一麻雀”“毕麻雀”等传说。

《花虫图》
胡右曾

《麻雀图》
毕莲洲

四、《劲节高风图》（梁又铭）

梁又铭（1906—1984），广东省顺德县人，近代中国画家。梁又铭与双胞胎弟梁中铭自幼随其兄长梁鼎铭学习水彩、油画与素描，尔后投笔从戎，曾主编《革命画报》《中央画刊》《文华画报》等抗战文献。

五、《五鼠图》（翟道纲）

翟浩，字道纲，四川崇州人，张大千的学生，代表作品有《仙洞隐居图》等。

《劲节高风图》
梁又铭

《五鼠图》
翟道纲

六、《菊花图》(吴笠仙)

吴笠仙（1869—1938），名树本，号秋圃老农、东篱野叟等，扬州人，擅画人物、山水、花鸟，亦工诗，精篆刻。中年后他主画菊花，人称“吴菊仙”。吴笠仙得到王一亭赏识，卖画于上海，晚年居上海，与缪谷英、谢公展并称“海上三菊”。

《菊花图》
吴笠仙

《墨竹图团扇》
刘梓谦

《菊石图扇面》
刘梓谦

《月梅图扇面》
刘梓谦

七、《墨竹图团扇》《菊石图扇面》《月梅图扇面》（刘梓谦）

刘锡玲（1848—1923），字梓谦，别号自闻居士，祖籍浙江，世居四川。晚年因耳聋故自在画作上署“聋道人”。刘锡玲的不少画作为全国和世界博物馆所收藏。其成名作《邛崃叱驭图》为他驾马1200公里的写生巨作，而使其名震海外的则是1915年获巴拿马博览会金奖的《桂湖春燕图》。

八、《福寿绵长图》（上官周）

上官周（1665—？），福建长汀南山官坊人，原名世显，后改名周，字文佐，号竹庄，清代著名画家。擅长诗文、书法、篆刻，尤精于画，作品有《晚笑堂画传》《樵归图》《寿星图》《苏武牧羊图》等。尤以《晚笑堂画传》为传世之作，他依据翔实史料和丰富的艺术构思，精心刻画120位历史人物绣像，对后世有一定影响。

九、《麻姑献寿》（王宫午）

王宫午，字介卿，河南固始人，咸丰十年（1860年）庚辰科进士，画家。特别善画墨龙，兼工山水、花卉、人物、仕女，作品设色淋漓，苍润中更饶幽雅之致。同治七年（1868年）任重庆府巴县知县，同治十三年（1874年）任叙州府富顺知县，光绪六年（1880年）任成都府灌县知县，光绪八年（1882年）任重庆府江津知县，后又任眉州府彭山知县和成都府华阳知县等。

《福寿绵长图》
上官周

《麻姑献寿》
王宫午

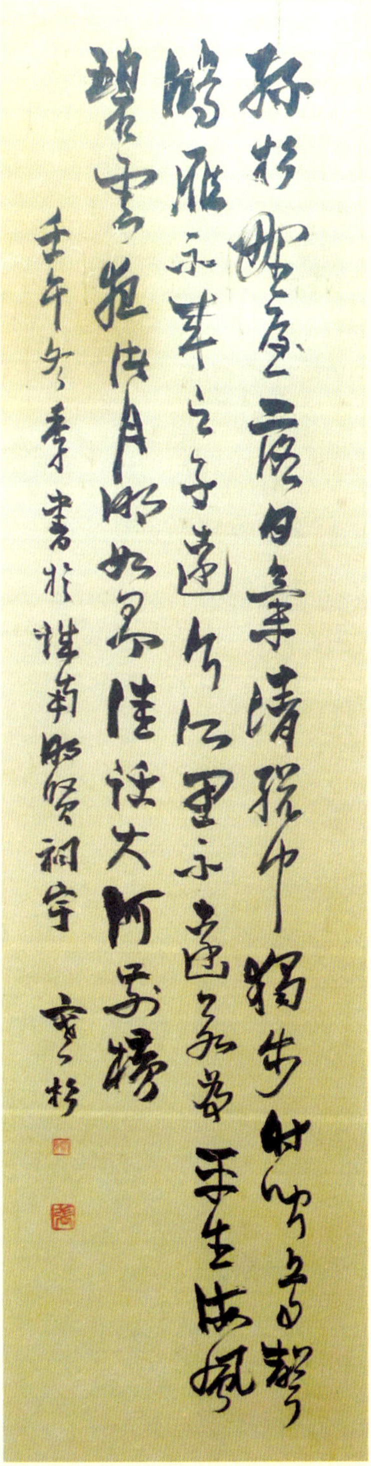

《行书诗文轴》
张寒杉

十、《行书诗文轴》（张寒杉）

张寒杉（1880—1969），名靖，字寒杉，亦作寒衫，号仲民，别号金筑村民、木鸡散人、传砚庵主人、梅影万树庵主人。生于贵阳，籍贯陕西咸阳。张寒杉一生精研文史，学识渊博，并且擅长诗词、书画。参加过辛亥革命，新中国成立后回到陕西加入九三学社，历任西北历史文物研究会副主任、西北行政委员会参事、陕西省人民代表大会代表、政协陕西省第二届和第三届委员会常委等。

十一、《行书论画松轴》（陈耦可）

陈耦可，字耕紫，四川重庆人，丁酉（1897 年）拔贡（科举制度中由地方贡入国子监的生员之一种）。性格潇洒，工书能文。书学赵孟頫，兼六朝碑，脱尽时习，秀劲绝伦。

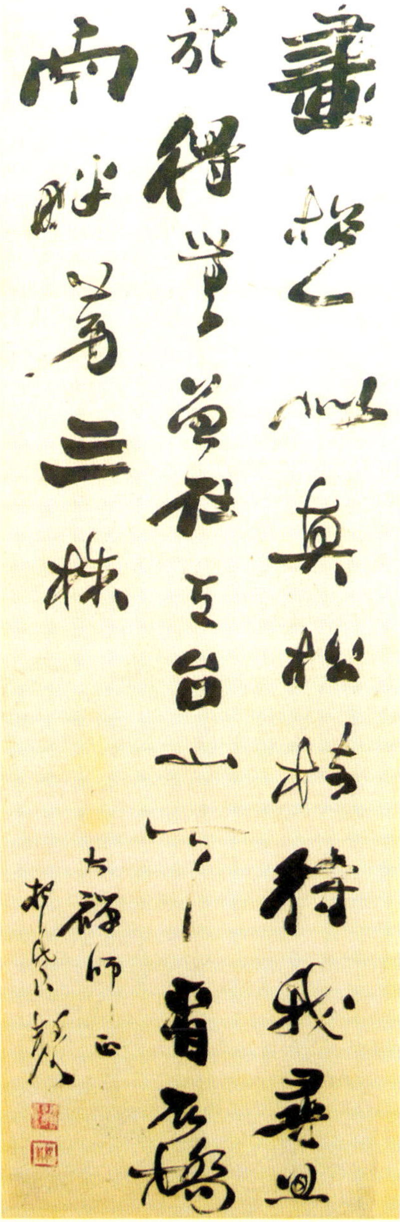

《行书论画松轴》
陈耦可

第六节

本馆出版物

一、《四川省世界文化和自然遗产历史文献丛书》（共26卷）

《四川省世界文化和自然遗产历史文献丛书》由成都图书馆联合四川大学相关学者集数年之力编纂完成，收录了不少珍稀文献，为人们了解、研究和保护四川省世界文化和自然遗产构建了一个内容丰富的文献智库，也是对四川省世界遗产保护的认识和实践深化的成果。其中的文献分为三类，一是世界文化遗产，二是世界自然遗产，三是世界文化与自然双重遗产，每一类遗产下又分为已申报成功的世界遗产、已入选省级和国家级预备目录的世界遗产以及今后可供备选的世界遗产。（上海交通大学出版社，2012年版）

《四川省世界文化和自然遗产历史文献丛书》

二、《中国西南地理史料丛刊》（共47卷）

《中国西南地理史料丛刊》

《中国西南地理史料丛刊》（以下简称《丛刊》）是一部大型区域历史地理文献丛刊，为2011年度国家社科基金项目“近代西方人士对我国云贵川地区的科学考察活动及其影响研究”的阶段性成果，是成都图书馆2013—2014年度古籍整理重点项目成果。《丛刊》对西南地理文献第一次进行了全面、系统的收集和整理，共收录西南地理文献五百余种，为人们研究西南历史地理提供了极大的方便。《丛刊》非常重视对西南珍稀地理文献的收集和整理，收录了许多难得一见的抄本或稿本，具有重要的文献和史料价值。（巴蜀书社，2014年版）

三、《四库文丛》

《四库文丛》是成都图书馆创办的文献类丛刊，借“四库”之名来总括中国各类古代和近代历史文献。有关文献目录、版本、校勘、辨伪、考释、辑佚等方面的文章均收录。《四库文丛》整理与研究并重，崇尚朴实学风，谢绝空泛之作，为从事文献研究的学者们提供交流园地，同时也唤起社会对文献整理与研究的重视，为零星文献的整理与研究成果提供了发表平台。《四库文丛》为不定期出版物，目前已出至第二卷。（上海交通大学出版社，2013、2014年版）

《四库文丛》

《成都市古籍联合目录》

四、《成都市古籍联合目录》

我馆自1995年开始，组织全市公共图书馆的专业工作者，对市、区、县图书馆（室）和文物单位所藏的古籍逐步进行了统一著录，经过六年的耕耘，编成该书。此目录共收录古籍图书12310种30余万册。以经、史、子、集、丛五部分类，其中经部书有1698种，史部书有3231种，子部书有2794种，集部书有4081种，完整的丛书有506种，属于宋元明清以前的珍、善本书857种。此书的出版填补了我市古籍联合目录的空白，为研究中国文化遗产和弘扬优秀民族文化提供了丰富的文献资源。（四川大学出版社，2004年版）

五、《成都市图书馆馆藏善本书目》

本书收录我馆清乾隆前以及乾隆后在内容上具有较高学术价值的古籍书共281种3711册。其中明刻本51种556册，清刻本215种3106册，手稿本6种27册，旧抄本9种22册；在类别上按经、史、子、集、丛五大类分列，小类却按《中国丛书综录》所列类名，并结合实际，依次加以暗分。该书的出版填补了我馆善本目录的空白，为读者更加快捷有效地查阅我馆古籍提供了便利。（四川大学出版社，2004年版）

《成都市图书馆馆藏善本书目》

六、《四川省图书馆·成都图书馆：百年同人文集（1912－2012）》

本书是在成都图书馆成立百年之际，与四川省图书馆共同编辑出版的。四川省图书馆和成都图书馆同出一源，本书收录文章的作者为1912—2012年曾在四川省图书馆和成都图书馆工作过的人员，是对成都图书馆建馆之初迄今的论文和学术文章的收集和整理，客观反映了成都图书馆百年的衍变和现状。（四川大学出版社，2013年版）

《四川省图书馆·成都图书馆：百年同人文集（1912－2012）》

后　记

"21 世纪中国城市图书馆丛书"的付梓出版，对于蓬勃发展的中国公共图书馆事业而言，是一件值得庆贺的大事。进入 21 世纪以来，我国城市图书馆发展迅猛，在馆舍条件、馆员素质、服务方式、藏书建设、阅读推广等方面，都做出了很多有益的变革与尝试，业已成为公共文化服务体系和城市文明建设的重要力量。

成都图书馆创建于 1912 年，迄今已有一百余年历史，但在长期的发展进程中，一直没有机会从城市文化形象的高度，对图书馆的历史变迁和现实情况进行全面、客观的总结和记述，恰逢"21 世纪中国城市图书馆丛书"组稿，于是有了这次重新考量成都图书馆前世今生的难得机遇。在此，特别感谢这套丛书的策划者、组织者和出版单位，没有你们的辛勤工作，就没有这套真实记录中国城市图书馆发展变迁、凝结一代又一代图书馆人心血和智慧的丛书问世。

一座历史悠久的图书馆，可以折射一个城市，甚至一个地区的发展史。图书馆凝聚了城市文明脉络的精髓和灵魂，是区域文化底蕴的标志与记忆。我们在不断梳理成都图书馆百年发展历史的过程中，强烈地感觉到图书馆在一个地区文明进程中的引领和示范作用。对于正处在文化大发展重要阶段的中国公共图书馆来说，认真总结和记录城市与图书馆发展的历史、经验和做法，对于助推城市文明进程，提升图书馆整体形象，促进公共文化服务，都有着重要的理论和实践意义。

本书是编写组集体智慧的结晶，每一位撰写者均查阅了大量的文献资料，总结了历年的工作实践，付出了辛勤的汗水。其中，"成都文化与成都图书馆"部分由郭星主编，参与撰写的人员有张轶、罗玲、肖娇娇、张翼、李洪波；"城市图书馆与城市服务"部分由张轶主编，参与撰写的人员有段静焰、杨丽芝、张白、代瑞雪、刘英洁、王承佳、郭又可、张翼、吴杨、肖娇娇、于涛、王静、刘樨；"馆藏资源体系与特色馆藏"部分由张白主编，参与撰写的人员有刘英洁、代瑞雪、张轶、郭又可、涂樱鸽、肖娇娇、彭易成、刘薇。肖平对全书进行了统稿和修改，图片安排及初审校对等工作由张轶和张翼完成。

本书在编写和审稿过程中，得到了南开大学信息资源管理系徐建华教授、上海图书馆王宗义研究馆员和天津大学出版社王云石副社长的大力支持和帮助，特别是王宗义研究馆员对全书的每一稿都做了认真细致的审阅和修订，并提出了许多宝贵的意见和建议，使全书的逻辑体系和写作手法更加严谨完善。

在本书编写过程中，编者多次与丛书中其他图书馆的同人进行深入交流，汲取了很多图书馆的宝贵经验；全书编写团队精诚合作、任劳任怨、不计得失，以严谨认真的态度保证了此书如期完成，在此一并对他们的付出表示衷心的感谢！

本书主要根据我们现有的文献资料和工作实践思考编撰，认识难免有偏颇之处，加之内容涉及面较宽，错漏和不足在所难免，敬请读者批评指正。

注：请未联系上的个别图片作者及时联系成都图书馆，以便支付稿酬。

成都圖書館

Chengdu Culture and Chengdu Library

辛亥秋保路死事紀念碑

01

Chapter 1

History and Culture of Chengdu

Chengdu, one of the first batch of 24 historical and cultural cities announced by the State Council, had achieved a high level of cultural development at least three or four thousand years ago, and is one of the undisputed cultural birthplaces of the upper Yangtze River. In ancient times, Chengdu belonged to Shu, and in the Qin dynasty, Ba and Shu were merged into Shu County; In the Han dynasty, the brocade industry was so developed that an official position called Jinguan was established in this area for its administration, so Chengdu was also called Jinguan City; During the Five dynasties period, plenty of hibiscuses (Furong in Chinese) were planted in Shu, therefore the city had another name, "Hibiscus Town". The ancient Shu civilization represented by the Jinsha and Sanxingdui cultures is the first period of cultural glory in China located in the Chengdu area.

In ancient history, several local regimes were established in Chengdu, and the most famous of these was the Shu Han regime established by Liu Bei and Zhuge Liang during the Three Kingdoms period, lasting for 42 years. The Former Shu regime established by Wang Jian during the Five dynasties period lasted for 18 years, and the Later Shu regime established by Meng Zhixiang lasted for 31 years. In addition, there were some short-term local separatist regimes as well.

In the ancient Shu period, there were five consecutive emperors in western Sichuan. The capital city during the last two Shu emperors, Emperor Du Yu (also known as Emperor Wang) and Emperor Kai Ming (also known as Emperor Cong), was located in Chengdu. The well-preserved Pi County Wangcong Ancestral Temple is a cultural shrine for descendants to worship these two sages.

In the 5th century BC, Emperor Kai Ming IX moved the capital city of ancient Shu from Guangdu Fan Township to today's Chengdu city center, forming an early prototype of the city, which can be ascertained from the literature of this time. From then on, Chengdu has always been the economic, cultural and administrative center of the Sichuan Basin. The central location of the city has never been moved, and the name "Chengdu" has never been changed, which is unique among all the historical cities in China. This feature shows the historical city of Chengdu has a stable central position in the Chuanshu region, and is also a basic carrier of the long-term preservation and continuation of Chuanshu culture.

The Kaiming dynasty of ancient Shu ruled during the Warring States period, which refers to the fragmentation of the country by rivaling warlords. In 316 BC, the Qin army gobbled up the ancient Shu and Ba, and set up Shu County in the original Shu region. Chengdu became a local administrative region under the central power, with the county capital still in Chengdu. In 311 BC, Zhang Ruo, the governor of Shu, led the soldiers and civilians to build three cities under unified plans in Chengdu region, which are Chengdu, Qionglai and Pi County in today's China. Shortly thereafter, another governor, Li Bing again led people to construct the great water conservancy project Dujiangyan, which was a huge success, enabling Chengdu to escape from the long-term waterlogging and form an automatic irrigation area with neither drought nor floods, which laid a solid foundation for agricultural stability, convenient water transportation, and thriving business. The Dujiangyan Irrigation Project became a miracle in the history of Chinese culture.

Qin unified ancient Ba and Shu and brought advanced social productive forces for Chengdu, whilst greatly promoting the economic and cultural exchanges between Chengdu and the Central Plains. The Dujiangyan water systems project comprehensively promoted the development of agriculture, manufacture and transportation. The prosperous economy laid the foundation for development in social and cultural fields. Chengdu, in the period of the Qin and Han dynasties, was one of the five most developed cities in China, and that is the second golden age of Chengdu.

The peasant uprising at the end of the Eastern Han dynasty and the following confused fighting between warlords caused the stagnation of the economy and culture of the whole country, still followed by the constant years of war during the Three Kingdoms period. Although governed by the well-known politician Zhuge Liang, Chengdu lost its economic and cultural prosperity because of the extreme spending of the prolonged war. It remained this way until the Sui dynasty unified the country, and then during the Tang dynasty, under the relaxed and stable social environment, economy and culture in Chengdu emerged once again as one of the top advanced regions of the country. In the Tang dynasty, the economy was prosperous and there were a large number of talents in Chengdu, Yangzhou and Chengdu (Yizhou's capital) became the most prosperous commercial cities in China, and their economic status surpassed Chang'an and Luoyang and won the honor of "Yangzhou first, Chengdu second". This attracted a large number of cultural celebrities to Chengdu and even the two emperors of the Tang dynasty, emperors Xuanzong and Xizong, chose the rich and peaceful Chengdu to escape from the wars in the Central Plains. The famous poet Li Bai portrayed Chengdu as "as beautiful as a landscape painting". Due to the large population, prosperous business and the complex management of its social affairs of Chengdu, two counties, Chengdu County and Huayang County, were established and governed respectively, which was rare amongst all of China's cities. This prosperity continued until the Southern Song dynasty, when it was still "as prosperous as the capital city". Therefore, the Tang and Song dynasties constituted the third golden age of Chengdu.

At the end of the Southern Song dynasty, the Mongolian army, after finishing its rampage through the European and northern Asian countries, moved south, where it was firmly blocked by the hilly areas of the Sichuan Basin. Chengdu's officials moved into Shi City on the top of Mount Yunding, confronting with the Mongolian army for over ten years. Although the Mongolian army laid siege to Chengdu city three times, they could not overcome its defenses. Finally, the Mongolian army could only attack from the plateau region in the southwest of the Sichuan Basin, and they first captured Yunnan and surrounded Sichuan before finally capturing Sichuan entirely. Due to the severe damage from the long war, although once famous across the whole nation, Chengdu became a backward area in both economy and culture in China.

At the end of the Yuan dynasty, the uprising of Red Scarves basically did not cause major damage to Shu. Former Red Scarves' member Ming Yuzhen from Huguang Suizhou (now Sui County, Hubei) led hundreds of thousands of troops and their families to the Sichuan region, following which came the first immigration, especially immigrants from Huguang (modern Hunan and Hubei) region, who moved into the socially stable Sichuan Basin. The famous "Huguang filling in Sichuan (Huguang Tianchuan)" refers to the first migration at the turning point between the Yuan and Ming dynasties.

After 300 years of steady development during the Yuan and Ming dynasties, the economy in Chengdu recovered and there was a steady increase in the population. Traditional silk, paper, printing, gold and silver, and lacquer resumed production, and Chengdu became a commercial center of the western Sichuan region, entering the rank of top 30 commercial cities in the country. In the cultural field, there was an encyclopedic scholar Yang Shen, whose personal writings were the most in the Ming dynasty.

During the late Ming and early Qing dynasties, the entire Sichuan region, including Chengdu, suffered from more than 80 consecutive years of wars and natural disasters, which were the most tragic catastrophy in history. In the early Qing dynasty, the executive office of the Sichuan region could only be set in Langzhong, until 1660 the government office began to be re-built in Chengdu, and the office was formally returned to Chengdu in 1665. For the nearby counties, government offices were built only after that. After the establishment of the PRC, cultural workers conducted a general investigation of constructions in Chengdu, and found no evidence of the Ming dynasty architecture, so we know that various Chengdu City records stating "the whole city was in ruins" are credible, and Chengdu was totally destroyed by the wars of the late Ming and early Qing dynasties.

After such harsh wars, the Qing government once again organized immigration to the Sichuan region. The large-scale immigration lasted about 100 years, forming a second wave of "Huguang filling in Sichuan". Chengdu thus became a rare domestic immigrant metropolis, and this particular social and historical background naturally created Chengdu, with a unique spirit of openness and compatible social psychology. Economy and culture in Chengdu were gradually restored in an almost entirely new social atmosphere.

In the late Qing dynasty, the Ideological Trend of Reformation was increasingly popular in the country, and in 1898, a Mathematics Society appeared in Chengdu and *Math Newspaper* was published, which was an important symbol of the rise of a new school in Chengdu. During this time, new schools were constantly set up and more and more Sichuan people went to Japan to study. With western learning introduced into China, people gained more knowledge and Chengdu became a center of disseminating new ideas and new culture in southwest China.

In June 1911, in order to protest the Qing government plundering the Chuanhan Railway and oppose the sale of the rights of the Sichuan Road to foreign investors, Chengdu's gentries launched a patriotic movement to protect the railway, which finally developed into a armed combat with hundreds of thousands of participants. This large-scale patriotic movement not only overthrew the Qing dynasty's government in Sichuan, but also created favorable conditions for the Wuchang Uprising, and therefore is called "the first sign of the Revolution of 1911".

After 1912, Chengdu became a center of chaos amidst local warlords in Sichuan Province. The chaos didn't stop until the breakout of the Anti-Japanese War, therefore Sichuan became the country's rearguard of the Anti-Japanese War.

In the winter of 1949, Chengdu was liberated. Since then, Chengdu has opened a new chapter in its history.

After the establishment of the PRC, Chengdu quickly recovered and maintained its central status in the province in terms of economic and cultural development. In the 1960s, the "Third-Line Construction" of the country placed Sichuan as a key area and Chengdu as the command center of "the Third-Line Construction". Migration of a large number of enterprises from coastal areas made the machinery, electronics, aviation, metallurgy, chemical industry, and communication capability of Chengdu develop quickly. Chengdu became one of the three largest electronics industry bases in China, and the Chengdu-

Kunming Railway was put into use in January, 1970. The "Third-Line Construction" brought great benefits to promote economic and social development in the Sichuan region, especially in Chengdu.

In February 1989, approved by the State Council, Chengdu enjoyed economic management authority at the provincial level, which was among 14 listed cities in the national plan. In 2007, the Chengdu National Pilot Zone for Overall Reform was approved by the State Council, and it became another National Pilot Zone for Overall Reform after Shanghai Pudong New Area and Tianjin Binhai New Area.

Today the total area of Chengdu is 12, 400 square kilometers, with a total population of 14 million. It has jurisdiction over eleven districts (Qingyang, Jinjiang, Wuhou, Chenghua, Jinniu, Qingbaijiang, Longquanyi, Xindu, Wenjiang, Shuangliu, Pidu), five cities (Dujiangyan, Qionglai, Pengzhou, Chongzhou, Jianyang) and four counties (Dayi, Pujiang, Xinjin, Jintang).

Chengdu, with a huge potential for economic development, a strong sense of innovation, and a unique cultural ethos, has won the following awards: "National Civilized City", "The Best Tourism City in China", "National Environmental Protection Model City", "China's Most Well-being City", "China Model City of Achievement of People's Livelihood", "China's Top Ten Most Economically Dynamic Cities", "The Satisfying City in Terms of City Management", "Best Leisure City". In March 2014, the British *Economist* think tank and Citigroup jointly released their latest survey, and among the most competitive cities in the world Chengdu ranked first in China's central and western regions.

薛濤校

02

Chapter 2

Traditional Culture of Chengdu and Ancient Paper-making and Printing

Section 1

Wenweng Civilizing Ancient Shu and Stone Chamber Books Collection

In 141 BC, Wenweng was a prefect of Shu County. After Wenweng took up the official post, he found that Shu was secluded and desolate without rituals or music and people there were far from civilization. So Wenweng decided to civilize Shu first by promoting culture and education and created a schooling house in the south of Chengdu, which is now Shishi Middle School. Since the school building was made of stone bricks, it is called the "Stone Chamber", or the "Jade Chamber".

There are several features in Wenweng's Establishing of Education. First, the teachers were excellent. He put great importance on teacher training and sent more than ten people, including Zhang Shu to the capital to intensely study the Confucian classics. After their studies, they returned to Shu and most of them became famous teachers, and at the same time well-known scholars were recruited to teach in the Stone Chamber. The second feature is the strict atmosphere of study. Wenweng's Stone Chamber was not only open to gentry's intellectuals, but also admitted the best applicants. Therefore the majority of students were from ordinary families, demonstrating the concept of "equality in education". In order to make students concentrate on their studies, students were given rewards and a reduction in taxes, and those who were excellent in character and learning could be admitted into the government. When Wenweng was travelling around the country, he took his students to enrich their knowledge and encouraged the youth to study in different ways.

Wenweng's measures cultivated many talents, so that the situation of "Sichuan has no talents" was improved. From that point on, everyone was eager to learn. Driven by "Wenweng's Establishing of Education", in the Han dynasty, private lectures were popular in Shu, and a large number of prominent local educators emerged, such as Yan Zun, Zhang Ba, Yang Hou, Yang Xuan, Ren An, Du Fu, etc., who were very famous and hundreds or even thousands of people became their students. Students from all around, including those from other provinces, were attracted to study in the school. Therefore, according to the *Records of Huayang State* (*Huayang Guo Zhi*), the "Shu school is as good as Qi and Lu", or the school had a culture as developed as that where Confucius and Mencius taught their concepts. At the time, historians named Shu and Qi as two of China's most enlightened states.

Wenweng's efforts not only promoted the educational boom throughout the Ba and Shu regions, but also led to the rapid development of national culture and education. Seventeen years after the founding of Wenweng's County School, Emperor Wu saw the success of Wenweng's schools and decided to promote Wenweng's experience. He ordered the government to set up Wenweng Stone Chamber style schools across the country. In the Five Dynasties period, Meng Chang spent eight years carving the Wenweng Stone Chamber textbook *The Thirteen Classics* (*Shisanjing*) on thousands of stone tablets, so that students could learn it, and a number of stone tablets have been saved in Sichuan Province Museum for people to revere.

According to *The History of the Han Dynasty*, "The elegance and culture of the Ba and Shu area today results from Wenweng's efforts". Wenweng educated the public, which won the praise of people. People in Shu held Li Bing and his son, and Wenweng in high regard, saying that "Li Bing tamed a river, while Wenweng civilized ancient Shu".

The reading craze resulting from Wenweng's Establishing of Education was far-reaching in Sichuan, which cultivated a large number of national academic masters such as Sima Xiangru, Yan Zun, Yang Xiong, Su Shi, Wei Liaoweng. During the Northern Song dynasty, the Chengdu official Tian Kuang wrote in *Jinshi Autograph Records*: Since the Taiping Heavenly Kingdom (976-983), "more and more applicants from Yizhou performed excellently in the highest imperial examinations, and between 1023 and 1037 the number doubled. In 1046 the number was eighteen, and in 1049 the number was twenty-four". Yizhou in the Song dynasty was today's Chengdu, having jurisdiction over only ten counties such as Chengdu, Huayang and Pi, the area of which was smaller than Shu County in the Western Han dynasty, so it was rather difficult to have a list of 18 or 24 people succeeding in the highest imperial examinations. According to Jiaqing's *Annals of Sichuan*, during the Song dynasty, among the Sichuan applicants participating in the imperial examinations up to 3, 992 were admitted; in the Song dynasty, across the country, the number of formal imperial scholars was 59, 598, with Sichuan applicants accounting for 6. 7%.

The Stone Chamber originally referred to the stone construction of the school, but ancient China gave the Stone Chamber specific cultural connotations, and let it become the name of many ancient book collections. This is because in the chamber a large number of books were stored for students to use, and for these flammable items, only the use of stone can effectively prevent the threat of fire. Later, the educational function of Stone Chamber was strengthened, thus the collecting function was perfected. In the Yongchu period of the Han dynasty, the Chengdu Stone Chamber official school suffered a big fire and a part of the collection was damaged. The next Shu officer rebuilt the Stone Chamber, added two new ones, and restored the function of the book collections. The Meng Shu writings were also on display in the Stone Chamber as workshops for teachers and students to study, and some remains of them are kept in Beijing Second Historical Archives. The Chengdu Stone Chamber is not only China's first local official school, but also plays a role of the library, and the book collection there is the origin of the modern library.

The site of Wenweng's Stone Chamber is now the famous Shishi Middle School in

Chengdu. For two thousand years, the Stone Chamber constantly developed. In ancient times, Sima Xiangru studied at the Stone Chamber, and contemporary revolutionaries and scholars like Guo Moruo and Li Yimeng also studied there. Wenweng's Stone Chamber, since its inception, has gone through ups and downs with the school name changing several times, but the school site has never changed. Today's Chengdu Public Library is located on Wenweng Road, opposite shishi Middle Middle School, and it retains the elegance of the Han dynasty architectural style, silently telling and passing on the spiritual civilization of Wenweng's Stone Chamber.

Section 2

Shu Carving, the Best in the World

The invention of paper-making alleviated the difficulty of obtaining writing materials and the number of books therefore increased. After this explosion in book production, in addition to traditional book collections, a large number of copies of replicas went into social circulation, thereby facilitating the development of Chinese civilization. Chengdu's specific historical, geographical and cultural environment made itself indispensable in the development history of paper-making in China. Chengdu is located in a land with abundant rainfall and mild climate, and flax, the basic raw material required for paper-making, was abundant. As early as the Tang dynasty, Chengdu flax-paper ranked first in China. British scholar Joseph Needham wrote in *The History of Science and Technology of China: Paper and Printing*, "Sichuan has been the paper production center of China since the Tang dynasty". Alongside the Huanhua River of Chengdu, there were hundreds of paper production workshops, and so Chengdu was undoubtedly the production center of flax-paper in the country.

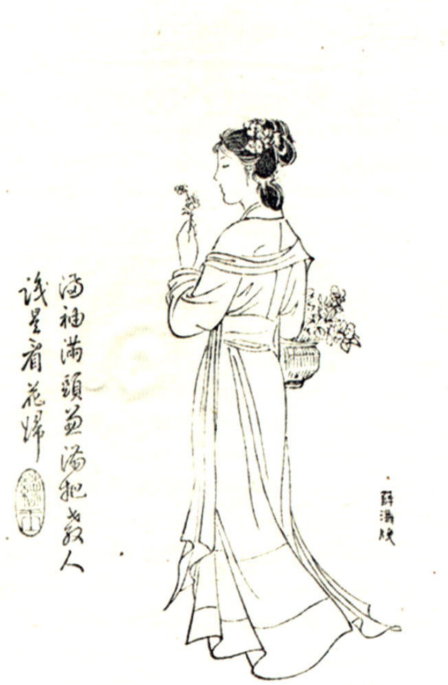

According to the *Tang Six Code*, the Central Library had 125,961 volumes of books, all using Yizhou flax-paper. *New Tang History* also recorded that the imperial court spent a large amount of money on Shu County flax-paper. Only high-quality paper could obtain royal favor, and only a high yield could supply a large amount of paper to the imperial court. We can see from this that Chengdu had advanced paper-making technology and the paper production must also have been very impressive. In addition to supplying the imperial court, paper made in Chengdu also laid the foundation for copy of local books and replica book engraving to develop and grow.

In addition to the flax-paper for the imperial court, Chengdu also produced a very romantic paper— "Xue Tao Jian". Xue Tao worked on collating books, and she was a friend of several famous poets of the Tang dynasty such as Bai Juyi, Liu Yuxi and more. What's more astonishing was that she created a colorful paper for writing poems, which had as many as a dozen kinds of colors. This paper then became known as "Xue Tao Jian", or "Huanhua Jian". In the Shu period, Meng Chang planted hibiscuses in Chengdu city and from then on the city was filled with many hibiscus trees. Xue Tao took "Huanhua Stream water, the skin of hibiscus trees, and hibiscus juice" to make this paper. The exquisite handmade paper was too precious to be used to copy general text, and Xue Tao specially used it to write poetry.

The warm climate made Shu relatively forested and there were plenty of catalpa, which was the main raw material of ancient catalpa wood engravings. (Later, phrases such as "engraved catalpa" meaning carving, would enter the Chinese lexicon.) Chengdu block printing was therefore highly developed, and in the Tang dynasty Chengdu became the block printing center of the nation, a title which was extended into the Song dynasty.

The earliest block printing was produced in Chengdu. In 1944, a cocoon of engraved paper *Tuo Ronnie Sutra Mantras* was unearthed near Chengdu Wangjiang Park, emblazoned with the words "engraved by Longchifang, Chengdu County, the government of Chengdu", which is currently the oldest block printing ever found. Another British possession in the British Museum, *Diamond Sutra* unearthed in Dunhuang, has a clear date printed on it, making it the earliest print in the world. On it there are many marks like "Xichuan printed" that prove it to be a real Shu edition.

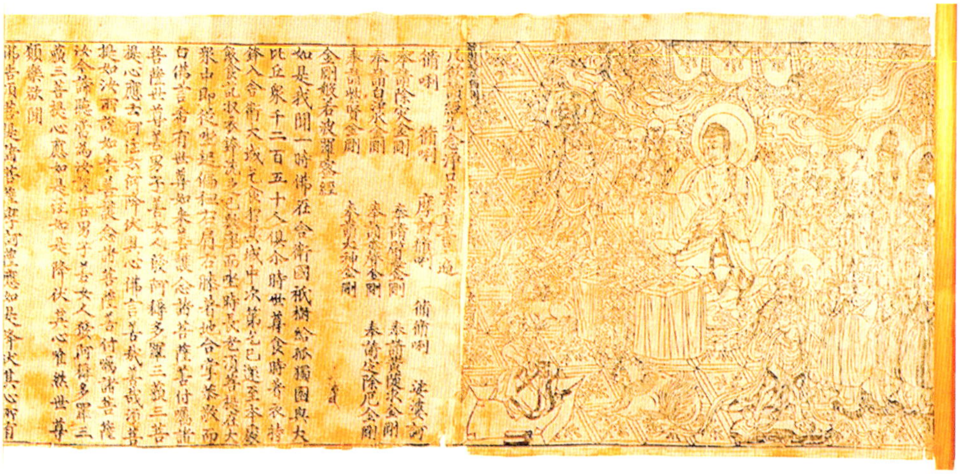

The engraved book industry of the Song dynasty in Chengdu enjoyed an enviable reputation in history books: "Shu carving, the best in the world." The central court organized large-scale book engraving projects in the Sichuan region, the most important of which was ordered in 971. The emperor dispatched Zhang Congxin to Chengdu to supervise the engraving of the *Tripitaka*, totaling more than 130, 000 pieces, which lasted for 12 years. The carving was the first engraved set of Buddhist scriptures in the world, and upon completion in 983 it was transported to the capital city to print, opening a trend of carving and printing *Tripitaka*.

Section 3

Development of Ancient Book Collection in Chengdu

Ancient people were affected by the concept of "expounding one's ideas in writing", hoping to get their works carefully preserved and passed on for generations. Highly developed paper-making and prosperous block printing led to a greatly increased number of books, pushing forward the formation of book collection.

1. The Official Book Collection

Official book collections are also known as "public collections" because they belong to the government or public. Based on official royal collections, the official collection system originated from the Shang and Zhou dynasties, formed in the Han dynasty, developed in the Sui, Tang and Song dynasties, and peaked in the Ming and Qing dynasties.

Once the ancient capital of five dynasties, Chengdu had a royal Stone Chamber in each dynasty. During the Five dynasties period, in the year 911, Wang Jian, the emperor of Former Shu, built a new palace and stored four sets of books in it. The Prime Minister Wang Kai advised the emperor to collect books. Then the emperor built Wensi Palace to collect the books, and selected specific officers to manage it. Later in 916, a book supervisor, responsible for managing book collection issues, was appointed. Under the book supervisor, there were some positions, such as secretary, etc., and officers were ordered to manage the collections and search for books to enrich them. It is obvious that the royal library's collection was abundant and its management was careful and meticulous.

2. The Temple Book Collection

Chengdu is one of the birthplaces of Chinese Taoism, and has also experienced a highly prosperous period of Buddhism, so there are a number of temples in the city. Book collection activities of Taoist temples and Buddhist temples were very professional and their content was mostly ancient Taoist or Buddhist books and records.

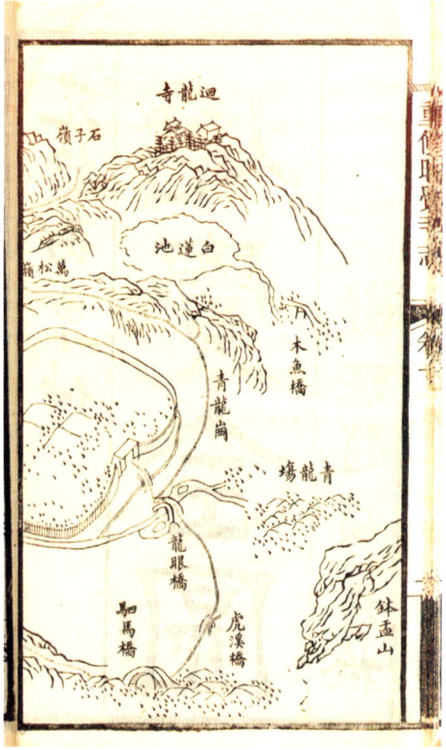

(1) Zhaojue Temple Book Collection

Zhaojue Temple, formerly known as Jianyuan Temple, was damaged during the suppression of the Buddhist movement in the mid-Tang dynasty. It was not restored until the late Tang dynasty, and the old name was still in use. In 878, Cui Anqian, the officer of Jiannan, specially asked to rename the temple with the name Zhaojue, which means "enabling people to acquire more knowledge". Since then Zhaojue Temple gradually became world famous. In order to meet the needs of monks studying Buddhism, a scripture library was specially built. *Rebuilding Zhaojue Temple Records* (*Chongxiuzhaojuesizhi*) recorded the layout of the scripture library and books in it. We can see that the layout of Zhaojue scripture library was well-organized and had a complete Buddhist scripture.

(2) Qingyang Temple Book Collection

Qingyang Temple is the largest and oldest Taoist temple in Chengdu. It is said that Lao Tze was enlightened there, and later returned to preach his doctrine. In addition to creating a grand palace to consecrate the ancient Taoist sages, it also has a specially constructed scripture hall to worship Taoist classics, and a printing house for the engraving of Taoist classics. Now it still preserves the *Taoist Principles* (*Daozangjiyao*) from 1906, a total of more than 13,000 pieces, carved on pear wood with two-sided engraving, clear layout and neat handwriting, which is the best preserved engraving of Taoist classics and an extremely precious historical relic of Taoism.

3. Private Book Collection

The trend of maintaining private collection began in the Song dynasty and developed in the Ming and Qing dynasties. In modern private collection, Chengdu's Benyuan Stack Room ranked the first in Shu area, and the collection size has reached more than 300, 000 volumes.

Benyuan Stack Room is located at 16 Heping Road, Chengdu, created by famous modern bibliophiles Yan Yanfeng and his son Yan Gusheng. Yan Yanfeng (1855-1918) was a famous scholar of the Qing dynasty, and Benyuan was his alternative name. Yan Yanfeng came from Shaanxi Province and was an excellent student who once studied in Zunjing Academy in Chengdu, and was a friend of Song Yuren, Liao Jiping, Zhang Senkai and other famous scholars. In the late Qing dynasty, he went to Sichuan, became rich through salt business, extensively stored literature and promoted Confucianism, and eventually became a bibliophile.

Before the outbreak of the Sino-Japanese War of 1894-1895, Yan Yanfeng was in Beijing to prepare for the imperial examinations and returned to Sichuan after buying a large number of books. Passing Xi'an, he heard someone wanted to sell more than 1, 000 books, so he bought them without hesitation. From then on, he never entered official imperial circles, but concentrated on the collection of old books with joy. A few years later, Yan Yanfeng had over 115, 000 volumes of books. In order to better preserve these books, he transported them to Daci Temple, and shortly after that, he bought Jingxun building on Heping Road and transformed it into Benyuan. The original meaning of the character "Ben" is "strong momentum and rising up".

Benyuan is a building which is about twenty meters in length, ten meters in width, and has three floors in total. The whole building is magnificent, combining Chinese and Western styles. The base is decorated with a pattern of elephants and clouds. The middle gate has a moon-shaped hole, with vines around it. On the second floor there is a balcony with Western features. Benyuan also has a basement to keep a dry environment for the collection. All of the shelves are made of Nanmu and sandalwood. The stack was built in 1914 and finished in 1924. The educator Tao Liangsheng portrayed Benyuan as such: "The stack is built in the garden, tall and spacious, with stone outside, which is beautiful and tasteful."

After Yan Yanfeng passed away, his son Yan Gusheng spent two years asking people to completely organize and prepare the bibliography. For the protection of the books he also put a great deal of effort, specifically hiring three guards for the stack, and even family members must ask for his permission if they wanted to get into the stack.

Benyuan had comprehensive collection protection facilities in place to protect from insects, flooding, damp, and other physical damages. Every spring, Yan Gusheng hired people to sit in the stack turning the pages one by one to prevent insects nesting there. Whenever the weather was fine, they moved the ancient books to the courtyard to dry, reducing paper humidity and avoiding mildew damage. In each book, a special paper clip was used to prevent humidity. Yan Gusheng intended to hire illiterate persons to turn the pages as they could not read and would therefore not become distracted by the books' contents.

According to historical records, Yan Gusheng was Yan Yanfeng's foster son. When Yan

Gusheng was only 20 years old, he inherited his father's ideals. With the assistance of Mr. Zhang Senkai and other predecessors, he studied hard, and gathered books in a persistent way. After the death of Yan Yanfeng, the intelligent Yan Gusheng did not let his father down. The collection he inherited increased from 110, 000 to 300, 000 volumes. Yan Gusheng himself had become an expert of ancient literature and ancient laws and institutions, well versed in the identification of ancient stone versions and paintings.

Yan Yanfeng and his son spent their whole life and possessions collecting ancient literature. Booksellers in Chengdu, Beijing, Nanjing, Tianjin, and even Japan, once coming across precious copies, would make every attempt to contact Benyuan, sending books for selection.

Most book collectors took pride in collecting rare copies and good editions. Benyuan had numerous good editions, admired by many bibliophiles. *Dream Pool Essays* is the masterwork of Shen Kuo in the Northern Song dynasty. In the period of the Republic of China, people knew that the best version of it was the Song Qiandao version, but this version had sections missing. The Ma Yuandiao version from the Ming dynasty is more complete in contents, which ancient book collectors found hard to find. It has a total of 30 volumes, and finally was collected in Benyuan. In addition, Benyuan is also in possession of the only existing copies of the Song edition of *Huainanzi*, *the Chunhua Pavilion Copybook for Calligraphy* (*Chunhuageshuanggouzitie*), the manuscripts of Gu Yanwu, and Tseng Kuo-fan's letters, battle maps and so on.

By the 1940s, the collection in Benyuan had reached 300, 000 volumes of books. Among them, there were over 50, 000 volumes of rare books (including the only existing copies, manuscripts), more than 30, 000 pieces of wood carved books and records of 2, 800 counties nationwide, ranking the highest in domestic private collections.

The rich collection of 300, 000 volumes of books allowed Benyuan to become a platform for academic exchanges between scholars. Many cultural celebrities went to Benyuan to look for materials and acquire knowledge. According to Yan Gusheng's epitaph, Zhang Daqian, Zhang Shizhao, Gu Jiegang, and Chen Yinque were regulars of Benyuan in those years. The famous painter Zhang Daqian was a close friend of Yan Gusheng. Zhang Daqian had lived in Benyuan for two years and he commenced his Dunhuang frescoes copying activities from there.

According to Yan Gusheng's epitaph, after the Anti-Japanese War, Sun Ke demanded Yan Gusheng sell his books for the price of two million yuan, and promised to make him serve as Academic Historical Consultant. Harvard University intended to offer five hundred thousand dollars to buy all the books he had, whilst Japan's Wenlutang also intended to buy local historical records and the Sichuan town residence booklets. Yan Gusheng, however, rejected them all.

After the founding of the PRC, Zhou Enlai wrote a letter to Yan Gusheng via Shao Lizi to show his respects for Yan's collection and collation of ancient books. In 1950, Yan Gusheng donated the entire collection to the country. According to government data, from the inventory of books the wire-bound collection was more than 300, 000 volumes, and there were more than 30, 000 tablets of engraved boards, among which there were up to 50, 000 rare books. What's amazing is that when the government took over the inventory of the books, no staining or moth damage was found. Yan Gusheng's collection of books was stored in Sichuan Province Library and became an important collection in it.

After 1949, Yan Gusheng was hired as a special representative of people in western Sichuan and a researcher at the Sichuan Research Institute of Culture and History. During the ensuing political campaigns and the "Cultural Revolution", however, Yan Gusheng was tortured and died in 1976 at the age of 77. The words on Yan Yanfeng's and his son's epitaphs tell of the bibliophilic spirit of two generations: "Although going through the wars and repeatedly encountering unexpected calamity, we still persevered, and did not abandon any book." How admirable!

4. Academy Book Collection

In Chinese history, the academy was a special educational institution and organization, which is one of the important historical and cultural heritages of China, playing an important role in personnel training, public enlightenment and other various fields. It existed for more than a thousand years, from the Tang dynasty when it first appeared, to the Qing dynasty when the system was abolished. According to some scholars' statistics, the number of academies reached 6,600 throughout all the dynasties.

Activities of Sichuan academies started earlier than most other areas, around the time of the Tang dynasty. *Yuan History: Record of Election* (Yuanshi: Xuanjuzhi) recorded a number of provisions to encourage the development of the Academy Education System. For example, when Niu Lin was an officer in Chengdu, he applied to use Wenweng's Stone Chamber, Yang Xiong's Ink Tank and Du Fu's Thatched Cottage as school houses, and sent people to the southeast for the acquisition of a large number of books to enrich Sichuan academies. According to statistics, in the Ming dynasty there were more than 1,600 academies in Sichuan. Amongst those of Chengdu Prefecture, notable ones were Shaoling Academy, Dayi Academy, Qianxi Academy, Ziyun Academy, Nanxuan Academy, Chongzheng Academy, Longmen Academy, Sixian Academy, Ziyan Academy, Taibai Academy, and so on. According to statistics compiled by Hu Zhaoxi in *History of Academies in Sichuan*, there were in total 522 academies in Sichuan in the Qing dynasty, and the total number of Chengdu Prefecture academies was 62, including the well-known and respected Jinjiang and Zunjing Academies.

(1) Jinjiang Academy

Jinjiang Academy was founded during the reign of Emperor Kangxi (1704) and was one of the few provincial academies. Whether measured by establishment time or the quality of schooling, it was among the best academies in the country.

Jinjiang Academy was located by the site of Wenweng's Stone Chamber, near the Chengdu Prefecture Middle School, with a rebuilt lecture hall and dormitories. The courses offered by Jinjiang Academy mainly focused on stereotyped writing in order to train imperial officials.

Jinjiang Academy was the highest institution for training talents in Sichuan. As the head of all the Sichuan academies, its regulation, management, quality of teachers and students could not be matched by other academies. Only successful candidates in the imperial examinations at the provincial level could obtain the qualification of scholars. Those without the qualifications could not be scholars even if they were recommended. Academy teaching required students to "first learn the principles of the scriptures and then learn the popular writing style", which was different from other academies.

In 1721, Jinjiang Academy expanded in scale, and upgraded classrooms and the school buildings to increase the number of students. In 1733, the Qing government ordered the creation of Jintai Academy in the capital, and one to two academies in the provincial capitals. Jinjiang Academy was originally a provincial academy, and also located in the provincial capital Chengdu, which was suitable for the regulations. Thus, Jinjiang Academy, together with another 21 academies, gained the status of a provincial academy established by the central government. In order to encourage students, the academy developed a curriculum of formal courses, attached courses and practice courses. Students in formal courses enjoyed an official allowance, students of attached courses received half of the allowance, and students of practice courses had no allowance.

After becoming a provincial-level academy, Jinjiang Academy developed rapidly during the Qianlong and Jiaqing periods, and gained the most significant educational achievements. In 1774, Wen Shou, the Governor of Sichuan, again expanded the scale of Jinjiang Academy, and purchased more land to be used as subsidy for the students. In 1814, Chengdu official Li Yaodong built an imitation of the ancient Stone Chamber behind the auditorium in the academy. In 1819, Jiang Youxian, the Governor of Sichuan, specially formulated regulations in order to strengthen teaching management.

Jinjiang Academy specifically built the Stone Chamber as a library building with plentiful books. According to *Jinjiang Academy Records*, Jinjiang Academy contained an extensive collection with a broad range, with a total collection (including the books as gifts from county officers and others) of 2, 830 items. We can also learn from their engravings that the academy had carved its own printed and engraved books, the existing *Rizhilu* has 1, 344 pieces of six kinds of book boards, and the *Imperial Edition of the Eight Classical Books* has 7, 961 pieces of book boards.

In the long process of running the academy, each of the academy heads served as both an administrative organizer and an academic leader, and more importantly, the soul of the academy. Jinjiang Academy had both scholastic philosophers like Yi Jian, Peng Duanshu, Li Xing, Jiang Xijia and so on, and also masters in poetry like Zheng Fangcheng, Chu Zhangwen, Wu Zhaoling and others. There were also masters who were good at both civil and military affairs, with great reputations like Gao Chen, Yang Fangcan, Niu Shumei and so on. Utilising these famous masters' education and management skills, Jinjiang Academy trained a large number of famous figures, such as the poet, scholar and dramatist Li Tiaoyuan, Liu Guangdi, one of the "Six Gentlemen of the Hundred Days' Reform", and Luo Chengxiang, the only Number One Scholarl (in the imperial examination) of Sichuan during the Qing dynasty.

After several expansions, Jinjiang Academy reached a significant scale, and became the highest academic institution in Sichuan Province, as well as one of the most accomplished training academies in Sichuan during the Qing dynasty.

From the birth of Jinjiang Academy to its transfer to a new school, it lasted nearly two hundred years. Until the late 19th century, Jinjiang Academy had created a distinguished history but could not keep up with the needs of social development. In the early years of the 20th century, the Qing government announced the New Deal constitutionalism, and Jinjiang Academy adjusted the system for the new school. In 1902, Xi Liang, the Governor of Sichuan, announced the end of Jinjiang Academy. Teachers and students who met the requirements of the ordinance were allowed into the new school—Sichuan Higher School (the predecessor of Sichuan University), and property and books were also transferred into the higher new school.

(2) Zunjing Academy

Zunjing Academy represented a transition from the traditional Imperial Examination

System to the Modern University System. Though it existed for less than 30 years, it was one of the country's leading provincial academies, and represented the transition from traditional to modern education.

In 1874, Xue Huan contacted 15 members of the gentry to write a letter to the Sichuan Governor Wu Tang, pointed out that Jinjiang Academy's stereotyped target system of study was not suited to the requirements of the time, and requested the construction of a separate academy offering personnel training in order to cultivate learned graduates. The academy was initially named "Shoujing Academy", but it was pointed out that "Shoujing" means teaching the classics, which was the domain of the imperial court, and the provincial academy should not overstep its boundary. It was therefore named "Zunjing Academy".

Under the support of Zhang Zhidong and his associates, the academy was soon allowed to raise funds for land acquisition and construction. In 1875, Zunjing Academy was completed on the Shixi Temple site in Chengdu. The academy was very large in scale, and in addition to its auditorium and rooms, it also had a depository of Buddhist sutras and other materials. On the academy entrance was a plaque with the words "the Stone Chamber reopened", and there was a couplet showing the characteristics and cultural origins of Zunjing Academy.

The first leader of Zunjing Academy was Xue Huan. The students were firstly selected from the ones who passed the imperial examination at the county level, and then selected by the academy. The first intake of students in the academy numbered 100, selected from 30, 000 applicants from the province. So, from the beginning, Zunjing Academy had a stellar concentration of talents.

From its inception, Zunjing Academy had a large depository of Buddhist texts, collecting books and classics, as well as Chinese and Western newspapers, teaching charts, instruments and specimens. The academy library self-printed and self-carved its materials, and it had an institution that printed and carved the books and students' learning materials. The second method of acquiring materials was to buy. Zhang Zhidong donated his salary to buy more than 200 books, and more than 1, 000 volumes were donated to the academy.

The academy had regulations for borrowing books. The person appointed in charge of the books could be in the position for one year only, and he could not be reappointed. Citizens of Chengdu were also unable to be appointed in case they took the books away. If the borrowers lost the books, they needed to look for exact copies to replace the books and if they could not replace the books then they would be fined. Strict regulations allowed the academy's books to be properly preserved, benefitting generations of students.

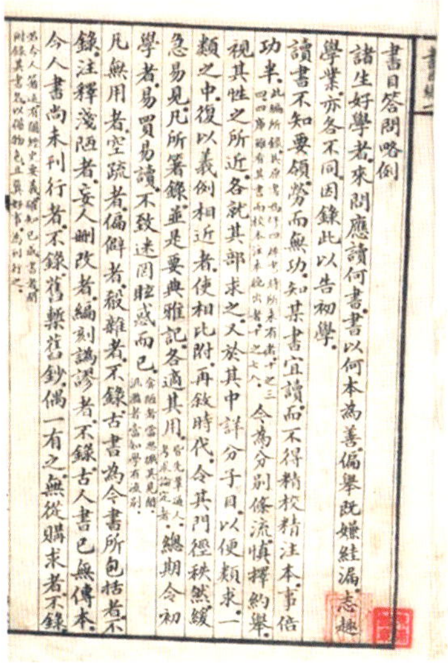
書目答問略例
諸生好學者來問應讀何書書以何本為善偏舉既嫌絓漏志趣
學業亦各不同因錄此以告初學
讀書不知要領勞而無功知某書宜讀而不得精校精注本事倍
功半
視其性之所近各就其部求之又於其中詳分子目以便類求一
類之中復以義例相近者使相比附再敘時代令其門徑秩然緩
急易見凡所著錄並是要典雅記各適其用
學者易買易讀不致迷罔眩惑而已
凡無用者空疏者偏僻者殽雜者不錄古書為今書所包括者不
錄注釋淺陋者妄人刪改者編刻譌謬者不錄古人書已無傳本
今人書尚未刊行者不錄舊槧舊鈔偶一有之無從購求者不錄

To explain the method of learning to all the students, Zhang Zhidong specially wrote a bibliography monograph *Bibliography Questions and Answers*. In 1876, he returned to Beijing, and students and teachers of the academy saw him off for miles outside the city. After Ding Baozhen became the Governor of Sichuan, he invited Wang Kaiyun to manage Zunjing Academy. In 1879, Wang Kaiyun went to Sichuan, and taught at the academy for eight years. Until 1887 when he went back to Hunan Province, Wang Kaiyun had the greatest impact in the academy's history.

Zunjing Academy under the auspices of Zhang Zhidong was a typical example of transition from traditional Chinese education to modern education. First of all, Zunjing Academy trained a lot of talented individuals. From 1875 to 1902 the academy had a huge impact on Sichuan and even the country. Among those talented graduates of the academy were: Yang Rui, one of the "Six Gentlemen of the Hundred Days' Reform"; Liao Ping, modern Chinese master of Confucian classics; Song Yuren, a leader of the reform movement in Sichuan; Wu Zhiying, a famous propagandist of reform thought; Pu Dianjun and Luo Lun, leaders of the movement to protect railways in Sichuan Province; Zhang Lan, a famous democratic revolutionist. A large number of talented people in Sichuan studied in Zunjing Academy, and it played a major role in the development of China's modern social education.

Secondly, Zunjing Academy opened the way for the spread of new ideas. Zunjing Academy's educational philosophy was "understand and apply ancient classics". Zhang Zhidong advocated "Confucian classics and history" as the foundation of all learning, but not a rigid adherence to "Confucian classics and history", hoping all students would be concerned about current affairs and the country. For the sake of "Practice", he suggested naturally linking up "Chinese knowledge" and "Western knowledge". At the beginning of the academy, he proposed the creation of astronomy, geography, mathematics, physics and other "Western" courses, but because of lack of teachers, funding and social environment the courses were never started. But the monograph *Bibliography Questions and Answers* listed more than two thousand kinds of books for all students, including some Western books. In the 1870s, the spread of Western knowledge in China just began, and most people simply did not know where the West was. The fact that the academy listed these books for students was a rare and commendable thing.

In 1901, influenced by the ethos of abolishing the academies and establishing new schools, the Governor of Sichuan announced the merger of Jinjiang Academy, Zunjing Academy and the Sichuan Chinese Western Academy founded in 1896 into the Imperial University of Sichuan; in the next year the Governor of Sichuan announced the creation of Chengdu Prefecture Middle School at the site of Jinjiang Academy, and Imperial University of Sichuan at the site of Zunjing Academy, which was soon renamed the Higher School of Sichuan. After these movements a new series of higher specialized schools were established, and eventually, in 1931 they were merged to form the only national university in western China—National Sichuan University.

成都市图书馆

03

Chapter 3

Birth and Development of Chengdu Public Library

Located at 98 Wenweng Road, Chengdu Public Library has changed site for three times, has been renamed for seven times, and after hundreds of years of vicissitudes has now become a national-level library, ranking among the best in resource development and services in the western region.

Section 1

Chengdu Public Library in the Republic of China (1912 - 1949)

In the late Qing dynasty, as China began to study Western constitutionalism, the Western library concept was also spread here and the government advocated to establish libraries. In 1911, Sichuan officer Liu Jiachen petitioned for the establishment of a library. Prior to this, Chengdu had private book rooms, such as the book bureau on Wangqiao North Street, which was founded in 1900. In 1904, Wu Keyin set up a book and newspaper reading building on Huifu North Street, with a total of more than 130 seats. Both were open to the public.

1. Sichuan Library (1912 - 1924)

In 1912, the Department of Education of Sichuan Province established Sichuan Library, located in Chengdu Shaocheng Park (now the People's Park), with the famous scholar Lin Sijin as the first curator.

The library set up one Chinese and one Western reading room, appointed one curator, five librarians, two managers, and three secretaries, with year-round funding of 1, 400 yuan per month granted under the provincial education branch appropriations. Based on the stored science books and literature, while purchasing domestic and private fine carved existing copies, there were more than 200, 000 volumes in the collection, and also a large collection of Western books. After a decade of operation, the library collection had reached a considerable size, containing many rare books from the Ming and Qing dynasties. When Sichuan was caught up in the warlord period after the fall of the Qing, the provincial library fell into disuse, a difficult time in its history.

In 1922, the Chengdu municipal government supervisor Liu Chengxun submitted to the provincial government that the library be managed by the Chengdu municipal government, but the submission was rejected. In 1923, the Chengdu municipal government supervisor Wang Zuanxu again raised the request that the library be managed by the Chengdu municipal government. The Sichuan Provincial Government didn't approve the request "as the library originally belonged to the province, and should not be included in the scope of the Chengdu municipal administration, and the possessions are mostly rare books and reference books specifically for academics, which makes it different from ordinary libraries. Not approved".

2. The Library Department of City Popular Education Center (1924.3 – 1928)

The Popular Education Center is a comprehensive social education and cultural facility established in Chengdu. In March 1924, the education chief of Chengdu municipal government Lu Zuofu suggested the foundation of a Popular Education Center, which Wang Zuanxu agreed to. Before long the famous industrialist Lu Zuofu was appointed to be the preparation director, and he also served as curator. Not long after Lu Zuofu's arrival, he left for another job, and Zeng Xiaogu, one of the pioneers of China's drama movement who had studied in Japan, was appointed as curator. On 8th August of the same year, the Popular

Education Center was completed and an opening ceremony was held. The Popular Education Center aimed to "improve people's knowledge, and promote social culture", and was a non-profit cultural facility. The center consisted of eight departments, and the Library Department was amongst them.

The Library Department created two libraries: an adult library and a children's library. When the library was opened it had more than 2, 000 volumes of books. In addition to self-purchased books, the Commercial Press, the Zhonghua Book Company and other publishing houses donated some of the books, and the library also received private donations. After its opening, the Library Department purchased some new books, and within a year it had more than 4, 000 volumes of books.

The opening of the library to the public provided a good place for adults and children to learn. The adult library had a total of 153, 877 readers in the first year (1924. 8 - 1925. 7). In the opening month, there were 7, 408 visitors, so during the 24 opening days an average of 309 visitors used the library every day, of which the largest number of daily visitors was 1, 230. In the following two months after the opening month the number of visitors increased, but in the fourth month it decreased. In June 1925 the number of visitors increased sharply, with a total of 40, 766 people throughout the whole month, an average of 1, 357 people a day, up to 2, 749 people on the busiest day. According to statistics, the readers in the adult library were from academic, business, medical, military, political, agricultural, industrial and other circles, of which the largest number was scholars. The reading range of readers was also very broad, covering philosophy, education, economics, politics, art, linguistics, literature, history, geography, natural science, home science, and both books and magazines were read.

The monthly number of readers in the children's library was also large, and 1, 157 readers visited it in the first month, with a total of 7, 807 readers in 11 months of opening. The youngest children were 5 years old, and the oldest 14 years old. 10-year-old children were the most in number.

As well as the two libraries, during festivals or when there were social events the Library Department also collected related books and newspapers and put them on display in the reading room for public reference.

In 1927, provincial financial support was hard to come by, and provincial library funds were difficult to get. The library was out of repair for long, with walls collapsed, corridors broken, windows broken and rubble everywhere, just like a damaged temple. In order to seek development of the library, Deng Xihou, a military officer, decided to temporarily allocate the library to the Chengdu municipal government, still keeping the original name of the provincial library, and hired Yan Zhongqi as curator.

3. Chengdu Municipal Library (1928.10–1933.9)

In 1928, the municipal government was reorganized, and in October the Chengdu municipal government was established and renamed the library "Chengdu Municipal Library" as the funds were granted by the municipal government. After taking over administration of the library, the Chengdu municipal government granted 30,000 yuan to repair the buildings and insect-damaged books, and purchased both Chinese and Western books, so that forward-thinking could be encouraged, not confined to the old and ignoring the new. A ladies' reading room was also set up, giving equal opportunity to women. After this consolidation, the library had a fresh start, and developed day by day, attracting thousands of people each month, sometimes reaching more than 10,000. In 1929, the Sichuan Provincial Department of Education, using "the Great Sichuan Province does not even have a provincial scale library compared to other provinces, which is a pity" as an excuse, sent a letter to the Chengdu municipal government and demanded it change the municipal library into a provincial library. Due to the unwillingness of the municipal government, however, the two sides had a fierce debate. At last, the library remained in the hands of the municipal government. In 1932, five reading rooms were added to it.

4. Chengdu Municipal Public Education Center (1933.9–1943.2)

In September 1933, the Chengdu municipal commissioner Zhong Tiqian ordered the curator Wang Shufan to hand the municipal library over to Chengdu Municipal Public Education Center in Shaocheng Park. The library was supervised by the curator Zeng Xiaogu and had a collection of 166,000 volumes, which made it the largest library in the Shu area before the Anti-Japanese War, and the reading cost for readers was eliminated to provide free services to all, which set a precedent for public service.

In 1935, the Public Education Center was renamed "Chengdu Municipal Public Education Center" ("Public Education Center" for short), and the municipal library was incorporated into the Public Education Center. Firstly the municipal library belonged to the third department and then it was moved into the reading group with only five secretaries. In that period, more than half of the books were lost and there were few readers.

In February 1943, the Chengdu municipal government adopted the advice of Senator Wang Xijin, who proposed to separate the municipal library from the Public Education Center, appointed Wang Xihou as curator, and set up three groups of General Work, Editing, and Reading. Each group had a director, a book reading room, and a newspaper and magazine reading room was also built, with about 300 people visiting per day. Together with groups like the Public Education Center, it co-sponsored five academic lectures.

5. Chengdu Municipal Zhongzheng Library (1946. 10 – 1949)

In October 1946, Chengdu Municipal Library was renamed "Chengdu Municipal Zhongzheng Library". In 1949, the number of staff was 7 in total, and the curator was Deng Mingcong. To promote library service, the library held a lecture "Library and Life" in 1948, advising people to read in the library.

Section 2

Chengdu Public Library after the Establishment of the PRC (1950 – 2014)

1. Chengdu People's Library (1950 – 1953)

After the liberation of Chengdu, Chengdu Municipal Zhongzheng Library was taken over by the government. In February 1950, the education committee of Chengdu Military Control Commission sent military representative Zhang Zhuiguang with a work group to the library, renaming it "Chengdu People's Library" and appointing Yang Tianhui as acting curator. There were four departments in the library, namely Editing, Distribution, Storage and Counseling, with 15 employees. After consolidation, on March 13, 1950, it was officially opened, setting up 3 reading rooms: magazine and newspaper reading room, popular books reading room and children's reading room, attracting 56, 134 visitors during the year. In 1951 it helped Yuhua Cotton Mill and Labor Clothing Factory build reading rooms.

After the liberation of Chengdu, Chengdu People's Library accepted a total of 120, 000 books from former Chengdu Municipal Zhongzheng Library. In November 1952, given the poor condition of the municipal library, the ancient books were transferred to Sichuan Provincial Library. Only 24, 279 new books remained in the library, and 77 kinds of magazines and 44 kinds of newspapers were subscribed. At that time, the main task of the municipal library was to popularize knowledge, and the books were mainly popular books or comic books purchased mostly to meet the medium education level of readers.

2. Chengdu Municipal Library (1953 – 2003)

In March 1953, the library was renamed "Chengdu Municipal Library". In 1954, the original library was unable to meet the needs of readers, so the library was moved to Citang Street to seek further development, creating a general reading room of more than 120 seats, a display of more than 1, 800 volumes of books, and 99 kinds of newspapers. Citang Street, close to Shaocheng Park, with a lot of bookstores nearby and convenient transportation, increased the number of readers to more than 500 people a day.

In 1956, due to severe limitations of the library on Citang Street, Chengdu government decided to make the Third Cultural Center on the Shangnan Street a part of Chengdu Municipal Library. Chengdu Municipal Library was thus divided into two sites. In 1957, at No. 69 Shangnan Street, the periodical reading room and children's reading room were set up. In the children's reading room there were more than 140 seats, but it still could not meet the needs of readers. In the peak period, more than one thousand children went to the library and waited in line, and the development of library services reached a peak.

In 1966, the "Cultural Revolution" began and the book lending service was interrupted. In the early 1970s, the Citang Street branch was under renovation and the site was thus moved to 31 Banbianqiao Northern Street.

In 1971, book lending service of the library was gradually restored, and a Marxism-Leninism and Mao Zedong Thought study room, a comprehensive reading room, and a reference room were opened. In January 1977, a branch was set up in Wenshuyuan in the north of the city, with a reading room containing 150, 000 volumes of books and 100 seats,

open from 10:00 a.m. to 5:00 p.m. every day. During its three years of operation, the library received more than 400, 000 readers. In 1980, due to the government's new religious policy, the branch left Wenshuyuan, and the books and the equipment were moved back to the library on Citang Street, taking up all three reading rooms and leaving no reading space until 1989.

According to statistics, in 1965 the library collection reached 250, 000 items, divided into borrowing, reading and reference materials stored at Citang Street, Shangnan Street and Daci Temple respectively. During the "Cultural Revolution" period, national culture suffered serious devastation, and so did the libraries. Basic operations were in a paralyzed state. The library occasionally purchased some books with a large amount of copies, such as *Golden Road*, *Bright Spring Day*. After 1971, the library's work was gradually restored, and a "comprehensive, extensive, systematic and complete" principle in collection development was declared. From 1979 to 1984, the library broadened its book sources and developed 401 book-exchanging units. Besides, it collected books in multi-channels, collecting 330, 314 copies of 61, 052 kinds of books in six years. In 1987, the library spent 164, 589 yuan on book acquisition, purchasing 79, 433 copies of 17, 671 kinds of books, and subscribing 2, 889 kinds of newspapers. In 1989, the library protocolled the "Book Acquisition Regulation of Chengdu Public Library (draft)"; in October, Chengdu municipal government forwarded "Collection Approach of Local Literature of Chengdu Public Library", requiring all departments and units to support local literature collection and database construction of Chengdu Public Library.

After the "Cultural Revolution", Chengdu Municipal Library gradually recovered. Until 1989, the total collection of books reached 1, 229, 300. The library covered an area of 4, 437 square meters, and construction area increased to 5, 200 square meters, setting up a purchasing department, a book editorial department, a readers' work department, a literature consulting department, a technical service department, a business counseling office, a community education office, a library science laboratory and an office of personnel administration.

In 1990, there were more than 70 people working as the library staff. In 1993, the reconstruction project of Banbianqiao North Street Library completed, and the total construction area increased to 6, 600 square meters. From 1990 to 2003, 186, 928 copies of 52, 480 kinds of books were collected, so the total collection of the library also increased to 1, 416, 200 copies of books. After 1993 when the reconstruction project of Banbianqiao North Street Library completed, the library successively opened eight service windows such as book borrowing room, periodicals borrowing room, newspapers reading room and information reference room, and carried out reading activities for more than 300 times such as reading lectures, knowledge contests, soliciting articles, book reviews, street publicity, seminars and so on. From 1990 to 1995, the library business basically followed the traditional manual operation mode. The staff made catalog cards by making engraved plates and mimeograph, and bookmarks were also handwritten; they used a wooden wheel to place book borrowing record and the procedure for readers to borrow and return books was complex, therefore if there were many readers in the library, they had to wait in line. In 1996, the library made "Automation Development Plan of Chengdu Pubic Library", and in 1997 the plan was approved by the Chengdu Bureau of Finance, which allocated 150, 000 yuan of special funds to implement the plan. Since September 1998, the library began to use computers in book acquisition and cataloging. In November, the electronic reading room and computer training room were established, and the Chengdu Municipal Library website (http://www.cdclib.org) was set up as well. By November 15, 2000, there were more than 60,000 pieces of bibliographic data, and computer management in the borrowing business was achieved, therefore it was more convenient for readers to borrow and return books.

3. Chengdu Pubic Library (2003 - 2014)

In 2003, Chengdu Municipal Library moved from Banbiangiao North Street to a new site, 98 Wenweng Road and was officially opened on October 1st. At the same time the library was renamed "Chengdu Pubic Library".

The new Chengdu Pubic Library covers 6,670 square meters, with a total floor space of 20,000 square meters. It is located on Wenweng Road, with convenient public transportation and in a rich historical and cultural setting, and it is the practice of Chengdu municipal government's mantra "to run things for people".

Chengdu Pubic Library newly built in 2003 is near Wenweng Stone Chamber, and its design draws on elements of the architectural style of the Han dynasty, which has three main elements. The first prominent feature is reflected in the central axis, followed by a high pile building, and finally the use of "Que" space. The Han dynasty architectural elements mentioned above can be found in the new library in traditional and modern form. The library uses a bamboo-style iron fence as walls, and on them the history of Chengdu Pubic Library is engraved. In the yard, ginkgo trees stand tall in front, forming a natural screen. Climbing the stairs to enter the library, you can feel the fusion of the ancient Shu culture and the Han architectural elements. Entering the library hall is like going back to the time of "Que", with a bizarre bronze portrait on the inner wall of the hall highlighting the rich cultural atmosphere of ancient Shu mystery. The new building's design not only reflects Chengdu people cherishing the memory and spirit of Wenweng, but is also in a strong, simple, and practical style.

Chengdu Pubic Library has a collection of 3.9 million books, among which there are 110,000 ancient books and 1.4 million eBooks. Five independent domain websites have been built and opened to the outside world. With 60TB of self-constructed or purchased digital resources, the above resources are free to readers through Remote Access System (RAS). The library has 1,230 reading seats and more than 20 service areas, including an open Chinese Book Lending Area, Chinese Journal Lending Area, Children's Reading Area, Chinese Book Reading Area, Newspaper Reading Area, Ancient Book Area, Study Area, Electronic Reading Area, Foreign Language Reading Area, Local Literature Reading Area, and all kinds of documentation centers and so on. The Academic Hall has 276 seats, equipped with an advanced simultaneous interpretation system, a conference system, and a multimedia presentation system that can hold various academic conferences and music concerts.

Chengdu Pubic Library follows the mission statement "reader first, service-oriented, for the public welfare, and focusing on humanization", and has proposed the service concept "innovation and branding", opening 365 days a year and offering free services to all. The opening hours per week reach 84 hours or more. Since the establishment of the new library, it has created more than 70 branches in rural areas, government offices, neighborhoods, communities, schools for the children of migrant workers, drug rehabilitation centers and other places, building a huge extension of the library services network. In February 2004, the library began to organize public social lectures, and till now there have been more than ten series such as "Jinsha Forum", "Government Affairs Forum", "Academician Forum", "China National Geographic Platform", "Modern Women Platform", and "Jincheng Forum", which have become key parts of the public cultural service brand of Chengdu. Parts of the lectures were broadcast live on television, expanding the social impact of library lecture services. On April 23, 2008, under the guidance of Chengdu Pubic Library, 21 public libraries began providing free services of books and digital documents, practicing a "zero threshold" of access to public cultural services. Meanwhile, the public library community carried out a variety of social education and user training activities, in the form of "Sunshine Classes", "Sunshine Book Club", "Reader Salon", "Article Contest with Award", "Reader Forum", "Official Microblog", "Super Readers" and so on, building a harmonious relationship between the readers and the library.

In 2014, Chengdu Pubic Library further improved its public service system to achieve free inter-library borrowing through all public libraries in Chengdu. A new round of library construction has been prepared, with a new library with a construction area of 60, 000 square meters located in Tianfu New Area.

4. The Changes of the Library Card and the Development of the City Library

In the early period of the Republic of China, the books of Sichuan Library (the predecessor of Chengdu Pubic Library) were limited to being read in the library, and tickets were sold to read books. Since 1928 the library has belonged to the city government and the reading fee was abolished, but the library's books could not be borrowed and therefore there was no library card then.

After the founding of the PRC, Chengdu Municipal Library began to set up library book lending service projects for individuals and groups. In 1950, more than 100 library cards were issued. In 1951, including the urban factory sites, rural area sites, and specific reading groups, the library had developed 40 sites for borrowing books. In 1954, the Municipal Library began the open-shelf trial, and the number of the issued cards was 421 yearly, lending 2, 215 books.

In 1955, the closed stack system was restored, and the reader registration system and the classification method of issuing cards were implemented. In addition to the ordinary, science, and social science cards, the library also issued special cards for scientists, writers, and laborers. In 1955, the library organized nine borrowing groups of workers, cadres, students, soldiers and residents of other types, each group with 5 to 7 people. In the early 1960s, the Municipal Library issued more than 8, 000 individual cards, 180 cards for units, and 68 cards for groups, lending more than 200, 000 books one year. From 1963 to 1965, the library specially set up a rural library, offering agricultural book lending services to meet the needs of rural readers, especially the youths in their hometowns.

The issuance of library cards was stopped during the "Cultural Revolution", and then restored in 1975, when 3, 000 cards classified by industry were issued. In 1979, the number of registered card holders was 7, 235. In September 1984, the issuing method was reformed, and the library began to distribute the cards openly and thousands of readers waited in line to receive them. Up to 1989, a total of 16, 908 cards were issued by the Municipal Library. In 2008, Chengdu Pubic Library offered the "One Card" free service. In that year the number of card holders reached 80, 000 and two million readers visited the library. In 2014, the number of Chengdu Pubic Library card holders rose to 200, 000, and the card not only meant all the paper resources were free to borrow, but also that remote digital literature resources of more than 90 million articles/books were free to use. This service had an annual readers of more than 2. 3 million. In the same year, the library also issued 200, 000 cards for the inter-library borrowing system.

成都物语
古蜀文明与三星堆文化
东山客家
成都的故
城乡一体化进程中的
图书馆发展模式研究
数字时代图书馆建设的
理论与实践

04

Chapter 4

City Library Service

Section 1

The Public Library Service System

In February 2011, Chengdu City applied to the Ministry of Culture and the Ministry of Finance for the creation of the first national public cultural service system demonstration areas. This was planned to build up a cultural service system that benefits all the public, and effectively protects urban and rural people's basic cultural rights. In November 2013, Chengdu was officially awarded one of the first national public cultural service system demonstration areas, which is the only such demonstration area in a sub-provincial city in Midwest China. In the process of creating this demonstration area, Chengdu Pubic Library, as the leader of Chengdu public libraries, is leading 20 district libraries to build up a unified public library service system, completing the creation of the demonstration area, and providing the city's residents with general, equal, and convenient library services.

1. Chengdu Public Library Services

Creating a national public cultural service system demonstration area comes with a set of standard requirements. There are specific requirements for the hardware facilities, charge to the user (free), the number of books, reader services, ICT facilities and other indicators of public libraries. Under the guidance of Chengdu Pubic Library, Chengdu public library system cooperates, enhancing the overall level and quality of library services. On April 23, 2008, Chengdu City public library system achieved a fully free service, opening 365 days a year, for more than 60 hours a week.

In the fifth national public library evaluation assessment that ended in 2013, 18 out of 21 public libraries in Chengdu were ranked as first tier libraries, and 3 were awarded third tier status. To maintain a high level of internal assessment and accurately grasp the progress the city's libraries had made, Chengdu Pubic Library checks and counsels the district (city) libraries every year, notifying relevant departments of culture of problems in a timely manner, while providing recommendations to solve the problems.

Basic Information of Chengdu Public Libraries

Library Name	Structure Area (m^2)	Book Collection (ten thousand)	Number of Computer (set)	Reading Seats	Opening Hours Per Week (hour)	Level
Chengdu Pubic Library	21, 985. 42	263. 5	300	1230	80	first
Jinjiang District Library	4, 500	28. 9	62	419	84	first
Wuhou District Library	2, 500	15. 6	56	572	60	first
Chenghua District Library	3, 500	26. 6	72	420	72	first
Jinniu District Library	3, 000	15. 0	48	240	63	first
Qingyang District Library	3, 000	30. 9	100	400	60	first
Gaoxin District Library	7, 300	18. 0	68	344	60	first
Wenjiang District Library	4, 200	31. 4	127	430	63	first
Pi County Library	3, 200	16. 4	30	260	60	first
Qingbaijiang District Library	2, 600	11. 8	39	450	60	first
Xindu District Library	4, 639	24. 1	130	364	60	first
Shuangliu Library	17, 000	40. 0	105	1000	60	first
Longquanyi District Library	2, 000	33. 0	35	240	63	first
Qionglai Municipal Library	3, 000	24. 0	146	410	60	first
Pujiang County Library	3, 500	35. 0	38	290	60	third
Jintang County Library	1, 500	12. 0	45	300	60	third
Xinjin County Library	2, 500	21. 0	72	435	60	first
Chongzhou Municipal Library	6, 120	18. 7	92	400	71	first
Dujiangyan Municipal Library	5, 928. 6	20. 0	65	651	80	first
Pengzhou Municipal Library	5, 000	20. 0	77	459	60	first
Dayi County Library	5, 500	8. 9	35	345	63	third

By the end of 2014, a total of 0. 74 books per capita were available in the city's collections. The average book circulation per year was 0. 94 times, 0. 04 new books were added per capita for the year, and the per capita number of visits was more than 0. 5.

Chengdu City Public Library Reader Service in 2014

Library Name	Number of Readers Visiting the Library (ten thousand people)	Book Circulation (ten thousand volumes)	Newly Added Books (volumes)	Reader Activities (times)	Number of Participants (person-time)
Chengdu Pubic Library	147. 5	137. 1	112, 334	284	145, 000
Jinjiang District Library	29. 0	28. 0	82, 413	114	28, 222
Wuhou District Library	17. 0	14. 0	21, 105	57	10, 700
Chenghua District Library	22. 7	10. 4	52, 500	58	4, 948
Jinniu District Library	15. 0	11. 0	34, 921	114	9, 939
Qingyang District Library	15. 0	18. 0	23, 200	107	19, 200
Gaoxin District Library	13. 1	18. 8	35, 860	63	3, 690
Wenjiang District Library	36. 5	33. 9	84, 450	84	24, 136
Pi County Library	8. 0	13. 0	29, 500	56	11, 304
Qingbaijiang District Library	21. 1	20. 3	28, 793	26	54, 000
Xindu District Library	11. 7	10. 2	19, 408	13	2, 810
Shuangliu Library	60. 0	30. 0	120, 000	63	51, 000
Longquanyi District Library	28. 4	32. 0	57, 714	62	56, 265
Qionglai Municipal Library	21. 0	19. 2	11, 200	32	40, 240
Pujiang County Library	12. 0	6. 6	69, 647	53	10, 450
Jintang County Library	7. 6	5. 6	36, 980	8	1, 870
Xinjin County Library	15. 5	18. 7	25, 855	96	21, 030
Chongzhou Municipal Library	37. 4	46. 6	25, 163	111	22, 590
Dujiangyan Municipal Library	13. 0	15. 0	23, 380	55	6, 200
Pengzhou Municipal Library	12. 5	20. 0	29, 259	47	3, 550
Dayi County Library	3. 5	4. 2	23, 900	14	1, 730

2. Book Circulation

Chengdu established the general district (city) county public library book circulation pool, and district (city) and county public libraries established a library book circulation pool, to purchase books for local readers according to the specific needs of each library. Chengdu Library organized and guided set-up and circulation work of township (neighborhood) cultural stations (or activity centers), public library relay stations and village (community) comprehensive cultural activity rooms. Within the circulation system, Chengdu Pubic Library takes the leadership role, district (city) and county libraries act as nodes, and neighborhood, town and village (community) libraries act as service terminals. Through the establishment of a first level network of book circulation in villages and towns, library resources will be included within the unified service platform, implementing a three-level book circulation system, with the quarterly circulation of resources of no less than 5, 000 books from district (city) and county libraries to township (neighborhood) libraries, and monthly circulation of resources of no less than 500 books from township (neighborhood) libraries to village (community) libraries. Striving to achieve optimal sharing of library resources, the library circulation pattern is displayed in Figure 1. By the end of 2014, the city built a total of 2, 338 circulation points, with a total of 668, 615 books in circulation.

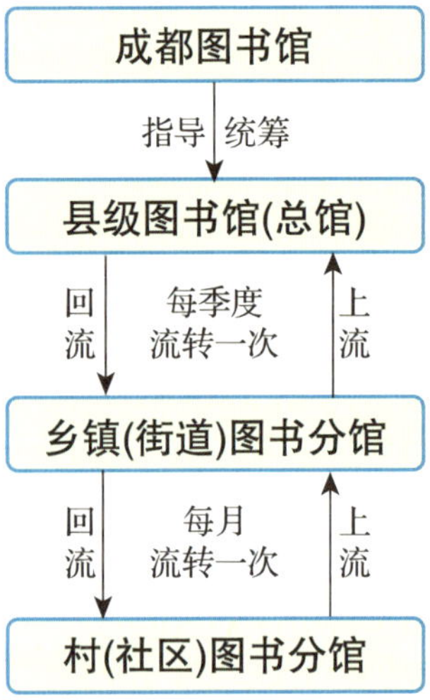

3. Free Inter-library Lending System of the Whole Area

One of the clearly stated aims of the Chengdu "Twelfth Five-Year Plan" was: "to establish a Free Inter-library Lending System in all the Chengdu area and to implement a self-service library system in urban neighborhoods, to further enhance the level of intelligence in library service." (Quoted from *The Twelfth Five-year Plan for National Economic and*

Social Development of Chengdu, *column* 35 "*Major Cultural Projects during the Twelfth Five-year Plan*". "National Public Cultural Service System Demonstration Area Plan of Chengdu (2011 – 2015)" required that libraries and cultural centers should be equipped with circulation service functions, and it is also required that a task of Free Inter-library Lending System and book circulation in the township (neighborhood) and village (community) should be achieved in the district (city) and county. Chengdu municipal government set achieving a Free Inter-library Lending System as an important part of their public cultural services, and developed a timetable and road map, providing policy support for system and data interconnection within the city of Chengdu.

Free Inter-library Lending System of Chengdu public libraries uses a library membership model, under the premise of not changing the existing system and not affecting the daily operations of the libraries whilst implementing the Free Inter-library Lending System in the city. Chengdu Pubic Library, with its large size, rich collection, capable workforce, and quality management, coordinates and guides the rest of the libraries in Chengdu, being responsible for business management and technical support. These libraries have joined Free Inter-library Lending System Union of the city, forming an operating model and service specification that are suited with the current network of public libraries in Chengdu.

Chengdu Pubic Library started constructing its Free Inter-library Lending System in 2010, and by the end of 2014 had completed a Free Inter-library Lending System for 21 public libraries in the region.

The Free Inter-library Lending service of public libraries strengthens cooperation among public libraries at all levels in Chengdu, and builds the city's public library network sharing platform for all levels of library to participate in inter-library cooperation with an open mind, and lays a solid foundation for the integration of resources of public library system. For Chengdu public libraries, the Free Inter-library Lending System is a new service approach and philosophy, breaking the limitations of literature ownership and reader registration, so that all types of documents can be shared across a broader range, opening up a new public library reader service model. More importantly, the Free Inter-library Lending System fully facilitates readers by allowing them to go to the nearest and most convenient library to use the whole systems' various resources. Public libraries can be more personalized, and satisfy the needs of readers.

4. Construction and Service of Branch Libraries

Chengdu Pubic Library follows the principle of "sharing with people, serving the people". Taking the branch library system as the carrier, it provides an extended service of book borrowing to readers at all levels of society. By the end of 2014, Chengdu Pubic Library had built 73 branch libraries, including 16 branches in schools (including universities, primary and secondary schools, vocational schools, community teaching institutions and schools for the children of migrant workers, etc.); 17 branches in urban communities (covering urban center communities and cooperating with communities containing more than ten thousand residents); 23 branches in public security forces as well as in prisons (in cooperation with public security and other law enforcement departments); 12 community branches in remote mountain towns and villages; 1 branch for migrant workers and industrial workers; and 4 branches inside government institutions.

List of Service Benefit of Branch Libraries (2014)

No.	Branch Name	Address	Reading seats	Reading Room Area (m^2)	Opening Time	Number of Visitors	Book Circulation (times)
1	Caihong Primary School of Chengdu	No. 96, Shangchizheng Street	50	120	Monday to Friday	8, 254	16, 508
2	Hongnian Campus of Chengdu Experimental Primary School	The Third Group of Huangtu Village, Qingyang District	36	56	Monday to Friday	7, 189	14, 378
3	Honghua School	Weijia'nian, Chenghua District	30	50	Monday to Friday	9, 987	19, 974
4	Mengzhuiwan Bilingual School	No. 189, Shuanglin Road	118	60	Monday to Friday	8, 963	17, 926
5	Chenghua Experimental Primary School	Wende Road, Bali Community	30	48	Monday to Friday	7, 359	14, 718
6	Dayi Chujiang County Primary School	Xiangquan Street, Chujiang Town	35	40	Monday to Friday	8, 532	17, 064
7	Chengdu Industrial School	North Section 4, First Ring Road, Chengdu	120	440	Monday to Sunday	11, 952	23, 904
8	Pengzhou Baoshan Hongrun Farmers Vocational and Technical Training School	Baoshan Village, Longmenshan Town, Pengzhou City	60	130	Monday to Sunday	8, 534	17, 068
9	Lingke Road Primary School	No. 133, Lingke Road	120	448	Monday to Friday	10, 963	21, 926
10	Library of Jincheng College of Sichuan University	Xiyuan Road, West High-tech District	1, 200	2, 000	Monday to Sunday	13, 856	27, 712
11	Jintang Sanxing Town Senior Vocational Middle School	Lanjiadian Community, Jintang Sanxing Town	200	100	Monday to Sunday	7, 582	15, 164
12	Jintang Yangliu Jici School	Zhao Town, Jintang County	144	100	Monday to Friday	7, 513	15, 026
13	Qionglai No. 1 High School of Sichuan	Xuedao Street, Qionglai City	290	400	Monday to Sunday	8, 354	16, 708
14	Vocational School of Chongzhou City	Shuzhouzhong Road, Chongzhou City	60	300	Monday to Friday	8, 687	17, 374
15	The Chengdu Art School	West Section 1, Second Ring Road, Chengdu	50	200	Monday to Friday	5, 565	11, 130

(Continued)

No.	Branch Name	Address	Reading seats	Reading Room Area (m^2)	Opening Time	Number of Visitors	Book Circulation (times)
16	Apple Tree School	Shawandonger Road	20	25	Monday to Sunday	5, 985	11, 970
17	Wuhou District Shuangnan Street Office Baihua Community	Baiji Street, Wuhou District	50	35	Monday to Friday	2, 687	5, 374
18	Xiyuhe Street, Wufu Community	Xihuamen Street	40	80	Monday to Friday	3, 156	6, 312
19	Funan Jinping Community	Jinpingnan Road	7	50	Monday to Friday	2, 987	5, 974
20	Xinhong Xinhua Community	Shuanglinbeiheng Road	40	20	Monday to Friday	3, 265	6, 530
21	Funan Wenyuan Community	Shirennan Road	40	25	Monday to Friday	3, 645	7, 290
22	Supo Street, Peifeng Community	Peifengdong Street	60	80	Monday to Friday	4, 521	9, 042
23	Xinhuaxi Street Office Ningxia Community	Wanhe Road	50	100	Monday to Friday	4, 965	9, 930
24	Xinhuaxi Road Babao Community	Babao Street	60	110	Monday to Sunday	4, 635	9, 270
25	Shirennan Road Community	Qingjiangdong Road	80	145	Monday to Friday	2, 687	5, 364
26	Wangjiaguai Office Wenmiao Community	Wenmiaoqian Street	60	100	Monday to Friday	2, 635	5, 270
27	Niushikou Street Office Huacheng Road Community	Xicaotian	50	45	Monday to Sunday	2, 963	5, 926
28	Dongyuhe Community	Donghuamen Street	30	30	Monday to Sunday	3, 165	6, 330
29	Lu'nan Community	No. 1 Street, Shuinianhenan	20	35	Monday to Friday	2, 685	5, 370
30	Shirenbei Road Community	Shirenbei Road	25	38	Monday to Friday	4, 968	9, 936
31	Yulin Street Recreational Activity Center	Yulinxi Street	48	150	Monday to Sunday	3, 985	7, 970
32	High-tech District Yizhou Community	Jinhuidong Street, High-tech District	12	40	Monday to Friday	2, 054	4, 108
33	Chengdu High-tech Zone Technological Innovation Service Center	Yizhou Road, High-tech District	26	100	Monday to Friday	8, 635	17, 270
34	Chengdu Compulsory Isolated Detoxification Center	Section 2, Xuefu Road, Hangkonggang District	80	300	Monday to Friday	9, 563	19, 126
35	The Sixth Branch of Chengdu Traffic Management Bureau	Waixituqiao Jindun Road	30	60	Monday, Saturday	5, 368	10, 736

(Continued)

No.	Branch Name	Address	Reading seats	Reading Room Area (m^2)	Opening Time	Number of Visitors	Book Circulation (times)
36	Fifth Branch of Chengdu Public Security Fire Brigade	Huapaifang Street	15	15	Monday to Friday	2, 685	5, 370
37	No. 78186 Force	Huaiyuan Town, Chongzhou City	32	100	Monday to Sunday	5, 596	11, 192
38	Sichuan Chengdu Women's Jail	Ren'an Town, Longquanyi District	400	150	Monday to Saturday	6, 357	12, 714
39	Sichuan Provincial Jail	Wenmiaoxi Street	60	40	Monday to Sunday	5, 325	10, 650
40	Sichuan Juvenile Reformatory	Section 2, Xuefu Road Hangkonggang District	40	100	Monday to Friday	8, 065	16, 130
41	Chengdu City Public Security Bureau Command Center	Wenwu Road	20	20	Monday to Friday	5, 236	10, 472
42	Women Swat Team of Armed Police Corps of Sichuan	Shayanxi'er Street, Jinyan Road, Wuhou District	80	90	Monday to Sunday	7, 657	15, 314
43	Guard Company of Provincial Party Committee	Dongcheng'genzhong Street	40	90	Monday to Sunday	4, 535	9, 070
44	Seventh Squadron of the Second Branch of Armed Police	Wangjiaguai Street	24	64	Monday to Friday	3, 254	6, 508
45	Qionglai Prison of Sichuan Province	Tudipo Tutao Village, Qionglai City, Sichuan	30	370	Monday to Friday	7, 978	15, 956
46	Sichuan Dayan Work Camp	Dayan Village, Linjiang Town, Yanjiang District, Ziyang City	50	310	Monday to Friday	7, 895	15, 710
47	Sichuan Women's Forced Isolation Work Camp	Zizhong County, Neijiang City, Sichuan Province	50	100	Every Morning	6, 532	13, 064
48	Sichuan Xinhua Work Camp	Mianyang City, Sichuan	62	150	Every Morning	8, 657	17, 314
49	No. 78187 Force	Hongyan Town, Pengzhou City, Sichuan	48	160	Tuesday, Thursday, Saturday	6, 684	13, 368

(Continued)

No.	Branch Name	Address	Reading seats	Reading Room Area (m^2)	Opening Time	Number of Visitors	Book Circulation (times)
50	Sichuan Shaping Work Camp	Dongpo District, Meishan City	96	300	Monday to Friday	9, 358	18, 716
51	The Chengdu Military Command Guards Camp	Jianghan Road, Chengdu	30	75	Monday to Sunday	2, 968	5, 936
52	The Motor Squadron of Political Department of Chengdu Military Region	Jianghan Road, Chengdu	30	100	Monday to Sunday	2, 587	5, 174
53	No. 17 Regiment of No. 78525 Force	Pujiang County	14	60	Monday to Sunday	9, 356	18, 712
54	No. 78138 Force	Shangshahepu, Jinjiang District	32	70	Monday to Sunday	4, 689	9, 378
55	The Joint Logistics Department of the Chengdu Military	Shudu Road, Qingyang District	36	180	Monday to Sunday	2, 569	5, 138
56	Army Aviation Regiment of No. 77121 Force	Jinniu District	15	120	Monday to Sunday	6, 248	1, 2496
57	The General Office of the Provincial Party Committee	Shangye Street	4	160	Monday, Friday	2, 569	5, 138
58	The Training Center of Chengdu Cultural Center	Caotang Road, Chengdu	60	80	Monday to Sunday	5, 487	10, 924
59	The Transport Committee of Chengdu	Ximiaoqiao Street, Chengdu	24	80	Monday to Friday	3, 658	7, 316
60	Chengdu Du Fu Thatched Cottage Museum	Caotang Road, Chengdu	20	45	Monday to Friday	4, 525	9, 050
61	Fangqiao Village Committee of Anjing Town, Pi County	Fangqiao Village, Anjing Town	30	50	Monday to Friday	3, 659	7, 318
62	Linjiang Village of Wujin Town, Xinjin County	Linjiang Village, Wujin Town, Xinjin County	35	30	Monday to Sunday	3, 254	6, 508
63	Zhuanlong Town of Jintang County	Zhuanlong Town, Jintang County	110	130	Monday to Friday	3, 658	7, 316
64	Guangming Community of Tianpeng Town, Pengzhou City	Guangming Community, Tianpeng Town, Pengzhou City	50	75	Monday to Saturday	3, 258	6, 516

(Continued)

No.	Branch Name	Address	Reading seats	Reading Room Area (m^2)	Opening Time	Number of Visitors	Book Circulation (times)
65	Xiongying Village Committee of Jiaguan Town, Qionglai City	Xiongying Village, Jiaguan Town, Qionglai City	60	40	Monday to Friday	3, 556	7, 246
66	Longquanhu Village Committee of Chadian Town, Longquan District	Longquanhu Village, Chadian Town	10	50	Monday to Sunday	2, 987	5, 974
67	Donghua Village Committee of Baihe Town, Longquan District	Donghua Community, Baihe Town	12	40	Monday to Friday	2, 968	5, 936
68	Huanghe Village of Lichun Town, Pengzhou City	Huanghe Village, Lichun Town	16	50	Monday to Friday	3, 078	6, 156
69	Huayuan Town of Xinjin County	Huayuan Town Community	20	56	Monday to Friday	2, 961	5, 922
70	Zhonghua Village of Datong Township, Qionglai City	Zhonghua Village, Datong Township, Qionglai City	12	52	Monday to Friday	3, 296	6, 592
71	Min'an Community of Dayi Town, Anren County	Anren Town, Dayi County	28	48	Monday to Friday	2, 965	5, 930
72	Xiling Snow Mountain Ski Field of Dayi County	Dayi County	20	30	Monday to Sunday	3, 354	6, 714
73	Xinli Equipment Manufacturing Co., LTD	Xinfan Town, Xindu District	64	500	Monday to Friday	6, 981	13, 962

Section 2

Branch Center of the Sharing Project

According to the related work requirements of the Ministry of Culture and the National Cultural Information Resources Sharing Project, in April 2004, Chengdu Municipal Cultural Bureau issued specifications to establish the leadership team of Chengdu cultural information resources sharing project. Chengdu Pubic Library established the National Cultural Information Resources Sharing Project: Chengdu Grassroots Service Station in June 2004, and in 2005 set up the Chengdu Municipal Sub-Center of National Cultural Information Resources Sharing Project. In 2007 its name was changed into Chengdu Branch Center of National Cultural Information Resources Sharing Project.

By 2014, the Chengdu Branch Center had a staff of 14 people, including nine full-time and five part-time staff members, who are responsible for resource development, resource services, technical support, professional training, and daily management. The Branch Center of the Sharing Project has gone through the following three stages.

1. 2004-2006

In June 2004, Chengdu Pubic Library and Sichuan Provincial Library signed the "Sichuan Cultural Information Resources Sharing Project: Chengdu Pubic Library Grassroots Service Station Agreement", and purchased servers and other hardware and data resources, beginning the building of Chengdu Grassroots Service Station. It was accepted and awarded by Sichuan Provincial Cultural Information Resources Sharing Project sub-centers, which marked the National Cultural Information Resources Sharing Project: Chengdu Grassroots Service Station was officially established.

In June 2005, according to the spirit of "Notice on Regulating the Sub-Center Name and Signage at All Levels of Cultural Information Resources Sharing Projects" issued by the Leading Group Office of Cultural Sharing Project (Sharing Office [2005] No. 1), the National Cultural Information Resources Sharing Project: Chengdu Grassroots Service Station was renamed as the Chengdu Municipal Sub-Center of National Cultural Information Resources Sharing Project. In this phase the center received sharing project resources through satellite communication equipment and used electronic reading room to carry out services.

2. 2006-2007

During this stage, the Chengdu Sub-Center of Sharing Project completed an upgrade of the existing hardware and software platforms to increase broadband access by 20M, and installed three application servers and 8TB of storage devices. Regarding resource access, according to the situation at the time, the Chengdu Sub-Center used a B/S access mode website and Internet for the grassroots points of service. The Chengdu Sub-Center used its own resources to construct a new Chengdu Municipal Sub-Center of National Cultural Information Resources Sharing Project website (http://www.cdndcnc.cn). Based on existing resources, it not only improved the layout and format, but also added a lot of unique resources (including local literature in Chengdu, Chengdu Intangible Cultural Heritage sites, the Chengdu Forum) and digital resources (including apabi eBooks, Wanfang database), to provide readers with all kinds of beloved ebooks and online information resources, which greatly enriched the spiritual and cultural life of people in the towns, villages and communities.

The Chengdu Sub-Center of Sharing Project integrated its own services with other resources, including the existing telecommunications broadband networks (including ADSL broadband and other telecommunications broadband networks), radio and television networks, the modern distance education network for rural party members and cadres, children's green online space, the modern distance education network for rural primary and secondary schools, the grassroots networks of the Municipal Information Office and the Municipal Science and Technology Bureau, as well as other grassroots networks.

3. 2007 till Now

In June 2007, according to the spirit of "Notice on Regulating the Organization Name and Signage at All Levels of Cultural Information Resources Sharing Projects" issued by the Leading Group Office of Cultural Sharing Project (Sharing Office [2007] No. 2), the Chengdu Municipal Sub-Center of National Cultural Information Resources Sharing Project was renamed as the Chengdu Branch Center of National Cultural Information Resources Sharing Project.

Since 2007, the Chengdu Branch Center of Sharing Project, on the basis of summarizing the first two stages of construction, payed close attention to the construction of the municipal branch center, and in 2007, 2009 and 2012 completed three rounds of software and hardware upgrades, adding 11 new servers, 2 sets of SAN disks with storage capacities of 146TB. On the other hand, the center used Chengdu Library's remote access system to make all digital resources open to all users.

Regarding resource development, a large number of new self-built digital resources have been added, including various types of audio and video files of Chengdu intangible cultural heritage, lecture videos and Chengdu local literature databases, etc., through the website of the Chengdu Branch Center of National Cultural Information Resources Sharing Project to offer free service to all basic servicing points. Meanwhile, the center integrated all kinds of electronic books, papers, electronic journals, yearbooks, reference books, agricultural science videos and other digital resources and made them free and open to all primary service points in the shared project through the remote access system of Chengdu Pubic Library.

The Branch Center promoted the construction of county branch centers of Chengdu and primary service points. By 2014, the city had built one city branch center, 20 county-level branch centers, 3, 656 primary service points (of which 238 are rural primary service points, 77 are neighborhood primary service points, 461 are community primary service points, and 2, 880 are village primary service points), and the cultural sharing service network covering all urban and rural areas had been completed.

The construction of all branch centers and primary service points is in accordance with the documentation requirements of the National Center and Sichuan Sub-Center, and is closely linked with the construction of district libraries, comprehensive cultural activity stations (centers) of towns (streets), and comprehensive cultural activity rooms of villages (communities). Each branch center is equipped with more than 10 computers, projectors and other equipment, which are all connected to the Internet and are able to fluently access all levels of resources of the Sharing Project. With one or more full-time managers, all hardware and software conditions have been met or exceeded the National Center's standards and Sichuan Sub-Center's standards.

In order to guarantee the smooth development of primary service points and their activities, further strengthen construction of primary service points, and effectively improve the operational capacity and level of the operators of primary service points, in addition to the on-site training for technical staff at each primary service point, the Chengdu Branch Center of Sharing Project also has organized a dozen training sessions for the administration of cultural sharing project, with thousands of people participating in the training and the coverage for the technicians of county branch centers reaching 100%. The training has helped administrators in enhancing their understanding, mastering the technology, and improving their problem-solving abilities.

Currently, the system of the Branch Center has a storage capacity of 146TB, 26 sets of application servers, 160M network bandwidth, and through the website and its client, opens more than 50TB of resources to the primary service points.

Section 3

Ancient Books Protection Center

In 2007, the State Council issued the "Advice on Further Strengthening the Protection of Ancient Books", started the "Chinese Ancient Books Protection Plan" to carry out a national census of ancient books, and named a group of National Key Ancient Books Protection Units. In 2009, Chengdu Pubic Library was listed on the second list of National Key Ancient Books Protection Units. In 2010, the Chengdu Ancient Books Protection Center was approved for development. The Chengdu Ancient Books Protection Center has a professional staff of seven, including two professional restoration experts, four employees for ancient books custody and ancient books census, and one manager of the ancient books reading room. The center has advanced facilities and equipment, such as the ancient literature dust removal and repair workbench, the Chinese calligraphy and painting replica and repair workbench, Chinese calligraphy and painting ultrasonic emulsification repair instrument and so on.

1. Ancient Books Census

In the 1990s, Chengdu started the census work of the city's ancient books, and in 2004 officially published *Chengdu Ancient Books Union Catalog*, which filled the gap of union catalog of ancient books in Chengdu. This book is a collection of ancient books of 12, 310 types, totaling more than 300, 000 copies. It is divided into five categories: Confucian Classics, Historical Records, Philosoplucal Writings, Miscellaneous Works, and Book Series, including 1, 698 types of Classics, 3, 231 types of History, 2, 794 types of Hundred Schools of Thoughts, 4, 081 types of Poetry, and 506 types of complete Book Series. Among them, there are 857 types of rare books which are before the Ming and Qing dynasties. The books shows the overall status of Chengdu region's ancient books collections, and provides a way for readers to search the local collection of ancient books. The book also carries out systematic research for various versions of ancient books, and details the cataloging, which provides the basic data for the study of ancient books, research for traditional book printing history and so on.

After that, Chengdu Pubic Library compiled and published *Rare Books in Chengdu Pubic Library*, a collection of 3, 711 rare books in 281 types, including 51 types of the Ming dynasty books, which were divided according to the categories of Confucian Classics, Historical Records, Philosophical Writings and Miscellaneous Works. Besides, the library also researched and recorded the typographic features and print time of each type of rare books.

In recent years, Chengdu Pubic Library has focused on ancient bibliographic survey work. A detailed and accurate record of the contents and appearance of ancient books is important, as the quality of the records directly impacts the knowledge and use of ancient books. Therefore it is necessary to record it in accordance with the norms of a standardized format, which is a prerequisite to achieving the sharing of literature resources. Chengdu Pubic Library, based on the relevant standards of *MARC Format Manual for Chinese Antiquarian Books*, Chapter IV *of Chinese Cataloging Rules* (*Second Edition*) and *Organizing Work of Ancient Books in Library*, and combined with the actual condition of the books, in early 2012, set up a special ancient book bibliographic database. The database contains the digitization of the complete collection of ancient books: a total of 110, 991 books in 34, 065 types, of which 422 types are rare books totaling 4, 764 volumes.

2. Rare Books Reconstruction

Chengdu Ancient Books Protection Center is responsible for protecting, organizing, and researching ancient books, as well as personnel training. It has helped repair more than 3, 000 damaged ancient books in Xinjin County, guided Pi County Library with the compilation and publication of *Ancient Bibliography of Pi County Library*, and successfully recommended New District Library, Pengzhou City Library, and Pi County Library to apply to be Sichuan Ancient Books Protection Units.

In the work of reconstructing rare books, the library has published *An Overall View of Chengdu*, *Paintings of Tang Scenic Spot*, *Food Secret*, *Letters of Lin Zhongcheng* and other precious rare books, compiled two large literature series [*Southwest China Geographic Historical Periodicals* (44 volumes), *World Cultural and Natural Heritage in Sichuan Series* (26 volumes)], and edited and published two *Imperial Collections.*

3. Ancient Books Service

Chengdu Ancient Books Protection Center provides readers with ancient book reading service and other services. Users can be divided into two categories: the general public, most of whom are residents in Chengdu city, using the information to compile their own genealogy; those who have high professional competence, are engaged in academic research, or those who are studying for master or PhD degrees. The readers are from home and abroad.

For a long time, Chengdu Ancient Books Protection Center has always played the role of the regional core organization responsible for protecting ancient books and laid the foundations for the protection of ancient books in Chengdu. According to management principles to protect ancient books, books in the Republic times and ordinary ancient books are appropriate for the service, while the rare books before Emperor Qianlong of the Qing Dynasty generally are not provided for customer service.

In 2014, Chengdu Pubic Library was awarded the title "Advanced National Ancient Books Protection Unit" by the Ministry of Culture.

Section 4

Library Society

Chengdu Library Society was founded in August 2004, and it consists of five professional committees totaling 334 individual members, and 28 governing units, with 34 governing members. Chengdu Pubic Library Society is legally registered as an academic, non-profit social organization. It is mainly responsible for organizing academic research of libraries in Chengdu, conducting academic exchange activities, editing and publishing the journal of the Library Society, as well as collected works and documents of Library Science.

Chengdu Pubic Library Society is a bridge between library workers, and is an important social force to guide the rapid development, scientific management, and scientific and technological progress of library service in Chengdu. Chengdu Pubic Library Society advocates academic impartiality, independence and innovation, and is committed to prosperous academic research, promoting librarianship, and development of information technology. Promoting the concept of "respect for knowledge and talent", the Society advocates dedication, innovation, pragmatism and the spirit of cooperation, and adheres to an independent, democratic principle.

Chengdu Pubic Library Society is under the guidance and supervision of Chengdu Association for Science and Technology and Chengdu Civil Affairs Bureau. The Library Society is affiliated to Chengdu Pubic Library.

1. Activities of the Society

Since its founding in August 2004, Chengdu Pubic Library Society has held a public library service academic meeting every year, for a total of ten times. Through holding these academic meetings and other forums, it has created an academic atmosphere for its members to participate in various academic activities and organize them to conduct research and academic writing. It has organized several regional and national academic paper collection activities and has collected hundreds of academic papers of various types into 10 compilation volumes.

Chengdu Pubic Library Society actively encourages its district (city) and county library members to participate in national or regional special seminars. It has organized members to participate in academic exchanges in the annual meetings of China Library Society and ten members have obtained the annual meeting's Essay Award; Participating in the national seminars of public libraries from fifteen cities, 47 members have been awarded the Award of Solicited Articles; Participating in the "Sichuan, Jilin, Jiangsu, Hebei and Guangxi" Five Provinces (Regions) Library Society Seminars", 65 members have been awarded the Award of Solicited Articles of the "Sichuan, Jilin, Jiangsu, Hebei and Guangxi" Five Provinces (Regions) Library Society Seminars"; Moreover, more than a hundred members have received awards at civic level or from higher academic conferences.

Meanwhile, Chengdu Pubic Library Society has for many years set the venue of the Chengdu Science and Technology Annual Meeting, organizing promotional activities related to academic study around the theme of science and technology.

2. Promotion of Nationwide Reading

As the Demonstration Base of Nationwide Reading set by the Society for Library Science of the National Library of China, Chengdu Pubic Library Society has led the district (city) and county libraries to actively carry out various innovative and distinctive national reading activities, which greatly improved its popularity, attracted more people into the library and expanded its social influence.

Under the proposals of Chengdu Pubic Library Society, the city's public libraries hold a "Science Film and Video Festival" for children in every summer and winter holidays. They show exciting science films and feature films, covering cultural history, inspirational stories for the youth, comedy and entertainment, which is highly praised by children and parents alike. Chengdu Pubic Library Society guides district (city) and county libraries to carry out a series of special activities, such as the "Outstanding Children's Film Poster Exhibition", the "Children's Reading Month in Jinsha Forum" and "Family Education Lecture" etc., which are also highly praised by children and parents.

Characteristic Service Project List of 20 District (City) and County Public Libraries in Chengdu

Name of Library	Characteristic Service Project
Chenghua District Library	Services for special groups and vulnerable people
Qingyang District Library	"Five meetings" (Model report, Readers' meeting, book recommendation meeting, Classics appreciation meeting, Education training meeting)
Jinniu District Library	*Scholarly Jinniu* Library Publication
Wuhou District Library	Movie class and digital library of Three Kingdoms Culture
Jinjiang District Library	"Citizens' Great Study" service model
Gaoxin District Library	The model of university library "breaking the wall" to freely open to the public
Longquanyi District Library	Mobile library and mobile phone library services
Wenjiang District Library	"Yufu Platform" and "Humanities Wenjiang" public welfare platform
Qingbaijiang District Library	"Happy reading, enjoy it!" activities
Xindu District Library	Library Journal *Lake Gui*
Shuangliu County Library	24-hour self-service library and "Huaixuan Platform" series of lectures
Chongzhou Library	Personalised cultural services, customized digital movies, art training, public lectures, handicraft production training, etc.
Dujiangyan Library	"Hand in Hand, Heart with Heart" series of reading activities, Children's reading activities
Pi County Library	"Scholarly Juancheng, Sharing Reading" series of activities
Qionglai Library	"Wenjun Platform—Accounting Qionglai" "Classical Literature Reading Salon"
Pengzhou Library	"Yimeng Study", Music and film projection booth, Jianjiang Platform
Xinjin County Library	"Citizen Culture Lecture Hall", "Books Drifting into the Campus"
Dayi County Library	"3 plus 2 Reading—Dayi Village Library"
Pujiang County Library	"Heshan Platform" series of lectures
Jintang County Library	Cultural lectures for assisting disabled people

3. Professional Training and Guidance

Since its establishment, Chengdu Pubic Library Society has over the years held academic exchanges, training and coaching on more than twenty occasions, mainly in the following formats.

Firstly, it has invited experts to the library to make academic speeches. For example, Dr. Werner, the curator of the library of philosophy department at the Free University of Berlin, Germany, was invited to give a lecture called "Sustainability of the Library—the Construction of German Green Libraries"; Dr. Jan-Pieter Barbian, the curator of Duisburg City Library, Germany, was invited to give a lecture called "The Construction of Service Network in German Public Libraries"; Xu Changcheng, Deputy General Manager of Eddie-Electronic Technology Co., LTD, was invited to give the report "Practice and Summary of Library Innovation Service in Taiwan and the Mainland Community Model"; Ye Yanming, former deputy curator of Chengdu University of Technology, Deputy General Manager of Superstar Information Technology Development Co., LTD, a research librarian, was invited to give the academic report "New Technologies and New Services for Libraries".

Secondly, it has organized district (city) and county library training courses. It has held curator and business backbone training for district (city) and county libraries, administrative staff training for district (city) and county libraries, cadre training for township cultural stations, rural library administrator training, technical staff training for National Cultural Information Resource Sharing Project and other forms of training.

Thirdly, hotline consultation. Chengdu Pubic Library Society has helped solve business consulting of district (city) and county libraries for more than a thousand times per year via forms like online and phone Q&As and on-site help, etc.

4. Academic Research Activities

Chengdu Pubic Library Society is affiliated to Chengdu Pubic Library. It always pays attention to academic research activities and regards business research and scientific innovation as the two major lifelines for the survival and development of the library. By the end of 2014, among the library staff, seven employees had got the senior professional title, accounting for 9.4% of the total employees, 34 employees had got the medium-grade professional title, accounting for 54.7% of the total number of employees, and 51 people have a college degree or above, accounting for 71.8% of the total number of employees.

To encourage the librarians to participate in academic and research activities, Chengdu Pubic Library has enacted *Ways to Award Business Studies and Scientific Research* to reward the outstanding talents and scientific achievements both physically and mentally. The library has also developed work regulations for academic research in the library. In the schedule and the annual year-end summary of library work, there are planned research outlines and academic achievements.

By the end of 2014, Chengdu Pubic Library had published more than 20 types of academic monographs, including 1 national scientific research project, 13 bureau-level scientific research projects, and more than 300 academic research papers published in provincial journals. Chengdu Pubic Library had won one national award, 31 provincial awards and 42 bureau-level awards.

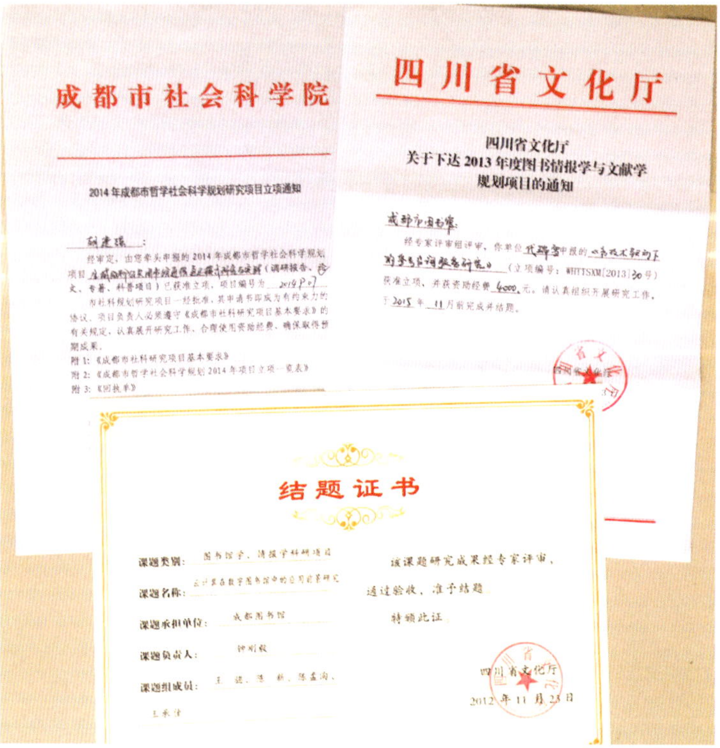

Published Books of Chengdu Pubic Library (2002—2014)

No.	Name	Publication Date	Publisher(s)	Main Author(s)
1	*First Hakka Town in the West of China—Luodai*	2002. 03	Chengdu Times Press	Xiao Ping
2	*Hakka*	2002. 03	Chengdu Cartographic Publishing House	Xiao Ping
3	*Chengdu on the Ground*	2003. 07	Chengdu Times Press	Xiao Ping
4	*Chengdu under the Ground*	2003. 07	Chengdu Times Press	Xiao Ping
5	*Culture of Chengdu*	2003. 07	Chengdu Times Press	Xiao Ping
6	*Chengdu Ancient Books Union Catalog*	2004. 10	Sichuan University Press	Chengdu Pubic Library
7	*Rare Books Bibliography of Chengdu Pubic Library*	2004. 10	Sichuan University Press	Chengdu Pubic Library
8	*People of Hunan and Hubei Fill Sichuan*	2005. 01	Chengdu Times Press	Xiao Ping
9	*Story of Chengdu*	2005. 08	Chengdu Times Press	Xiao Ping
10	*Chengdu Monogatari*	2005. 08	Chengdu Times Press	Xiao Ping
11	*Development and Construction of Public Libraries in the 21st Century in China*	2005. 09	Sichuan University Press	Chengdu Pubic Library
12	*Dongshan Hakka: Walking into a Peach Garden*	2005. 10	Chengdu Times Press	Xiao Ping
13	*Sanxingdui: Bronze Shines the World*	2005. 10	Chengdu Times Press	Xiao Ping
14	*Story of Chengdu*	2006. 10	Chengdu Times Press	Xiao Ping
15	*Bibliography of Chengdu*	2006. 11	Chengdu Times Press	Hao Kangli, Zhong Gangyi, Xiao Ping
16	*Theory and Practice of Digital Library Construction*	2010. 01	Sichuan University Press	Yao Leye, Zhong Gangyi
17	*Civilization Ancient Shu and Sanxingdui Culture*	2010. 04	Sichuan Publishing Group, Sichuan People's Publishing House	Xiao Ping
18	*Paintings of Tang Scenic Spots*	2010. 11	Bashu Publishing House	Zhong Gangyi

(continued)

No.	Name	Publication Date	Publisher(s)	Main Author(s)
19	*Historical Literature Books in World Cultural and Natural Heritage in Sichuan Province* (in total 26 volumes)	2012. 11	Shanghai Jiao Tong University Press	Li Yongxian, Zhong Gangyi, Hu Jianqiang
20	*Research on Library Development Model in Urban and Rural Integration Process—Libraries in Chengdu as Examples*	2013. 03	Science Press	Li Yong, Zhong Gangyi, Cheng Xiaoliang
21	*Collected Works of Sichuan Library and Chengdu Pubic Library*	2013. 04	Sichuan University Press	Li Zhonghao, Wang Jialing, Xiao Ping
22	*Imperial Collections* (First Volume)	2013. 05	Shanghai Jiao Tong University Press	Hu Jianqiang
23	*Chengdu on the Ground*	2013. 06	Tiandi Publishing House	Xiao Ping
24	*Chengdu under the Ground*	2013. 06	Tiandi Publishing House	Xiao Ping
25	*Culture of Chengdu*	2013. 06	Tiandi Publishing House	Xiao Ping
26	*People of Hunan and Hubei Fill Sichuan*	2013. 06	Tiandi Publishing House	Xiao Ping
27	*Hakka*	2013. 06	Tiandi Publishing House	Xiao Ping
28	*Series of Geographic Historical Data of Southwest China* (44 volumes in total)	2014. 07	Bashu Publishing House	Yao Leye, Li Yongxian, Hu Jianqiang

Research Project List of Chengdu Pubic Library

No.	Project Name	Time	Category	Result Form
1	Study on the library development model in the process of urban and rural integration: Libraries in Chengdu as examples	2008. 07	The national social science fund project	Monograph
2	Research on library network information service in the public cultural service system	2011. 04	Project of Cultural Department of Sichuan Province	Series of papers
3	Research on the application prospects of cloud computing in digital library	2011. 04	Project of Cultural Department of Sichuan Province	Series of papers

(continued)

No.	Project Name	Time	Category	Result Form
4	Research on local characteristic database construction and service in Culture Sharing Project	2011. 04	Project of Cultural Department of Sichuan Province	Series of papers
5	Research on Application of Operational Research (data, models, decision-making) in the Change of Library in the Process of Urban and Rural Integration of Chengdu	2011. 04	Project of Cultural Department of Sichuan Province	Series of papers
6	Research on reference service driven by new technologies	2014. 01	Project of Cultural Department of Sichuan Province	Series of papers
7	Exploration and practice on performance evaluation mechanism of public library books funding: Chengdu Pubic Library as an example	2014. 01	Project of Cultural Department of Sichuan Province	Series of papers
8	Marketing and promotion of public libraries	2014. 01	Project of Cultural Department of Sichuan Province	Series of papers
9	Application research on digital library technology in intangible cultural heritage protection	2014. 01	Project of Cultural Department of Sichuan Province	Database
10	Chengdu Ancient Books Union Catalog (online edition)	2002. 11	Chengdu Culture Bureau Project	Database
11	Research and Practice of Chengdu Public Library Coordinated Loan and Return Mode	2014. 05	Chengdu Philosophy and Social Sciences Planning Research Project	Series of papers
12	Investigation Report of Weight Comparison of the Minors Service Construction in China's Public Libraries	2014. 04	Chengdu Association for Science and Technology project	Survey Report
13	Equalization of public cultural service under the background of urban and rural areas as a whole: exemplified by public cultural service system construction of Chengdu "urban and rural comprehensive reform experimental area"	2010. 06	Chengdu Association for Science and Technology project	Conferennce Prceeding

In 2008, Chengdu Pubic Library, together with Library of Chengdu University of Technology, applied for the national social science fund project: *Study on the library development model in the process of urban and rural integration: libraries in Chengdu as examples* and in 2012 the project was successfully concluded. In March 2013, the research results were published by the Science Press. The project provided a development model for the library under urban and rural integration, and also laid the foundation for creating a national public cultural service system demonstration area in Chengdu.

In 2011, the "National Cultural Innovation Project" —*Historical Literature Books on World Cultural and Natural Heritage* directed by Wang Wenzhang, Deputy Minister of Ministry of Culture, was officially published. Chengdu Pubic Library combined ancient Chinese books protection plans and other key cultural projects, and compiled a provincial volume "*Historical Literature Books on Sichuan Province's World Cultural and Natural Heritage*", published by Shanghai Jiaotong University Press in November 2012.

In 2013, Chengdu Pubic Library initiated compilation and research project of the *Southwest China Geographic Historical Periodicals*. The periodicals comprise of a total of 44 volumes, and were officially published in 2014. They are at present the most comprehensive guide to geographic literature about Yunnan, Guizhou, Sichuan, and Chongqing, Tibet, Guangxi and other southwestern regions, including a total of more than 500 types of various geographical literature. This created the most comprehensive, systematic collection and collation of geographic literature except for local chronicles, greatly facilitating research of southwestern history and geography.

成都图书馆

City Library and City Services

喜閱
喜閱
喜閱
喜閱

錦城講堂

05

Chapter 5

Reading Promotion

Section 1

Public Lectures

Since 2004, Chengdu Pubic Library has held public lectures, and more than 1, 000 seminars have been held, receiving a total audience of more than 300, 000 people. Chengdu Pubic Library embodies the mission of spreading civilization, disseminating knowledge, sharing information, and enriching the cultural life of people. With the broad participation in the social and cultural life of Chengdu residents, it has helped build the Chengdu public cultural brand, obtaining significant social gains.

The public lectures organized by Chengdu Pubic Library have attracted numerous loyal audience because of the early starting time, the famous teachers invited, the good location and the varied topics of lectures. Since 2004, many cultural celebrities have delivered speeches in the library, such as famous writers Wang Meng, Mai Jia, A Lai, Zhang Yang, Yi Zhongtian, Yan Chongnian, Lin Qingxuan, Hu Yinmeng and Dangnian Mingyue; famous poet Liu Shahe; famous dramatists Cai Shaohua, Chen Qiaoru; famous performing artists Zhang Jinlai, Li Guyi, Jiao Huang; children's educators Mei Zihan, Yang Hongying, Li Meijin, Zheng Wei; psychological education experts Huo Datong, Gesang Zeren; military expert Qiao Liang; famous TV hosts Bai Yansong, Chen Yue; famous artists of contemporary painting Zhou Chunya, He Duoling.

Chengdu Pubic Library has gathered good audience through its public lecture activities, and gained the trust of the government. Public lectures have also drawn the attention of the community, and a number of media organizations and art groups have also organized lectures with the library, such as in 2006, Chengdu Symphony Orchestra and Chengdu Chinese Orchestra together with Chengdu Pubic Library jointly organized "Weekend Concert"; in 2008 and 2009, the *Chinese National Geographic Magazine* and Chengdu Pubic Library jointly organized "Chinese National Geography Chengdu Forum"; and from 2008 to 2010, *Chengdu Daily* and Chengdu Pubic Library jointly organized a series of lectures.

1. Jincheng Platform

Jincheng Platform was founded in February 2004 by Chengdu Pubic Library and for over ten years it has met the spiritual and cultural needs of different levels in society. It has been broadly embraced by the public, and has become a cultural feast for the spiritual life of the Chengdu people. At weekends, listening to lectures in Chengdu Pubic Library has become a fashionable choice for the people of Chengdu. This social acceptance has allowed it to be the cultural service brand of Chengdu Pubic Library.

The lecturers of Chengdu Library's Jincheng Platform are mainly local cultural celebrities, meanwhile the library also appropriately invites some domestic cultural figures, as well as experts and scholars that have a higher level of social reputation and higher speech level to give lecture series. It invited cultural celebrity Liu Shahe to give a monthly "Chinese Poetry through Talk" series, analyzing poetry in depth for the audience; the famous gastronome Li Shuchong to give the unique "Li Shuchong Talking about Food" series; several performing artists to hold "Art Appreciation" series, showing and explaining the knowledge of traditional dramatic appreciation. It invited famous physicians in Chengdu, popularizing health knowledge for citizens; and also invited mental health experts to help solve problems in terms of parenting advice, workplace stress relief, etc. According to the information needs of the community, the library has organized "Parents' Classroom", "Women's Forum" and other series of lectures. Activities cover various fields such as politics, economy, history, culture, art, health, law, and education.

Each of the Jincheng Platform lectures sets aside around one hour for the audience to interact with the lecturer and freely express their different views, prompting the lecturer to talk more about the topic with more in-depth elaboration. The audience enjoys the opportunity to exchange ideas in a relaxed environment, with a deeper level of thinking. The library focuses on the promotion of lectures, publishing trailers and background information about the lecturers through television, radio, newspapers, periodicals, websites, and microblog, to expand the range of content distribution and raise public awareness of seminars. After the lecture, the audience can also continue exchanging ideas through network platforms, such as the public lecture QQ group of Chengdu Pubic Library, the blog of Chengdu Pubic

Library, the Sina and Tencent official microblog accounts of Chengdu Pubic Library, etc. Public awareness of the Jincheng Platform has been greatly improved through these methods. Every Saturday afternoon, all seats are occupied in the lecture hall. While the number of audience remains stable, the library has also attracted many university professors and provincial experts in Academy of Social Sciences to take part in and act as cultural volunteers to help the library to become a multi-cultural and ideological urban culture space.

The Jincheng Platform has launched the "combining lectures with performances, combining lectures with exhibitions" model, such as inviting Suzhou Kun Opera Theater to perform the famous youth version of *Peony Pavilion* in a library lecture. This was the first time that Kun opera was performed in a western public library, showing this outstanding historical opera style to the public. The head of Suzhou Kun Opera Theater Cai Shaohua was the speaker and Plum Blossom Award winner of Suzhou Kun Opera Theater Yu Jiulin gave the live demonstrations. The library also invited the Sichuan Opera "Erdu Mei" winner Chen Qiaoru to exchange ideas together. Another example of this model was the invitation of famous floristry master Cao Ruiyun from Taiwan to hold a "Chinese Floristry" lecture and large floral exhibitions. Famous ancient lamp collector Yao Yulin also held "The Ancient Lights Lit Five Thousand Years of Civilization" lecture and exhibited his ancient lamp collection. The citizens listen to the lectures and at the same time watch the show, visit the exhibition, and therefore gain access to a full range of cultural services.

2. Jinsha Platform

Jinsha Platform was founded in March 2009, co-hosted by the Chengdu Municipal

Propaganda Department of the Communist Party of China, Chengdu Federation of Social Sciences Circle (Chengdu Academy of Social Sciences), Chengdu Pubic Library etc. The main platform is set in Chengdu Pubic Library. As a large nonprofit platform, Jinsha Platform focuses on the spiritual and cultural needs of the public, innovates in conducting public cultural services and social science popularization, and is freely open to the people of Chengdu.

On the basis of on-site lectures, Jinsha Platform implements the "one lecture, multiple communication" model, including live version lectures, TV versions, newspaper versions, online versions, audio versions and district (city) and county versions. The live version is held on Saturday or Sunday from March to October in Chengdu Pubic Library each year, attracting nearly 300 listeners each time. The lectures last for about 120 minutes (90 minutes of presentation and 30 minutes of audience interaction). Provincial and municipal mainstream media such as *Huaxi Metropolis Daily*, *Chengdu Daily*, *Chengdu Business Daily*, *Chengdu Evening News*, Sichuan Traffic Radio Station, Chengdu Radio Station, Chengdu TV, "Chengdu issued" microblog, Micro-Chengdu, Chengdu Full Search Website and others carry out broadcasts and promotion. Meanwhile, the platform office produces the *Jinsha Platform Newsletter*, annual CD compilations, thematic CDs, books, etc. to present to government departments, enterprises, schools, communities and the army. In the second half of 2012, Jinsha Platform moved to Jinsha theater of Chengdu Jinsha Site Museum. When the lectures were held in Chengdu Pubic Library, nearly 200 famous speakers came to the lecture hall to deliver lectures, and over 700 lectures were held in 20 district (city) and county sub-forums, with more than 200,000 listeners on-site, and an audience of over 50 million watching on television.

Jinsha Platform covers various fields such as politics, economics, culture, history, and law. Audience groups appear to be younger and better educated, and many social organizations and cultural institutions have discussed cooperation. Jinsha Platform has fostered a large number of loyal listeners, and there are even audience from Zhengzhou, Xi'an, Beijing, and Wuhan who specifically fly to Chengdu for the lectures. Jinsha Platform has been known as Chengdu's "Lecture Room" and the spiritual home for people in Chengdu. In July 2010, the 29th *Propaganda Work* of the Publicity Department of CPC regarded Jinsha Platform as a perfect example of Marxism at work in China and published the full text of its practices. In September 2010, the "First National City Platform Conference" held in Changzhou selected the experience of Jinsha Platform as one of the five cities' speeches. On October 15th, 2011, *Guangming Daily* published the innovative approach of Jinsha Platform in the article "*Chengdu Jinsha Platform: the People's Own Cultural Salon*".

3. Moral Platform

Chengdu Pubic Library is the station of "Chengdu Citizens' Moral Platform", which is led by the Spiritual Civilization Construction Committee Office in Chengdu, and organized by Chengdu Pubic Library. Moral Platform is a major task dominated by the Central Spiritual

Civilization Construction Committee Office and included in the National Urban Degree of Civilization Index Evaluation System. In accordance with the four requirements— "fixed place, regular events, normative process, strong ethical and cultural atmosphere", Chengdu Pubic Library carefully carries out demonstrative and universal morality promoting activities.

The activities of Moral Platform focus on enhancing the quality of public morality, with the theme of "learning from a moral model, striving to be good people", to vigorously carry forward the spirit of Lei Feng and Chinese traditional virtues. Highlighting value-oriented and inspiring forces and combining them with learning from Lei Feng activities, this has spread widely in communities, villages, schools, institutions, and enterprises. Seven kinds of Moral Platform were set up and experts and scholars at all levels were invited to tell ethical stories. The platform mobilized the public to talk about local good deeds and examined moral issues from multiple sides, effectively guiding the public to consciously become communicators and practitioners of moral fortitude, promoting righteousness and harmony in society.

Since July 2012, Moral Platform has held more than 40 lectures, attracting more than 10, 000 listeners and has made more than 500 on-site videos.

4. Other Lectures

(1) Academics Forum

During the Technology Festival in May 2005, Chengdu Pubic Library added Academics Forum, and invited Zhong Shan (academician of Chinese Academy of Engineering, expert on Guided Missile System Engineering, communication academician of International Academy of Astronautics) and Zhang Yuyan (deputy director of the Institute of Asia and the Pacific, Chinese Academy of Social Sciences, vice president of the Chinese Society of World Economy, vice president of the Asia Pacific Society of China, vice president of the Ameri-

can Economic Association of China, the former Chinese Consul-General in New York City) to give high-end reports, namely *The Cornerstone of Flying into Space* and *The Pattern of the World with Our Environmental Security*, which received a warm welcome and attracted more than 700 listeners. Taking this opportunity, over the next nine years, Chengdu Pubic Library invited more than 10 academicians to the lecture hall.

(2) Chengdu Platform

In 2005, Publicity Department of Chengdu and other relevant government departments cooperated with each other, together with Chengdu Pubic Library, organized a public lecture series called "Come Together, Chengdu Platform". From 2005 to 2007, 37 lectures delivered by directors of various sectors of government were held, intending to narrow the gap between the public and the government, and make the public objectively and comprehensively understand the functions and work of government departments. More people could understand the development ideas of Chengdu Municipal Government. The transparency of administrative work was increased and the comprehensive construction of a harmonious Chengdu was promoted. The lecture attracted many listeners and some of them attended the lectures with specific questions needed to be discussed. This activity created a smooth communication channel for citizens and gained praise from all sectors. There were no empty seats in the lectures and over ten thousand listeners attended the lectures.

(3) Weekend Concerts

In 2006, Chengdu Pubic Library held Friday music appreciation lectures. The activity was hosted by Chengdu Municipal Bureau of Culture, Chengdu Art Theater, and Chengdu Pubic Library, aiming to popularize musical knowledge. From March 31st to August 11th, 2006, a total of 20 concerts were held. Unlike other concerts, this activity sought to give an introduction to musical knowledge combined with live music. The concerts provided everything from a brief history of Chinese music and the development of Chinese musical instruments, to foreign music history and symphony. The audience not only enjoyed Chinese and foreign songs, but also learned about the history and development of various musical instruments, greatly enriching their knowledge of music appreciation. This activity attracted media attention, with Chengdu TV Channels 1 and 2, Sichuan TV, Chengdu Radio, etc.

broadcasting live or taped recordings of the activity, and *Chengdu Business Daily*, *Huaxi Metropolis Daily* and other printed media also covering it.

While organizing lecture events, Chengdu Pubic Library also recommends and submits a large amount of high-quality lecture information to the higher cultural sector, among which more than 70 kinds have been adopted by the National Center and the Sichuan Provincial Center for the National Cultural Information Resources Sharing Project. Chengdu Library's recordings of the lectures are available at any time through accessing the online "video channel" of Chengdu Pubic Library.

Section 2

Digital Library

Digital library construction has always been a focus in the work of Chengdu Pubic Library. So far, Chengdu Pubic Library has a total of five independent library domain sites: the main website, the sharing project in Chengdu Branch Center website, the Chengdu local literature website, the Shu Charm Chengdu Intangible Cultural Heritage Digital Museum, and the first, second and third Chengdu International Intangible Cultural Heritage Festival official websites. These websites form a featured digital library business system that both serves readers and passes on local culture.

1. Self-constructed Digital Resources

Chengdu Pubic Library has 18. 2TB of self-constructed digital resources, accounting for about one third of the total resources of electronic literature. In terms of the topics of the self-constructed resources, Chengdu Pubic Library focuses on Chengdu features and the practical value, especially on the construction of the local literature database, to fully embody the long and brilliant history of Bashu Culture.

(1) Shu Charm Chengdu Intangible Cultural Heritage Digital Museum

As a city with nearly 4, 800 years of civilized history and 2, 600 years of city construction, there are about 350 intangible cultural heritages passed on by previous Chengdu generations. These projects are dispersed throughout the region and a specific record and exhibition center is required. In 2005, the library began the construction of Chengdu Intangible Cultural Heritage Digital Museum. In April 2006, when the first national Cultural

Heritage Day came, the country's first intangible cultural heritage digital museum website was opened to the public.

The construction of Shu Charm Chengdu Intangible Cultural Heritage Digital Museum created three national firsts: the country's first regional digital museum with the theme of intangible cultural heritage protection, the country's first free intangible cultural heritage special website, the country's first public library that established a regional intangible cultural heritage list and multimedia database. Therefore, in 2009 Chengdu Pubic Library won the third "Ministry of Culture Innovation Award", being the first in Sichuan Province to receive this award for cultural innovation projects.

The database aims to rescue, record, protect, and inherit the intangible cultural heritage of Chengdu, taking into account the policies and regulations of national and local governments, protection achievements, news and academic research. It is divided into four part: Shu Charm, news, policies and regulations, intangible cultural heritage forum, and two special databases called Guqin Charm— "2006 Chengdu, China International Art Festival of Traditional Chinese Musical Instrument" (URL: http://www. ichchengdu. cn/immaterial/guqin/) and "Chinese Traditional Art Exhibition of Intangible Cultural Heritage" (URL: http://www. ichchengdu. cn/immaterial/web/webtranartex. aspx).

Shu Charm database uses a column format, providing information on more than 80 intangible cultural heritage projects in Chengdu that have been categorized into national, provincial, and municipal lists. Each project is recorded and displayed in the form of text, images, audio, video and other multimedia. Sichuan Opera, for example, is divided into performing arts, successors, opera actors, stage arts and technology, makeup, costumes, props, and Sichuan opera research sub-sections in the text records; in terms of film and television records, more than 80 Sichuan Opera performance videos have been collected, so the performances of many performing artists who are deceased are therefore retained; and in terms of the audio records, there are 236 Sichuan Opera recordings. These recordings are available to view online.

By 2014, Shu Charm—Chengdu Intangible Cultural Heritage Digital Museum had had more than 35, 000 entries in total, of which more than 15, 000 are text articles, more than 20, 000 are pictures, 369 are videos (lasting for 94 hours), 590 are audio files (lasting for 73 hours). In total the database capacity is 1000GB.

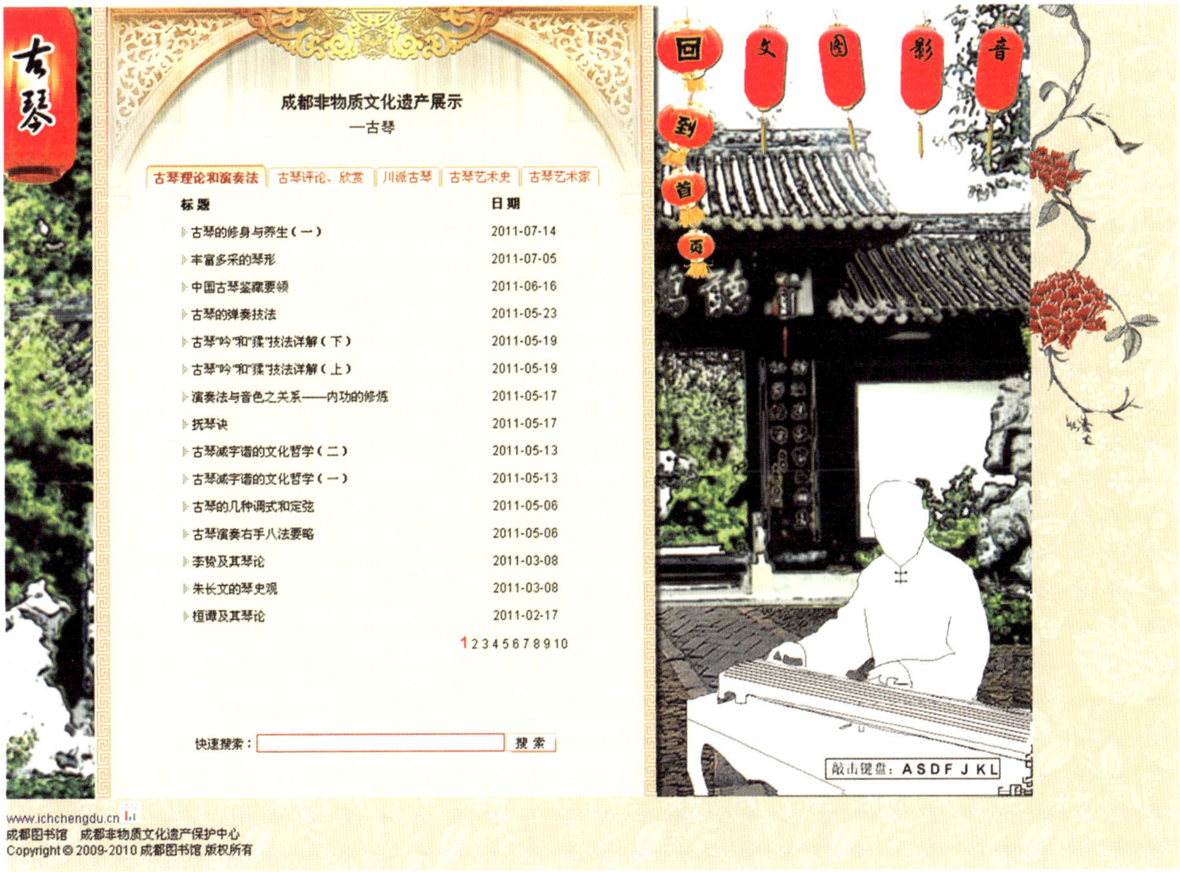

Since the opening of this site, there have been more than 400, 000 people from more than 40 countries or regions visiting the website. Text and video information of special program "Jinqianban" from *Exploring and Discovery* column of CCTV is also drawn from here. The website has also participated in the first, second and third "International Festival of Intangible Cultural Heritage, Chengdu, China", receiving praise from experts at home and abroad, and attracted all kinds of media attention from across the world. *China Culture News*, *Hong Kong Wenhui Newspaper* and Sina covered it extensively. URL: http://www.ichchengdu.cn/.

(2) Jincheng Platform—Video Services

The content of Jincheng Platform is composed of videos of "weekend public lectures" held by Chengdu Pubic Library, created independently by Chengdu Pubic Library in terms of processing, production, and screening. The videos have 11 series comprising more than 200 parts: art appreciation, famous reading classics, Jinsha Platform, national geography, health care, Chinese classics, modern women, parents' classroom, local classes, society construction, and parents' salon. URL: http://v.cdclib.org/.

(3) Chengdu Local Literature Website

The digital resources of this website cover a wide range of contents including history of Chengdu, culture and geography, folk customs, the new look of the old town, food tourism, economic regulations and so on. The "Tianfu Memory" gallery has collected more than 20, 000 pictures from the late Qing Dynasty to the present day, witnessing historical changes and contemporary achievements; the "Image Chengdu" video library contains various types of visual data on Chengdu, with over a hundred videos reflecting the history, culture, and customs of Chengdu; 21 "e-magazines" in the form of high-definition pictures, display collection with more than 3, 000 beautiful pictures. In addition, the website also has "The World and Chengdu", "Monthly Viewing", "Ancient Shu Civilization", "Old News of Chengdu", "Customs of Chengdu", "Sichuan Cuisine World", "Bashu Figures", "Tianfu Sites", "100 Towns in Chengdu", "Western Economy", "Laws", and "Knowledge of Chengdu", in total of 12 thematic text sub-databases, more than 22, 000 full-text data items, more than 60 million words. With the implementation of one-stop search, you can browse other aspects of the applications, such as information access, academic research and life guide. URL: http://www.cdclib.org/localdoc/.

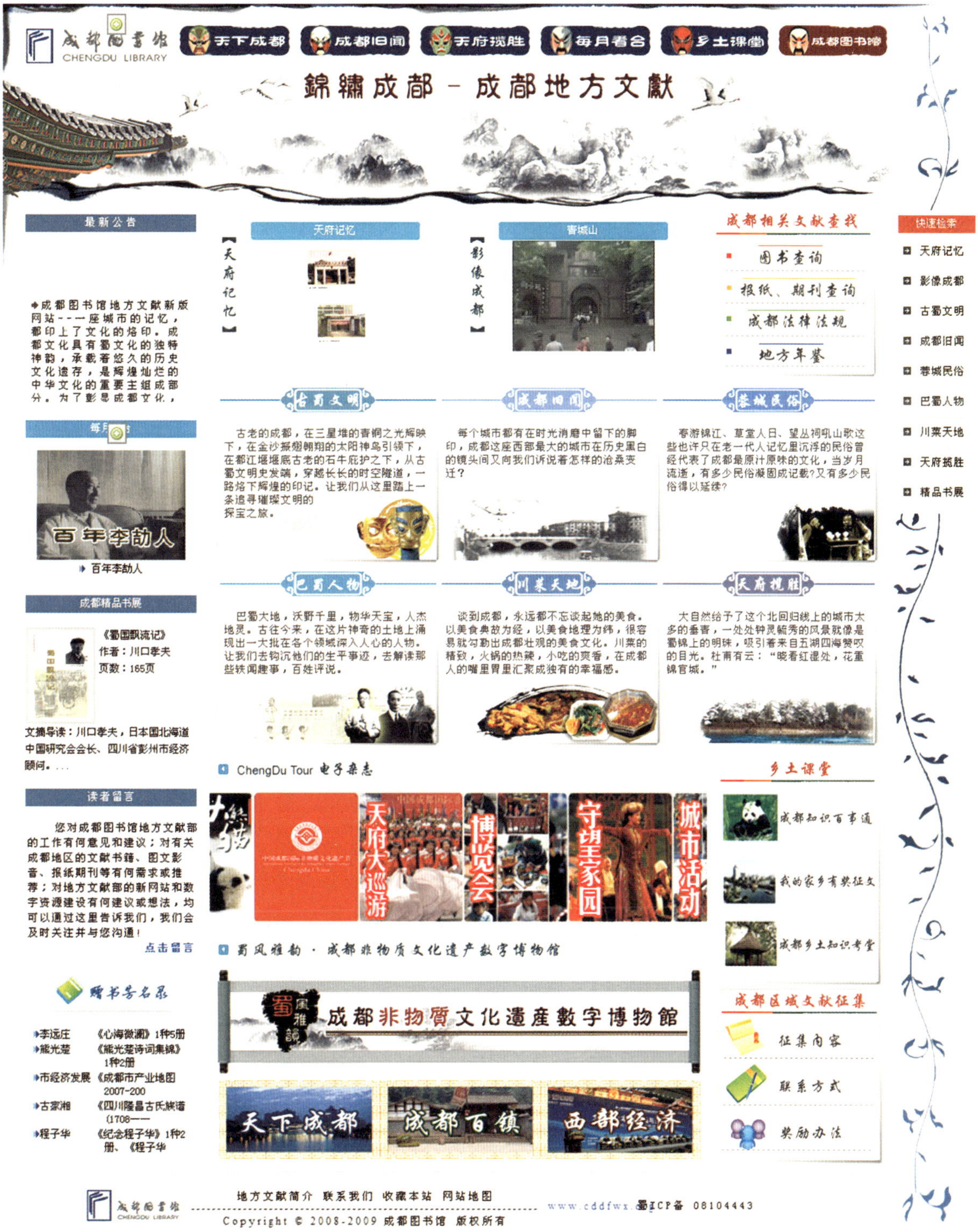

成都数字图书馆RAS远程访问系统
Chendu Library Digital Resource Remote Access System
全国文化信息资源共享工程成都支中心·数字资源
全部 图书 期刊 报纸 学位论文 会议论文 视频 更多
搜索
高级搜索 | 使用帮助
成图自建特色资源：
锦绣成都
成都地方文献专题网站
“锦绣成都——成都地方文献”专题数据库是成都图书馆地方文献部数字化资源展现的窗口，现有关于成都的文明历史、街头趣闻、民风民俗、旅游美食等方面的内容10000余篇，4194万3千余字，图片7000余幅。
视频频道
v.cdclib.org
锦城讲堂——成都图书馆数字图书馆视频频道用于展示我馆讲座的视频专题站点，这次上线的视频重点是我馆系列讲座的精选部分，涵盖了成图讲座、金沙讲坛、锦城讲堂三个阶段的讲座内容。
成图采购数字资源：
超星数字资源平台
目前我馆引进最新各类电子书1,000,181册，并与超星数字图书馆合作建立了成都图书馆地方文献库，其内容覆盖成都地方性的军事、语言文字、历史地理、医药卫生、经济、文学等12类638种书籍。
•超星数字图书馆
•超星读秀学术搜索
•超星学术视频
阅读器下载
apabi 阿帕比 数字资源平台
方正APABI提供的电子图书是出版社最新正版电子书。我馆目前拥有授权图书139,894种，258,319册；工具书253本；年鉴198种。
•Apabi电子书
•Apabi年鉴库
•Apabi工具书
阅读器下载
CNKI 期刊数据库
CNKI数字图书馆具有夯实的文献资源基础。我馆目前拥有中国期刊全文数据库24,098,188篇、中国重要会议论文全文共821,659篇、中国重要报纸全文数据库3,504,175篇、中国优秀硕士学位论文全文数据库339,873篇、中国博士学位论文全文数
•CNKI学术论著
•CNKI工具书（中小学版）
阅读器下载
万方数据库
万方数据镜像系统是综合利用万方数据资源和软件优势、新近推出的具有高附加值的产品。我馆目前拥有硕博学位论文全文809,235篇，会议论文全文225,453篇，数字期刊7,654,289篇，法律法规216,241部，农业视频927部。
•万方数据库资源
•万方视频
阅读器下载
龍源 期刊网
www.qikan.com
龙源期刊网，龙源电子期刊阅览室是以中国人文类大刊名刊为主要内容的期刊网络出版物，包含了1800种期刊，以整刊现刊的方式呈现给读者。
KUKE 库客 .com
库克音乐数字图书馆
国内唯一一家专注于非流行音乐发展的数字音乐图书馆，收藏了世界上98%的古典音乐，多个国家独具特色的民族风情音乐……
•KUKE音乐图书馆
•KUKE在线直播
•KUKE视频图书馆
•KUKE有声读物
DigiBook
点点电子漫画馆
《点点书库》是由上海点击书公司研发生产的数字动漫平台&书库，是在拥有的大量正版漫画的基础上所打造的全新产品。目前已收录有玉皇朝、讲谈社、蔡志忠、小樱桃等众多出版社的独家电子版权，内容包括漫画书、绘本等，弥补了电子书籍市场缺乏优质正版漫画的空白，丰富了电子阅览室的内容呈现。
新东方
New Oriental
新东方多媒体学习库内容包括了学习资源中心，学习应用中心、学习服务，涵盖了少儿英语、实践英语、成人英语，职业认证与考试类课程。
Cinfo.cc
全国电子报纸搜索引擎库
省事、省力、省心、省钱
服务内容
提供600余份电子报纸全文索引查询
提供更全面的媒体舆情监测，涵盖报纸、网络、电视及社会化媒体资源
蔚秀报告厅
WEI XIU BAO GAO TING
蔚秀报告厅使用了大量先进、酷炫的动态效果，您的浏览器版本过低无法支持！推荐您使用以下最新浏览器访问我们，以获得完整、良好的体验。
乐享亲子园
育儿、早教、亲子
卡通故事，培养孩子注意观察生活的能力以及良好的生活习惯。
e线图情
面向图情界、图情理论界、图情教学界、图情协会界以及图情企业界和个人提供集数据库服务、深度研究、专业咨询于一体的专业网站
试用资源
《贝贝国学》启蒙教育数据库
《贝贝英语》数据库
Copyright © 2009-2013 成都图书馆&全国文化信息资源共享工程成都市支中心 版权所有 地址：成都市文翁路98号
联系电话：028-86129091 免责申明

2. Outsourcing Resources

Chengdu Pubic Library uses the remote access system of digital resources ("RAS" for short) as a more convenient means to provide free reading across a broader range of time and space. Readers who have a library card of Chengdu Pubic Library can log on the official website of Chengdu Pubic Library www. cdclib. org in the office or at home, and in accordance with the relevant instructions download RAS and related reader, after which they can freely use all electronic resources that the library has purchased. At present, the total amount of digital resources that can be used totals nearly 90 million copies (articles). The resources available are as follows.

(1) Superstar EBooks

There are more than 1100, 000 ebooks covering politics, law, literature, art and other areas. Superstar Academic Video has 3, 866 teaching and lecturing videos featuring well-known experts, scholars, and academic authorities.

(2) Founder Apabi EBooks

There are over 330, 000 copies of ebooks provided by Founder Electronics Co. , Ltd.

(3) CNKI Journals

There are 1. 7 million dissertations of Chinese PhDs. and masters in a full text database since 1978, full text of China's academic journals, full text of China's major newspapers, and full text papers of China's important conferences. It provides more than 60 million articles in 8, 200 kinds of Chinese periodicals since 1994.

(4) Wanfang Data

There are 20. 9 million academic journal articles, 1, 430, 000 dissertations of masters and PhDs, conference papers, scientific and technological achievements, policies and regulations, and other sub-databases, with a total of 25, 400, 000 copies.

(5) Longyuan Digital Journal

There are around 2, 500 kinds of integrated digital humanities journals online.

(6) New Oriental Multimedia Learning Library

There is a center of learning resources, a center of learning applications and learning services, covering children's English, practical English, adult English and other professional certification and exams of 8, 484 courses.

(7) Diandian Library

It is compatible with pictures, video, Flash and other formats of documents, providing a digital reading platform of comics for young users, including 5, 000 comic books, picture books and other books.

(8) Kuke Music Database

It provides online play and download of Western classical music, Chinese classical music, folk music, light music, children's music, classic songs and dance music with a total resource of 600, 000 songs.

(9) National Electronic Newspaper Search Engine Library

It provides more than 600 full-text indexes of electronic newspapers, covering newspapers, the Internet, television, social media and other resources.

(10) Wei Xiu Auditorium

It uses a new digital learning community model, and offers a variety of high-quality video lectures given by experts from universities and research institutions, covering life, learning, research and other fields.

(11) E-Library and Information

Facing the theory, education, specialty, associations and the related business of Library and Information Science, it provides a professional website that includes database services, in-depth research, and professional advice.

3. Service Model

Chengdu Pubic Library fulfills its duty as the regional central library and guarantees the digital library extension project, the plan of construction of the public electronic reading

room, cultural sharing and other key national cultural projects. Since 2006, Chengdu Pubic Library has offered remote digital resources freely to readers, and currently resources that can be used by readers account for 93. 8% of all resources. Meanwhile, Chengdu Pubic Library cooperates with the Party Member Distant Education Network of Organization Department of the Communist Party of China, and has established a distance education digital library for the Party members of Chengdu, serving more than 600, 000 Party members. In recent years, Chengdu Pubic Library has introduced a variety of digital library information technologies. The major service modes are as follows.

(1) RFID Library Self-circulation System

The RFID self-circulation system has been introduced into the digital library upgrade program and after using the system readers are able to accurately locate the position of the books on the shelf and floor through the OPAC, completing the circulation of books without help from librarians. Librarians can use the book trolley, so that the books are in order, minimizing the difficulty of sorting shelves.

(2) 24-Hour Neighborhood Library

24-hour neighborhood library is an intelligent piece of reader service equipment, which has the function of self-borrowing, automatically returning the books to the bookshelf, automatically checking and so on. Users can borrow and return books without time limit, which is a practice of the 24-hour library concept.

(3) Mobile Library Reading Machines

Card holders of Chengdu Pubic Library may use the Superstar mobile library service system. After downloading the "Superstar Mobile Library" program from the App Store or Android Market, readers can browse or download e-books and newspapers through the Mobile Library Reading machines. Besides, they can also use the Library Catalog Search and gain educational resources like public classes and so on.

Section 3

Literature Circulation

Currently, Chengdu Pubic Library has 1, 230 reading seats and opens for 365 days a year and over 80 hours a week with all library resources and a variety of activities available to readers free of charge and "zero threshold".

1. Circulation Service

According to the "integration of borrowing and reading" principle, each lending and reading area of Chengdu Pubic Library is equipped with a modern self-help book inquiry and positioning system, a self-help book disinfection cabinet, a self-check machine and so on, which has improved the management and service efficiency. The library has seven self-circulation machines inside and five 24-hour neighborhood libraries outside. In 2014, Chengdu Pubic Library received 1. 5 million readers with books circulated 2. 3 million times.

Chengdu Pubic Library provides readers with a "new book ordering" service. Readers can notify librarians of the book they want to read, and the librarians help them to locate it. If the item is temporarily unavailable then the message will be transferred to the Purchasing Department, which will inform the readers after it has been purchased. In 2014, Chengdu Pubic Library put the service on the network, and the readers can now use the "new book ordering" service through the official microblog account. Chengdu Pubic Library defined the "frontier" in Sina and Tencent official microblog, and readers simply need to leave the name and author of their "most-anticipated book", or post the cover image, and tag the post "@ Chengdu Pubic Library", and they then have priority to borrow the book. Librarians will quickly find the books and inform them.

2. Reading Service

Chengdu Pubic Library offers book reading services to all readers. 1. 2 million Chinese and foreign language books, thousands of newspapers and magazines in multiple reading are as well as open freely to all readers, and laptop power supplies are offered, as are wireless LAN, drinking fountains and other facilities. Self-study seats are available throughout the library and readers can sit down and read anywhere.

Ancient books, reference books and local literature are mainly for academic researchers. Given the long history and rarity of this literature, generally the library only provides internal reading, and readers can, based on their own needs, obtain contents by copying, scanning or photographing the documents.

In 2006, the library built the longest street newspaper gallery in Chengdu city. It is located outside Chengdu Pubic Library and consists of 14 glass shelves, each of them is three meters long. The newspaper gallery displays all local newspapers. The newspapers are updated at 8: 30 a. m. every day and the gallery has become a convenient and quick way to get news for the citizens.

Section 4

Local Literature

1. Literature Collection

Chengdu library has local literature from within the jurisdiction of the nine districts of Chengdu and the high-tech zone and Tianfu New Area, as well as 6 counties, 4 cities, and also various types of literature reflecting the situation in Sichuan Province. This literature includes books and magazines, manuscripts of picture albums, photos, graphics, as well as audio-visual materials that reflect the Chengdu region, covering politics, economy, society, history, geography, customs, culture, education and health, celebrities, monuments and sites.

1) Newly issued provincial, municipal, district and county chronicles (including local history, professional chronicles, industry chronicles) since the establishment of PRC, and a variety of thematic information when the chronicles were compiled.

2) Various books, newspapers and audio-visual materials about Chengdu published in the region.

3) Materials such as monographs, memorabilia, statistics, annual reports, picture albums, literature, business directories, and premium product catalogs related to Chengdu's politics, economy, society, history, geography, science, health and cultural attractions that are published at home and abroad.

4) Works, biographies, chronicles, handwriting manuscripts, pictures, and other written information about the study comments of celebrities that were born in Chengdu or

once lived in Chengdu or had a significant impact in Chengdu.

5) Various reference books and genealogical information that have local literature effectiveness.

6) Unpublished documents from Chengdu's government agencies, enterprises and institutions that are used for internal communication.

7) Texts, photos, commemorative albums, and audio-visual materials about big events held in Chengdu.

8) Informally published books and audio-visual materials in Chengdu region.

Chengdu Pubic Library has launched a long-term local literature collection work, and encouraged institutions, organizations and individuals to donate the results of their compilation or local literature to the library, into the local literature collection. Chengdu Chorography Compilation Committee, Research Office of CPC History of Chengdu Municipal Party Committee of the the Communist Party of China, Chengdu Archives and other institutions, as well as famous writers Ba Jin, Liu Shahe, Wang Meng, Gao Ying, translator Tian Dawei, Sichuan Opera writer Xu Fen, etc. have presented their own books and materials. Chengdu Pubic Library advocates sharing and exchange of resources by local literary figures. Good collection channels ensure that Chengdu Library's local literature collection increases steadily, and readers can now easily gain access to local literature in Chengdu.

2. Literature Service

Local literature services of Chengdu Pubic Library include books, journals, newspapers consulting, and scan and copy services.

Special display racks are set for local history and almanacs, all open-shelf, and readers may inquire via OPAC and then directly gain access to the book. If the readers don't know the position of the desired book, librarians will provide assistance.

Local literature journals and newspapers services are closed stacked. Librarians will select journals according to the needs of readers. Readers can also log on to Chengdu Library's "Splendid Chengdu" local literature database and CNKI database to inquire. Newspapers are divided into three levels according to the publication date: up to 20 years old, 21 to 30 years old, more than 30 years old. Readers may also provide the exact date, and librarians will locate the issue for them. Readers can also get access to the electronic edition of contemporary local newspapers through the National Newspaper Index, and obtain the required newspaper through the database.

Readers can use phone, e-mail, microblog and other means to inquire about their required documents. Services of the local literature department include free searching and project documentation. Searching tasks from common readers are few, and after librarians have found the books and periodicals they will transfer the information free of charge in accordance with the contact information of the reader through the network. For the large demand from the professional users, both parties will negotiate and sign the service contract and arrange special employees to provide services.

The local literature department is equipped with digital cameras, scanners and copiers to provide document copying services for readers, and scanning or copying fees are charged in accordance with the price audited by the Price Bureau of Chengdu. Readers can bring their own cameras to copy documents free of charge. Librarians, however, will remind readers of respecting copyright and flashlights should not be used on old documents.

3. Social Service

Chengdu Pubic Library is the first place for citizens to find Chengdu's local literature, with an annual readership of about 20, 000 people. Chronicles, yearbooks, and newspapers are the most popular materials amongst readers, and various books reflecting the history, culture, folklore of Chengdu are also popular. *Looking Through Chengdu* written by Fu Chongju from the late Qing Dynasty, the famous Bashu culture scholar Yuan Tingdong's book *Chengdu Streets Records* and other books are popular. The newspaper reading service is also a heavily used service, and usually there are readers consulting the relevant information by telephone or microblog. Older readers love old newspapers, with full-page historical information bringing back memories of their youth.

Departments of government, media, businesses are the centers of local literature services. The local literature department often provides local literature services for the Chengdu Municipal Statistics Bureau, Chengdu Municipal Bureau of Culture, Chengdu Municipal Archives Bureau and other government departments. The library and Chengdu Municipal Archives Bureau, Chengdu Municipal Bureau of Press, Publication, Radio, Film and Television together carry out a number of collaborations, and also provide the Propaganda Department of the Chengdu Municipal Party Committee with editorial services of the internal reference *Dynamic Newspapers*.

Section 5

Reference Service

The Reference Service Area of Chengdu Pubic Library (containing the government information disclosure query spot of Chengdu Pubic Library) has 10 seats and 5 computers for readers. Librarians rely on the rich collection of paper resources and massive digital resources to provide face to face counseling services for the readers, including thematic searching, fact inquiry, inter-library borrowing, and project acceptance and so on. The primary service is on the spot, while a virtual reference service is also provided. Through telephone consultation, e-mail, real-time communication software, and online joint reference and document delivery networks, efficient and convenient reference services for readers outside the library are provided.

1. Service Model

Reference services of Chengdu Pubic Library are mainly delivered through the following methods.

1) Through a variety of digital information resources within the database, the library provides reference services and forms a comprehensive information offering capability such as online literature search, full text retrieval, delivery and collection of copies and original documents, which provides necessary information in a timely manner for the user.

2) The library uses Internet search engines, such as Baidu, Google, etc. to rapidly provide direct information resource for those who need information. According to the literature resource clues provided by the users, the information service librarians will use the Internet to search the information. After the confirmation of authenticity, accuracy and

completeness, the librarians will transfer the information to the users.

3) The library establishes partnerships with domestic public libraries and university libraries to carry out inter-library borrowing service. Through a joint bibliography, inter-library borrowing and other collaborative coordination the library achieves resource sharing within the region, providing users with access to Chengdu Library's scarce resources and improving the level of service.

2. Service Object

Reference and decision-making consultancy of Chengdu Pubic Library mainly serves three purposes.

(1) To provide information service for social management decisions

Chengdu Pubic Library and the relevant municipal government departments have established a two-way flow mechanism of information sharing to ensure that the library knows about the information needs of the government in time, and through the development of personalized information products it provides professional information services to aid government decision-making. For instance, during the "two sessions" in Chengdu, the library provided deputies and CPPCC members with related materials, concerning the city's social development. Chengdu Pubic Library issued a "card" to government staff, which allows them to have direct access to all library databases via the Internet, including e-books, e-journals, e-newspapers, e-papers and so on.

(2) To provide reference service for scientific research institutions and enterprises

Chengdu Pubic Library puts lots of efforts to provide a variety of thematic information services for economic and social development, and according to users' demands, the library uses its resources and network shared resources to provide professional information services for scientific research institutions and enterprises. The library has prepared the *International Intangible Cultural Heritage Album*, *Agricultural Science and Technology Information Album*,

Friends of Migrant Workers and other thematic information resources. Chengdu Pubic Library and the Chengdu Municipal Science and Technology Bureau signed the *Units cooperation agreement* of *Chengdu service platform resource of technology application and innovation*, and made efforts to integrate science and technology information resources in Chengdu and built an innovative technology information service chain, which provides information resources support for innovative and entrepreneurial practice. Chengdu Pubic Library signed a long-term cooperation agreement with Guangzhou Times Viewpoint Information Services Co., Ltd. and Beijing Wenxin Zhiyuan Information Technology Co., Ltd. respectively regarding clipping services and providing thematic information services.

(3) To provide information search services for the public

Chengdu Pubic Library, according to the reader's information needs, provides project service, clipping service, consulting service and other services of different levels. The library uses the "The National Library Reference Consultation League", through passing online text, email, online real-time answers and other methods to provide readers around the country with free reference services. The library receives readers' consulting all over the country thousands of times a year, the content of which includes e-books, journal articles, dissertations, patent documents, and various standards. In addition, focusing on public awareness, Chengdu Pubic Library issues thematic materials from time to time for the public and distributes them freely at the library, and in neighborhoods and communities.

3. Public Government Information Inquiry

In order to facilitate the public to inquire about public government information, Chengdu Pubic Library has established a public government information inquiry department, and there is a dedicated reference librarian responsible for inquiry reception. Users can use phone, fax, mail, etc., through the service projects such as hot line, correspondence inquiries, Internet inquiries, commissions and other services to obtain the needed information.

Section 6

Service for Special Groups

1. Service for Children

Chengdu Library's reading area for children has a collection of 30, 000 books. In 2014, children's books were borrowed 19, 175 times, 38, 780 times in circulation. The electronic reading area opened up a "children's green online space". With 30 computers and managment staff providing Internet assistance, it shields undesirable contents and information and has become the first "children's green online space" in Chengdu. The library's website also features a "science window for young children" column, which uses the network to transfer useful knowledge to children.

2. Service for Disabled Readers

Vulnerable groups in society are the focus of attention of the public library service and the service for the disabled is particularly important. Chengdu Pubic Library instills love, care, and perseverance to its for service work for disabled readers, and offers a variety of facilities for disabled readers. First, there are priority services. The library opens up a "green channel" for handicapped readers and gives priority to them in all matters. Second, there are convenient services. The library organizes volunteers to send books home for disabled readers and at the same time opens the telephone renewal service and online renewal service. Third, the library purchases special equipment for blind readers, such as providing listening machines for the blind and other free services, so that they can share the fruits of development of modern science and technology. By the end of 2014, Chengdu Pubic Library had had a collection of more than 600 Braille books and more than 70 Braille audio-books, set up 8 dedicated reading seats and 2 specific computers equipped with voice software for the blind, as well as equipment for the blind to listen to the content of the book.

Chengdu Pubic Library proactively extends the carriers of services for disabled readers. First, training and coaching. In cooperation with the city's Association for the Blind, the library held lectures in the reading room for blind readers. It also helps blind readers use specialized software and learn to read Braille paper books. Second, recommendation of some particular theme books, and those books that can broaden the horizon and are beneficial to both physical and psychological health are highly recommended. Therefore, the disa-

bled readers can increase their knowledge and improve themselves through reading. Third, supported by the digital library platform of China Braille Library, Chengdu Pubic Library promotes digital library services for the blind. In July 2014, Chengdu Pubic Library signed a cooperation agreement with China Braille Library to build the Chengdu Branch for China Braille Library, gaining 200 blind digital resource cards and 200 Braille books in circulation. Thus the blind readers can get all digital resources from China Braille Library.

Chengdu Pubic Library has also extended the service for disabled readers to district (city) and county libraries. The city's 21 public libraries (including the high-tech zones) have set up Braille reading rooms, with a total of 8, 000 volumes of books in Braille. All the libraries have generally constructed barrier-free access, such as installing disabled facilities.

3. Service for Migrant Workers

Chengdu Pubic Library attaches importance to services for migrant workers, and makes efforts to expand service coverage, and the services are closer to the specific needs.

1) Chengdu Pubic Library first focuses on eliminating barriers of accessing knowledge for migrant workers. This group has poor awareness of using the public library, therefore, the library uses a variety of methods such as newspapers, brochures, and network to promote public library services and attract migrant workers to understand the library. The library also helps them learn to use the library via on-site seminars and other methods.

2) Chengdu Pubic Library has established 21 branch libraries in the region where the migrant workers congregate, 3 branch libraries in schools for children of migrant workers. In the first half of 2014, another branch library was built in Foxconn (Chengdu) Co., Ltd., in which there are many migrant workers. Besides, the library has also held lectures in communities where most migrant workers live and issued library cards on site, and provided information consulting services.

3) Chengdu Pubic Library held various forms of training to help migrant workers integrate into city life. By understanding the development needs of migrant workers, Chengdu Pubic Library and the branch libraries compiled information on various topics to provide a timely service to meet their development needs and recommended books to their interest. For the situation that migrant workers have problems adapting to urban lifestyles, the library has held lectures on city management and social legal system to raise the legal system consciousness of migrant workers.

4) While establishing the physical branch library, Chengdu Pubic Library introduces a variety of digital resource services to open digital library services for migrant workers. In the branch library, they can not only watch movies and read novels, but also learn machine repairing, appliance repairing, residential decoration, hairdressing and beauty, tailoring, catering services, flower culture, housekeeping and so on to acquire skills, therefore they can increase their employment opportunities and quickly integrate into city life.

Section 7

Film Screening and Exhibition

1. Film Screening

Chengdu Pubic Library has a social education function and is concerned with the development needs of minors. It has held "Science Films Screenings" activities during the annual summer and winter vacations, which has culturally enriched minors' holiday life.

From 2011 to 2014, Chengdu Pubic Library screened a total of 176 science films for young readers, and a total of 10, 571 audience attended.

The "Science Films Screenings" covers a wide range of topics. Librarians carefully select the films on show. Take the documentaries as an example, there are outstanding films shot by the Chinese National Geographic Channel, the BBC Discovery Channel and so on. Young people can understand customs from around the world and get in touch with the latest achievements of modern science and technology, experience the charm of the natural world, and build scientific values of the harmonious development of man and nature.

While showing the science documentaries, the library also screens some youth films and humorous films appropriately to transfer cultural and historical knowledge as well as increase the cohesion of screening activities.

2. Public Exhibition

Since 2005, Chengdu Pubic Library has held more than 200 public exhibitions, with a total audience of 852, 000 people. The exhibition themes are diverse, such as photography, art pictures, cultural relics, famous paintings, film posters and new book exhibitions.

In 2009, Chengdu Pubic Library cooperated with Shanghai Library and joined the national exhibition tour. In August and October 2009, together with Shanghai Library, it organized *Photographic Exhibition of Chinese Writers* and "*The Delights of Reading*" *Exhibition of Outstanding Works of National Photography Competition.* In September 2011, the library held the itinerant exhibition of *Macau Cultural Treasures—Photography of Historical District.*

In April 2010, Chengdu Pubic Library and Chongqing Library jointly organized the *Colorful Bonds—Photography Exhibition of Smooth-traffic Chongqing*, and showed Chongqing's achievements in planning and construction of urban rail transit system, interchange nodes, bridges, air shipping, ports, rail and road over nearly 60 years. In November 2010, Chengdu Pubic Library, Sichuan Library and National Library jointly organized the *Phoenix Nirvana · Pain and Revitalization—Photographic Exhibition of Tangshan from the View of Chinese and Foreign Photographers*. In November 2011, Chengdu Pubic Library jointly organized the *Reading in Heaven* traveling exhibition with Hangzhou Library.

With the constant enriching of the cultural needs of the public, and the improvement of their ability to appreciate art, Chengdu Pubic Library and the community jointly organized a number of exhibitions.

In May 2010, Chengdu Pubic Library and EMEIDY. com jointly organized the *Poster Exhibition of Outstanding Films.* The items were posters for children's familiar cartoons, such as *Black Cat Detective*, *Pleasant Goat and Big Big Wolf*, *McDull Kung Fu Kindergarten*, *Astro Boy*, *Magic Teenager*, *Detective Conan*, *Bridge to Terabithia*, *Doraemon Collection* and so on.

In March 2012, Sichuan Xu Beihong and Zhang Daqian Academy of Art held a *Painting Exhibition* in Chengdu Pubic Library, which showed a number of outstanding art works form Sichuan's young artists and expanded the social influence of contemporary painting in Bashu culture.

Since 2005, Chengdu Pubic Library has cooperated with the local Senior Photographic Association and organized a number of thematic photographic exhibitions, such as the *Portrait Photography Exhibition*, *The Old Enjoying Their Life Photography Exhibition*, *Life Review Photography Exhibition*, *Mr. Song Guohuai's Egret Thematic Photography Exhibition Series in Chengdu*, "*City in the Field*, *the Field in the City*" *Photography Exhibition* and *Urban Landscape Photography Exhibition.*

Chengdu Pubic Library also extended its exhibition to international cultural cooperation. It successively cooperated with the Consulate General of the United States in Chengdu, the Consulate General of the Federal Republic of Germany in Chengdu, the Consulate General of the Republic of France in Chengdu, the Consulate General of Israel in Chengdu, the Goethe Institut and held exhibitions such as the illustration exhibition *Norman Rockaway's America*, the picture exhibition *UNESCO World Heritage in the Upper Middle Rhine Valley*, *Exhibition on the History of Israel-China Friendly Exchanges*, the exhibition *Identity and the America Scenery—Works Exhibition of Ethnic Chinese Photographer Wing Young Huie*, the poster exhibition *NICHTS IST ERLEDIGT*, the exhibition 2012—2013 *PREISTRAGER DES DEUTSCHEN FOTOBUCHPREISES* and so on.

In 2006, Chengdu Pubic Library built the online digital exhibition space. Since then, users have been able to remotely get access to the exhibitions in Chengdu Pubic Library, and enjoy views from all over the world without leaving home.

In 2012, Chengdu Pubic Library developed a professional exhibition space of nearly 400 square meters, with the professional exhibition line being nearly 100 meters.

Section 8

Journal and Microblog of Chengdu Pubic Library

1. The Library Publication

Public libraries have a bounden duty of the promotion of nationwide reading. Reading promotion is designed to attract people who are outside the library with no time or no inclination to read, to start to pay attention to reading. To this end, Chengdu Pubic Library published the literary journal *Joyful Reading*.

In October 2011, the bimonthly journal *Joyful Reading* was published. Now it is issued on 1st of each odd month, and by the end of January 2015 it had reached 20 volumes.

Joyful Reading embodies the "reader-oriented, people-oriented" concept. The published articles are mainly from the readers, including book reviews, life apperception, life experiences and other kinds of articles, and there is no restriction on the forms of literature: jottings, prose, fiction, poetry and so on. Whether literally beautiful or coarse, deep in thought or shallow, the standard of publication is whether there is genuine feeling. In *Joyful Reading*, there are few famous features or academic topics, and most of the contents are works from ordinary readers. It aims at offering a reading and writing communication platform for sharing. With the editorial activities adopting the mantra "You decide my journal", the editing principle changes from "what to show readers" to "what the readers want to read" and requires the articles to be "written by readers". The articles in *Joyful Reading* are no more than 1, 500 words, approximately equivalent to the words in a high school students' composition. Each journal contains about 10 articles, or around 40 pages, which is a veritable "pocket book". The short and rich articles are suitable for all ages, and can be read at different times, and in a variety of scenarios, which conforms to contemporary micro-reading trends. *Joyful Reading* deliberately creates a very comfortable atmosphere for reading—open this book, no background, no sentiment, or even no accumulation of reading experience is required. What we pursue is the reading pattern that shows reality.

Joyful Reading shapes a virtuous cycle of "writing—reading—rewriting—re-reading" between the reader and the journal. For those who know about Chengdu Pubic Library and like reading, it is a pamphlet written by local people around them; for those who have never been to Chengdu Pubic Library and don't have reading habits, it is a platform that one can speak freely without being overly picky. The free subscription model has maximized the potential readership of it. With the enthusiastic atmosphere of participation, *Joyful Reading* has become a cultural bond for citizens, which draws potential reading groups' attention to the library and becomes a force of reading promotion.

2. Microblog

In February 2011, Chengdu Pubic Library founded its official microblog, which is divided into four blocks including daily news, cultural knowledge, book recommendation, and public lectures. It issued 20 blogs every day. The issuing amount was ranked No. 4 amongst microblogs of national public libraries, and then decreased to one blog every day. In August 2013, Chengdu Pubic Library re-established the microblog team and enacted *Microblog Promotion Management Plan of Chengdu Pubic Library* and *Official Microblogging Incentive Plan of Chengdu Pubic Library*, and a standardized management system was formed.

After the reorganization, Chengdu Pubic Library microblog adopted the principle of "communicating, sharing and creating space for the third cultural space" and the concept of "sincere, professional, positive, creative and humane" . It collected the microblog content of the library departments, and unified the issuing by one office, publishing about four to five microblogs every day. Fixed columns are: Blending Good Books, New Books, Jincheng Platform, Under the Ginkgo Tree, Sunshine Classroom, Library Collection, Chengdu Punch Shell, Tutu Cuisine, Tutu School, Classic Micro-reading, Ancient Treasure Hunt, Library in Films, Touch ABC, Digital Age, etc. The microblog team pays attention to the responses of web users and makes additions, deletions, replacements, or adjustments to columns and contents accordingly.

In addition to the routine maintenance of the microblogging service, every two months the library organizes a microblog activity planned and promoted by the team members of different departments. In September 2013, the first activity "24 hours 'micro' view of library sharing the happiness of reading—Chengdu Pubic Library 'microblog day'" was held. It contained an activity— "Follow & Repost" the microblog and you'll get a gift, a micro survey— "What are your favorite sections of our microblogs?", micro events— "several reasons to fall in love with the library". This activity was simultaneously proceeded both in the hall of the first floor of the library and through Sina and Tencent microblogs. The library staff placed posters and official microblog activities QR codes in the hall, newspaper stands, consulting desks, service windows of the first floor of the library and digital library homepage so that readers can scan at any time to participate in activities. On that day, microblog fans of Chengdu Pubic Library grew by more than 200, with nearly 200 replies. Later we held many activities such as "Show your favourate books—Book Review Contest", "Reading is everywhere—Snapshot", "All requests for good books will be granted: an advanced position", "Pleasure Reading goes with Growth", "Showing My Precious Books" and so on.

Microblogs on Chengdu's history and culture released by the library are not only citizens' favorites, but also have attracted attention, forwards and comments from "Chengdu Issued" (Chengdu People's Government Information Office), "Sichuan Issued" (Sichuan Provincial People's Government Information Office), "Sichuan Culture" (Sichuan Provincial Department of Culture) and other government agencies' microblogs. "Chengdu Issued" initiated discussions about cooperating on a "read everywhere" activity, which fulfilled a long-term desire for cooperation between the media, government and Chengdu Pubic Library. Its aim is "work together to mobilize Chengdu's cultural circles, unite people who love literature and form a group effect."

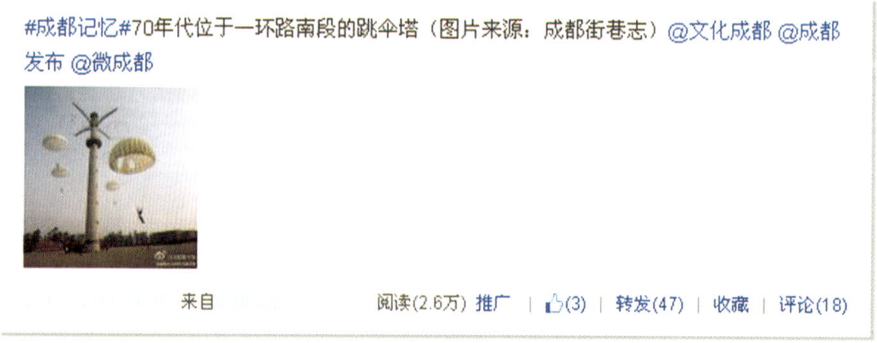

At present, Chengdu Pubic Library is applying for the "Wechat public platform" and trying to achieve a seamless integration of Chengdu Pubic Library and its digital library so that people can quickly and easily use library resources 24 hours every day, enjoying the "mobile library" service.

Section 9

International Cultural Cooperation

In 2006, Chengdu Pubic Library and Goethe-Institut Beijing set up the German Material Center to promote German teaching in China, so that German teachers and learners, as well as those who are interested in German culture can obtain the best German teaching materials, and to build channels to understand Germany and places of cultural exchange between China and Germany.

The German Material Center is divided into functional areas, such as multimedia study rooms and discussion boards, with 24 seats, and the Internet, multimedia and other equipment, so that the readers can learn comprehensively through computers, televisions, DVD players and VCRs. The website of Chengdu Pubic Library has set a German material area to provide readers with a remote service.

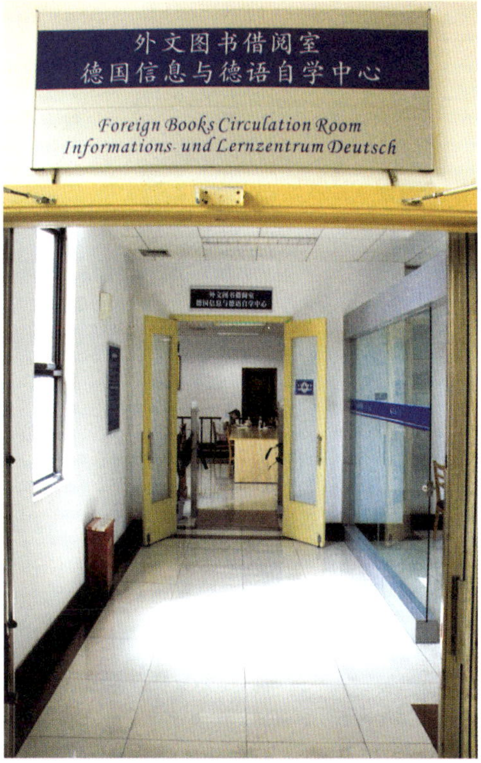

Since its opening, the German Material Center has organized more than 30 international cultural exchange activities, including exhibitions, parties, academic lectures, art performances and so on. For instance, in cooperation with the German Book Information Center it held the "Germany's most beautiful books exhibition"; in cooperation with Goethe-Institut Beijing it organized "the World

Language—Football" photography exhibition and book exhibition; together with the German Consulate, Goethe-Institut, and Department of Foreign and Overseas Chinese Affairs, Sichuan Provincial People's Government, it organized the "Pictures of Rhine Exhibition"; and with the German Academic Exchange Center of Beijing DAAD and Goethe-Institut Beijing, it organized the "German Higher Education Overview: Study in German" public lecture. It also organized the "German Themed Christmas Fraternity", "Approaching Goethe—in Memory of the 260 anniversary of birth of Goethe, the great poet and thinker of Germany", "poster exhibition of Klaus Staeck's works: NICHTS IST ERLEDIGT", "Theme Poster Exhibition of Stefan Koppelkamm's works: *Local Time*", "Manga & Co, Germany New Comic Art" theme posters exhibition and so on. These exhibitions have developed an international perspective for Chengdu people and promoted cultural exchange between China and Germany.

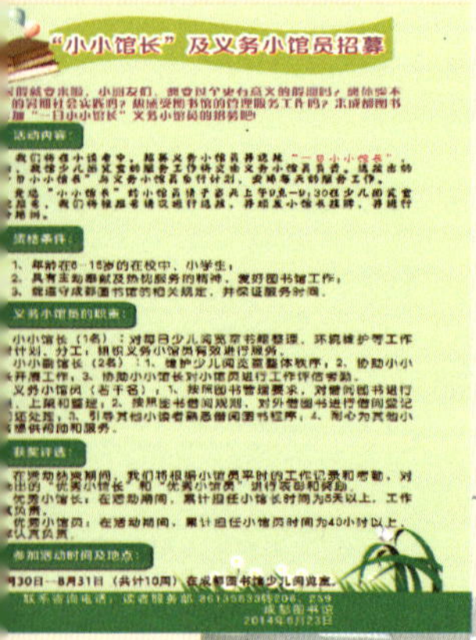
"小小馆长"及义务小馆员招募
2、具有主动奉献及热忱服务的精神，爱好图书馆工作；
3、能遵守成都图书馆的相关规定，并保证服务时间。

漂流书屋

06

Chapter 6

Featured Activities

Section 1

Sunshine Classroom

In 2005, Chengdu Pubic Library and Sunshine Reader Club of Chengdu Pubic Library co-sponsored the Sunshine Classroom activity, which was supported by a large number of caring people. The "Sunshine Classroom" is specially designed for minors with the aim of exploring children's talents, cultivating their interest in learning, and promoting their physical and mental development. The Sunshine Classroom is a combination of comprehensiveness, openness, diversity, and interactivity, and on a regular basis it holds various free activities. It also advocates the development of parent-child relationships, so that parents and children can cultivate their relationships through reading and recreation, learn together and grow together.

Instructors of Sunshine Classroom are volunteers from the community, including parents, teachers, college students, book club members, forum organizations, educational institutions and so on. Although called "classroom", it is not limited to the "one teacher for one course" traditional teaching model. Each course has a distinct theme: there is a course called Classical Music Appreciation which enables the kids to use their imagination—"Sunshine Psychological Education", the appreciation for classical music is presented in the form of painting; there is a course that teaches the kids traditional Chinese culture, such as ancient poetry, *Three Character Classics*, *Standards for being a Good Pupil and Child*; there is a course that enables kids to understand the charm and beauty of music while playing—Orff music teaching; there is a course that enhances social responsibility in kids—inviting disabled guests (giving calligraphy performances with their feet), motivating children to establish strong wills; there is a course that enables kids to learn by fun interactive games—Interesting English, Interesting Mathematics, Interesting Eloquence, Self-cultivation by practicing calligraphy; there is also a course that enhances communication and understanding between parents and children—parent-child reading, live version of parent-child education hotline, small hands holding large hands and other family activities. Every weekend, the Sunshine Classroom is full of children and parents' laughter.

In the Sunshine Classroom, parents can escape exhausting daily works, children can release their natural talent, and a new parent-child relationship is built step by step. By reading and playing together, parents fully understand children's mental state and personalities, and children gradually show their talent and cultivate curiosity and interest in life and the world. The Sunshine Classroom is a place for parents and children to grow together.

More than 650 Sunshine Classroom activities have been held since its establishment, with more than 10, 000 parents and young readers taking part. The Sunshine Classroom has become a brand of the children's reading promotional activities in Chengdu and one of the government's "livelihood projects".

Section 2

Drift Bookstores

In 2012, in order to commemorate its centennial celebration, Chengdu Pubic Library provided a new service—the Drift Bookstores. It adopted the motto "let books travel and open an aromatic journey of civilization", aiming at spreading the "trust and sharing" concept. Books in the Drift Bookstores can be borrowed without library cards or borrowing procedures.

In the book "drifting" activities, if the readers would like to share with others the books they appreciate, they just need to leave a drifting message in the book's title page. The staff will organize the books on the shelves and cover them with "Drifting Books of Chengdu Pubic Library" seal. Borrowers only need to register the name of the book and their name, contact information and other information on the register manual of drifting book, and then the book can be "drifted" into their own home. When it is time to return the book, the "drift friends" can also leave a message in the book's title page.

Since its opening, the number of books in the Drift Bookstores has increased from the original 310 books from the library to more than 3,000 books through spontaneous donations of readers.

Section 3

Young Volunteer Librarians

Volunteerism is an important part of public cultural services, and young volunteer groups have grown quickly in recent years, with more and more students becoming involved in various social practices during the holidays. Chengdu Pubic Library, as a social welfare and cultural institution, has become a popular choice for volunteer service activities.

In 2009, Chengdu Pubic Library initiated a "Young Volunteer Librarians" volunteer service activity. It recruited young volunteers during the summer and winter vacations, and organized enthusiastic children to be involved in the services and management of the library. In order to regulate the volunteer service, Chengdu Pubic Library enacted and gradually improved the *Cultural Volunteer Service Regulations of Chengdu Pubic Library*, *Recruiting System of Young Volunteer Librarians* and *Management Method of Young Volunteer Librarians*.

The library recruits young volunteer librarians aged from 6 to 18, i. e. students in primary and middle schools, as well as a few college students. Young volunteer librarians from 6 to 14 years old are principally engaged in book organization and reader's advisory work in the children's reading room, whereas young volunteer librarians from 15 to 18 years old are mainly engaged in book organization in the Chinese book borrowing room. According to their wishes, quality and expertise, they can switch positions.

Chengdu Pubic Library gives business training to volunteers who have passed the first interview and strives to combine their personal ability with the requirements of library services. Firstly, divided by age and educational level, the little volunteers get to know each other through a meet.

The job content and responsibilities are introduced to the volunteers. Next comes the practical training. Through independent learning, discussion, and imagining problems that may arise in service and the ways to cope with them, the volunteers will combine their enthusiasm with a sense of service. Finally they will receive systematic professional training. Regularly scheduled training classes of professional services will be held to help volunteers enhance their service capabilities and learn to make better use of the library.

Since the activities commenced, there have been more than 1,170 teen readers participating in the volunteer activities, with more than 200 volunteers receiving the "Outstanding Young Volunteer Librarian" honorary certificate issued by Chengdu Pubic Library. In 2012, the "Young Volunteer Librarian" activity was named as an "outstanding project of grassroots voluntary cultural service activities" by the Ministry of Culture.

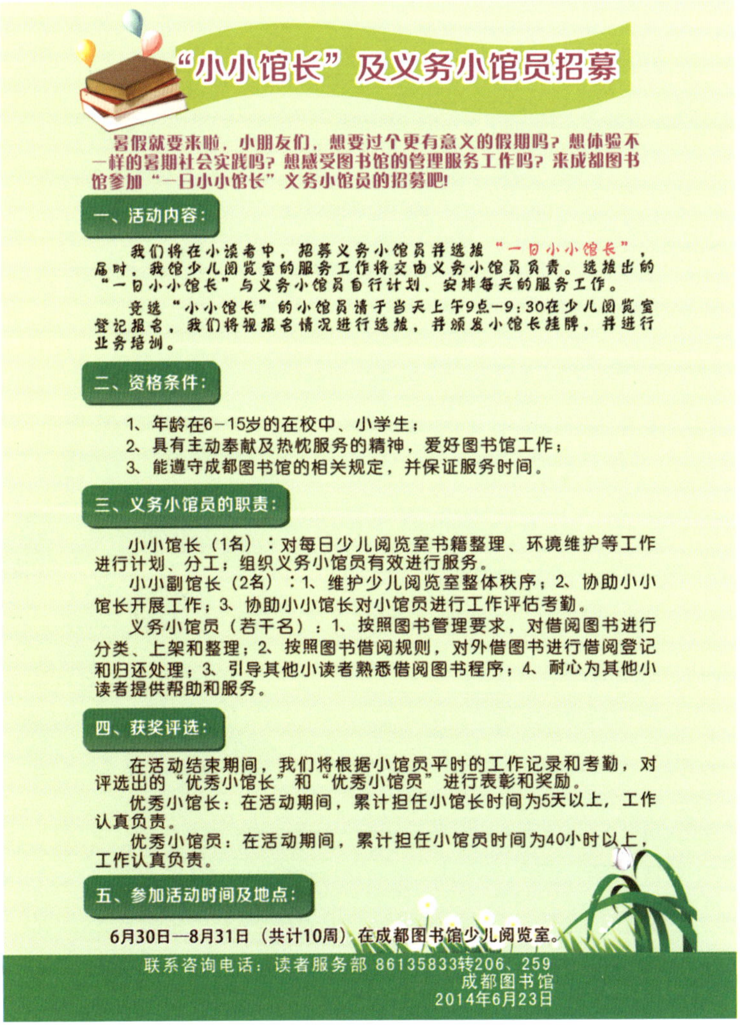

Section 4

Book Club and Reading Salon

To maximize the educational function of the library, Chengdu Pubic Library set up the "Sunshine Book Club" —an integrated platform consisting of reading exchange, listening and learning, information communication, interpersonal communication and mutual assistance activities, providing readers with extensive services. The library has dispatched experienced, outstanding librarians as its instructors, responsible for its management and guidance of its activities.

The Book Club follows the guiding principle of "reading good books, making good friends, enhancing wisdom, passing information". Librarians have motivated caring professionals to become cultural volunteers for the Book Club, who offer a variety of services to the readers. Therefore, the Book Club members are not only guests participating in the activities, but also the planners and perpetrators of reading activities.

Currently, the Book Club has nearly a hundred volunteers responsible for carrying out cultural activities for the readers and they bare responsibility for the planning and implementation of activities for their own interest groups. This not only solves the problem of shortage of manpower in the library, but also enriches readers' activities. Activities are generally organized on the basis of interest groups: salon lectures, receptions, tea parties, concerts, scene plays, interesting reading, walking tours and other reading activities. These activities can be held in Chengdu Pubic Library or in the community and district (city) and county libraries. There are also many outdoor activities which are flexible and diverse with rich contents and relevant to readers' lives.

The activity information of Chengdu Pubic Library is issued on the official website "Notice of Chengdu Pubic Library" and the "Sunshine Book Club" website (URL: http://www.cdclib.org/website/web/sunshine/clubnews.aspx), and on "Chengdu Sunshine Book Club Station" and "Sunshine Psychological Camp" QQ groups, Chengdu Pubic Library Sunshine Book Club Sina blog, (Sina, Tencent) official microblogs of Chengdu Pubic Library, attracting readers who are interested to take part in reading and interaction. Activities have been widely praised, and the QQ group has changed from the initial 100-people group to several 500-people groups or a thousand-people group. The Book Club has organized various activities on nearly a thousand occasions, with tens of thousands of people being involved in them. Reading in Chengdu Pubic Library or participating in activities of the Book Club have become fashionable pastimes in people's lives.

The activities of the Book Club have attracted the attention of district (city) and county libraries and the community, and through Chengdu Pubic Library they have copied this model. For instance, reading salons at Qingyang District Library, Wuhou District Library and Chongzhou Public Library, the activities held by the Jiangjun Street Community branch of Chengdu Pubic Library Readers Group, mental health groups, music groups, children education groups, which promoted cultural development in districts (cities), counties and communities.

Among the activities of the Book Club, the most active and popular with the longest duration is the Parents Salon.

Modern society rarely addresses the needs of parents, and for parents with housekeeping knowledge needs, the community also lacks an appropriate training system. Relying on the Sunshine Book Club, Chengdu Pubic Library, together with social education experts and professional counselors, set up a volunteer team and launched "Parents Salon". Parents salon aimed at promoting "concerning with mental health, enjoying a happy life" and focused on reducing workplace pressure, happy marriages, family relations, healthy development of adolescents and other topics close to everyday life. It established a family education and counseling platform to discuss universal social problems or hot topics regarding family life.

Chengdu Pubic Library holds Parents Salon every Saturday morning. At the beginning, it was widely praised, and it has become an irreplaceable activity of readers. The number of participants reached over a hundred in each. Audience arriving late for the lectures stood by the window or in the aisle to listen to the lectures. After the speaker finishes, listeners will consult the speaker, or have spontaneous discussions for a long time. From August 2005 to now, more than 600 Parents Salons have been organized with tens of thousands of people participating, effectively increasing the cohesion of Chengdu Pubic Library. Chengdu Pubic Library has been named the "citizens' fashionable living lifestyle choice" by the media.

In 2014, Chengdu Pubic Library Book Club, Parents Salon, and Sunshine Classroom series of activities won the first award of "Case Collection of the Library Book Club" awarded by the China Library Society.

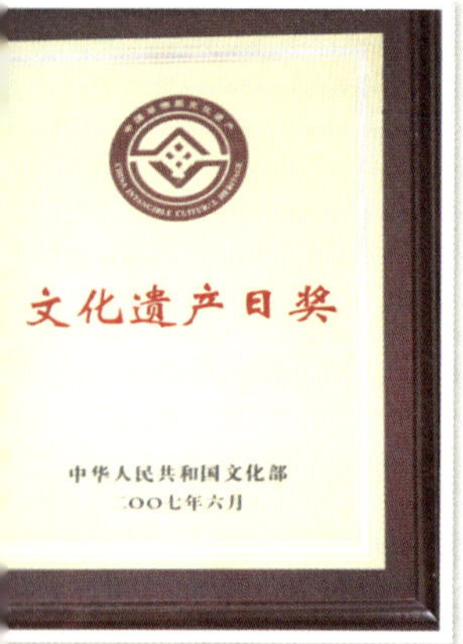
文化遗产日奖
中华人民共和国文化部

第三届文化部创新奖

全民阅读示范基地
中国图书馆学会

07

Chapter 7

Achievements and Rewards

Section 1

The Third Session of Ministry of Culture Innovation Award

In 2004, the Ministry of Culture established the Innovation Award, the highest award in the field of scientific and technological progress and innovation of the national cultural system. At the beginning, it was held every two years, then in 2009 it was changed to be held every three years. 50 shortlisted awards were set up, and among them, 1 –2 would be selected as the special award, and 18 –19 would be selected as the Innovation Awards, and the total number of awards would be controlled within 20. In 2009, "Shu Charm—Chengdu Intangible Cultural Heritage Digital Museum" of Chengdu Pubic Library won the Third Session of Ministry of Culture Innovation Award (*Notification on Announcing the List of the Third Session of Ministry of Culture Innovation Award*).

Section 2

Demonstration Base of Nationwide Reading Movement

"Demonstration Base of Nationwide Reading Movement" title was established by the Chinese Library Society, awarding outstanding units in the national library area that organized work effectively, creatively and made great contributions to the nationwide reading. The premise is that only the libraries that have twice won the "Advanced Unit of Nationwide Reading Movement" are entitled to apply. Chengdu Pubic Library in 2008 and 2010 won the "Advanced Unit of Nationwide Reading Movement" title, and in 2012 won the "Demonstration Base of Nationwide Reading Movement" title.

Section 3

Outstanding Project of National Grassroots Cultural Volunteer Service Activity

"Outstanding Project of National Grassroots Cultural Volunteer Service Activities" is established and assessed by the Ministry of Culture, and it aims at "further developing the typical demonstration of the leading role in cultural volunteer service activities and promoting systematization and institutionalization of the cultural volunteer service work". In 2012, "Chengdu Young Volunteer Librarian Service Activity" of Chengdu Pubic Library won this honor.

Section 4

Advanced Unit of National Ancient Books Protection

In 2014, the Ministry of Culture awarded Chengdu Pubic Library the honor of "Advanced Unit of National Ancient Books Protection" (*Notice of the Office of the Ministry of Culture on Praising the Advanced Units and Individuals in the Protection of Ancient Books*).

Section 5

Advanced Unit of Public Cultural Facilities Management

In 2006, the Ministry of Culture awarded Chengdu Pubic Library the honor of "Advanced Unit of Public Cultural Facilities Management" (*The Ministry of Culture: Decision on Awarding Advanced Unit of Public Cultural Facilities Management*).

Section 6

Award of Cultural Heritage Day

In 2007, in order to exploit publicity and education of "Cultural Heritage Day" and promote the extensive work of cultural heritage protection, the Ministry of Culture set up "Award of Cultural Heritage Day". That year, Chengdu Pubic Library won this honor (*The Ministry of Culture: Decision on Issuing an Award of Cultural Heritage Day*).

Section 7

Outstanding Organization Award of the First China Chengdu Intangible Cultural Heritage Festival

In 2007, the Culture Department of Sichuan Province issued an "Activity Award of the First China Chengdu Intangible Cultural Heritage Festival". Because of its "outstanding, remarkable achievements", Chengdu Pubic Library was awarded Outstanding Organization Award (*Culture Department of Sichuan Province: Decision on Awarding Activity Awards of the First China Chengdu Intangible Cultural Heritage Festival.*)

Section 8

March 8 Red-Banner Group of Sichuan Province

In 2008, Sichuan Province Women's Federation awarded Chengdu Pubic Library the honor of "March 8 Red-Banner Group of Sichuan Province".

Chengdu Pubic Library has 84 staff members, including 52 female workers, accounting for 62% of the total employees; among the 16 middle-level cadres, there are 11 women, accounting for 70%. In Chengdu Pubic Library, female employees have their own unique charm, offering warm, detailed and personalized library services for the general public.

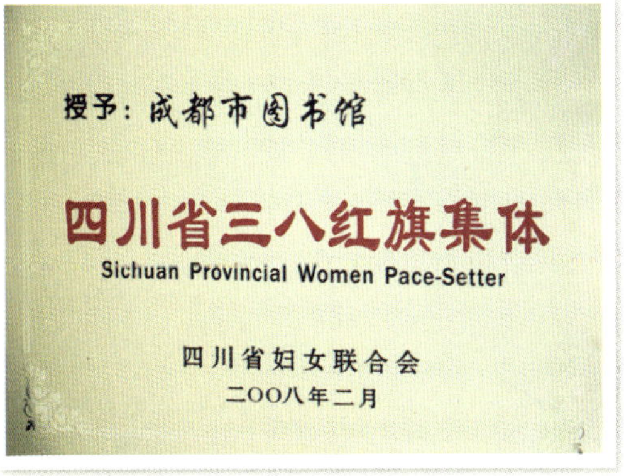

成都图書館

Library Resource System and Documents

08

Chapter 8

Library Resource System

The fundamental purpose of the Chengdu Pubic Library System is to provide a strong literature information guarantee for the local economy and social development, and a fair and comprehensive literature information service for all citizens. Document resources construction work of Chengdu Pubic Library always adheres to the purpose of serving the community and people. According to the tasks undertaken and readers' needs, it systematically complements all types of literature with plans and focus, gradually forming a scientific, rational, and practical collection system.

Chengdu Library's general collection policy is: "a comprehensive collection, a collection with use, based on use; Chinese-based, foreign language-supplemented; common use as the base, also with a research focus." Literature selection work obeys the following basic principles.

Comprehensive. Collection development is organized under the premise of focusing on important parts and distinct of levels, striving to collate extensive and complete sets of books to meet all the readers' literature needs.

Systematic. Literature focus is on a full complement of multi-volume, series and reference books, striving to ensure a continued focus on collecting various subjects and maintaining a relative stability of the kind of books to avoid intermittent supply.

Endemic. According to social and economic development in Chengdu, in conjunction with the characteristics of local industrial and agricultural production, science, culture, education, history, tradition, local resources, and other aspects of the human environment, the library strives to comprehensively and systematically collect literature, forming the collection's characteristics.

Coordinated. Chengdu Pubic Library strengthens and consolidates coordination and collaboration with local libraries, actively promotes selecting division, reduces duplication of collection and promotes the rational distribution of resources in the library literature, to achieve common knowledge sharing.

Economic. Literature selecting adheres to the principles of austerity and sensible budgeting, conforming to available financial resources, data processing capacity and storage capacity of the library, to ensure the rational use of funds for purchasing literature.

Resources construction of Chengdu Pubic Library mainly focuses on five categories: local literature of Chengdu and publications within the province, comprehensive reference books, social science books, general natural science books, literature search tools. The proportions of each within the overall collection (divided according to annual literature acquisition costs) are as follows: Chinese books account for 60%, Chinese journals account for 15%, electronic literature accounts for 22%, foreign literature, audio-visual documents and non-book materials account for 3%.

The average duplication rate of Chinese books in Chengdu Pubic Library is 1:3, local literature duplication rate is 1:2, and other books don't have replicas in principle. For the number of replica newspapers and periodicals, the contents, editing and publishing units and quality, objects, value of saving and other factors are all considered to determine the order quantity on a flexible basis.

The following collections of resources only refer to those in the general Chengdu Pubic Library and does not include the branch libraries.

Section 1

Basic Collection

The basic collection of Chengdu Pubic Library consists of five major sections, including Chinese reference books, books, Chinese newspapers, Chinese periodicals and visual data. Among them, there are 435, 786 kinds of basic Chinese books totaling 487, 207 volumes, 20, 439 kinds of reference books totaling 28, 128 volumes, 164 kinds of Chinese newspaper in the collection annually, 1, 448 kinds of Chinese periodicals in the collection annually, 1, 623 kinds of periodicals from the Republic of China period, and 1, 676 photographs.

The basic collection of Chengdu Pubic Library has a comprehensive collection of various disciplines. In the process of collection, the library pays attention to combining the depth with breadth, focusing on both key and comprehensive aspects, and the social science books are considered as a key aspect of collection, meanwhile it takes into account the key books of other categories. In order to expand the coverage of collections, Chengdu Pubic Library has implemented the system of collecting without duplicates, reducing redundant documentation and maintaining the stability of the collection system.

Chengdu Pubic Library has always attached importance to collection of reference books. After years of accumulation it has comprehensively, systematically and completely collected all kinds of universal reference books and established a specific system for them.

Chengdu Library's collection of Chinese newspapers mainly contains newspapers of central authorities and ministries and commissions as well as influential provincial comprehensive newspapers, meanwhile taking into account the representative industry newspapers, and at the same time maintaining the continuity of Chinese newspapers in the library.

Chengdu Library's basic collection of Chinese journals focuses on authoritative and representative academic journals in various disciplines and the literature and art journals popular among readers. While ensuring the continuity of existing holdings, it also focuses on the management and preservation of the journals published during the Republic of China. Through backtracking of journals during the Republic of China, the special journal collection during the Republic of China is clarified, which makes the collection system more complete.

Chengdu Library's basic collection of pictures consists mainly of literary pictures, historical pictures and publicity pictures since 1951, and has provided literature support of research, evidence, and exhibition for social institutions and readers.

In addition, through purchases and donations over the years, Chengdu Pubic Library also holds a certain number of books and newspapers from Hong Kong and Taiwan.

Section 2

Circulation Literature

Circulation literature of Chengdu Pubic Library consists of three parts: Chinese books, Chinese newspapers and Chinese journals. Among them, there are 311, 394 kinds and 800, 496 volumes of Chinese books, 280 kinds of Chinese newspapers, and 4, 000 kinds of Chinese journals.

As public libraries provide service for a wide range of groups and have a diversity of literature demands, the selection of circulation literature is under the premise of focused and differentiated levels and strive to reach a wide range of disciplines in order to meet all the readers' literature and information needs. To ensure the quality of the contents of books, books published by the national top 100 presses are of priority. Children's books mainly cover seven categories, including children's enlightenment books, ideological and moral education books, science books, history and geography books, children's literature, children's music and art books, and children's cartoon comic. Children's books focus on

healthy contents, complete disciplines, and various categories, in order to meet the needs of young people and children of different ages, different interests and different reading levels.

The type of Chinese newspapers and journals for service circulation and those for basic collection is the same in Chengdu Pubic Library. By making ranking list of readers' book borrowing, and according to the ranking list, the library will adjust the number of replica of newspapers in circulation for every year. Social science newspapers and journals in the collection account for about 70% of newspaper and journal categories in the library (among which literature accounts for 20%), natural science categories account for about 30%. A preliminary Chinese newspapers circulation system that focuses on social science core newspapers, and also enhances the multi-disciplinary coexistence has been formed.

While providing services for the urban population, literature resources development of Chengdu Pubic Library is also committed to enterprise branch library and rural branch library building to provide necessary services for young workers in enterprises and rural people. When enterprise branch library resources are constructed, young workers' age and reading habits, etc. are taken into account. In addition to Chinese books about literature, economics, laws and regulations, health knowledge and computer skills, a variety of best selling journals are also selected. When the rural branch library is constructed, selection generally focuses on agricultural technology, and popular entertaining books are also selected to supplement the reference resources and realize the equalization of rural and urban basic public services.

Section 3

Local Literature

Local literature collections of Chengdu Pubic Library consist of chronicles, yearbooks, literature and history data, local books, local newspapers, local periodicals, non-book literature and collection of paintings. Chengdu Pubic Library complements the collection with plans, focus, and in multiple ways, and has gradually formed a local literature collection with Chengdu local characteristics and serving the needs of readers.

1. Local Chronicles, Yearbooks, and Literature and History Data

According to administrative divisions, local chronicle collections can be divided into Sichuan provincial chronicles, Chengdu City chronicles, district and county chronicles, town chronicles and neighborhood chronicles. There are also a variety of industrial chronicles, sector chronicles, professional chronicles. The total number is 648 types and 1, 153 volumes. The yearbook collection is classified by administrative regions, from provincial yearbooks to neighborhood yearbooks, covering all walks of life in Sichuan Province and Chengdu City, with a total of 102 types and 1, 252 volumes. Local chronicles and yearbooks are displayed on special shelves set in the Local Literature Re-

view Room, and are classified by administrative divisions as well as Chinese Library Classification.

Literature and history data are local information with high value and they record the region's politics, economy, culture and history. For the local literature collection, there are *Sichuan Literature and History Data Compilation*, *Chengdu Literature and History Data Compilation*, *Shaocheng Literature and History Data*, *Jinjiang Literature and History Data*, *Chongzhou Literature and History Data Compilation* and other literature and history data of more than 400 volumes.

2. Local Books, Newspapers and Journals

Local books include those published home and abroad involving politics, economy, society, history, geography, science, education and health, and the cultural attractions of Chengdu, with about 10, 000 types and more than 20, 000 copies. Chengdu Pubic Library extensively collects local literature. In recent years, the average annual collection has reached more than 2, 000 volumes of books. Among them, the donated books from Ba Jin, Ai Wu, Ma Shitu, Liu Shahe and other famous writers with their signatures are highlights.

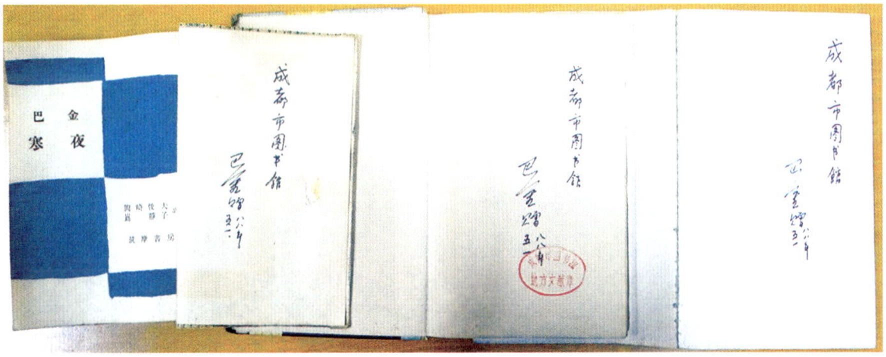

Local newspapers and periodicals are an important part of the local literature collections of Chengdu Pubic Library, and also one of the highly utilized document types by readers. Local Literature Department has saved comprehensive newspapers, industrial newspapers, enterprise newspapers and campus newspapers since 1950 in Chengdu City and Sichuan Province, and these newspapers are arranged chronologically after binding. Comprehensive newspapers clearly show the history of the city press and the publication industry since the

establishment of PRC. The industry newspapers, enterprise newspapers, and campus newspapers record the development of industries, enterprises and schools. Newspapers are in good state of preservation, and except for some newspapers that cannot be read due to deterioration, the rest are available for readers. Local journals mainly collect open publications and internal publications of government departments, enterprises, schools and community groups in Chengdu.

The special collection of protected intangible cultural heritage was established in local literature to collect books related to intangible cultural heritage across the country. In cooperation with the Intangible Cultural Heritage Protection Center of Chengdu, Chengdu Pubic Library collects literature on intangible cultural heritage protection, providing literature support for intangible cultural heritage protection work.

3. Non-book Literature, Collection of Paintings

Non-book literature collections are mainly photos, pictures, letters, manuscripts, maps and so on. Collection, conservation and heritage of non-book literature is the focus of improving the local literature collection. In Chengdu Pubic Library, more than 5, 000 items of non-book literature are from private collection. letters from Ba Jin, various data and maps of

Chengdu before the liberation of Chengdu, and materials on the history of Chengdu Pubic Library are very precious, and the non-book literature collection and protection are the combination of several generations of librarians' efforts. In the 1990s, the editorial departments of *The Star Poetry Monthly* and *Young Writers* once presented some authors' manuscripts to Chengdu Pubic Library. After organizing these manuscripts, Chengdu Pubic Library staff found a large number of manuscripts by famous authors, including Wang Meng, Shu Ting, A Lai, Zang Kejia and so on. In recent years, some old writers and senior scholars have donated books to Chengdu Pubic Library, and meanwhile they have also donated their manuscripts and personal antiques to make sure these non-book literature are stored and used properly.

The collection of paintings numbers 85 in total and many of them date back to the Qing Dynasty and the Republic of China, which have a high artistic value.

Section 4

Ancient Literature

Chengdu Library has 110, 991 volumes of ancient books in 34, 065 titles. Among them there are 281 titles of rare books, accounting for 3, 711 volumes, and among the rare books, there are 51 titles of Ming Dynasty block-printed edition, accounting for 556 volumes; 215 titles of Qing Dynasty block-printed edition, accounting for 3, 106 volumes; there are 6 titles of manuscripts, accounting for 27 volumes; 9 types of old hand-copied books, accounting for 22 volumes. From the early days, the collection of ancient books has already been accurately classified in accordance with the Confucian classics, historical records, philosophical writings and miscellaneous works, and continued to amend the existing catalog to provide a convenient retrieval for readers, and also to reveal the collections more accurately.

Confucian classics account for one fifth of the collection of ancient books, mainly consisting of the Confucian works, including the common thirteen classics, and some more valuable rare books.

Ancient book collection of Chengdu Pubic Library has experienced a long-term accumulation process which has been rather convoluted, which is related to the division and reunion between Chengdu Pubic Library and Sichuan Provincial Library. In the early time, the number of ancient books in Chengdu Pubic Library was considerable, totaling about 50, 000 volumes, and many of them were rare boutique copies. In 1952, due to poor storage conditions for ancient books in Chengdu Pubic Library, all the ancient book collection was transferred to Sichuan Provincial Library, and after that most of ancient books flowed into it. Chengdu Library's ancient book collection today is mostly collected and purchased in multiple ways, and the sources are divided into three categories. First, collecting and receiving books within the scope of districts (cities) and counties of Chengdu. For example, due to the changes of administrative divisions and preservation conditions, most of the ancient books in West District Library and East District Library of Chengdu were transferred to Chengdu Pubic Library. The second is from the sub-city and county library allocation; we can learn from the transition archives of ancient books that part of the ancient books are from Luzhou Library. The third is to buy books from local bibliophiles, for example, in 2007 Chengdu Pubic Library purchased books from local bibliophiles, including two types: one is a local chorography of Sichuan, a total of 1, 048 volumes in 137 titles, which can help enrich and improve the local chorography collection; the second is the Qing Dynasty block-printed edition, a total of 2, 559 volumes in 293 titles, and the valuable Republican era books, with a total of 1, 070 volumes in 217 titles.

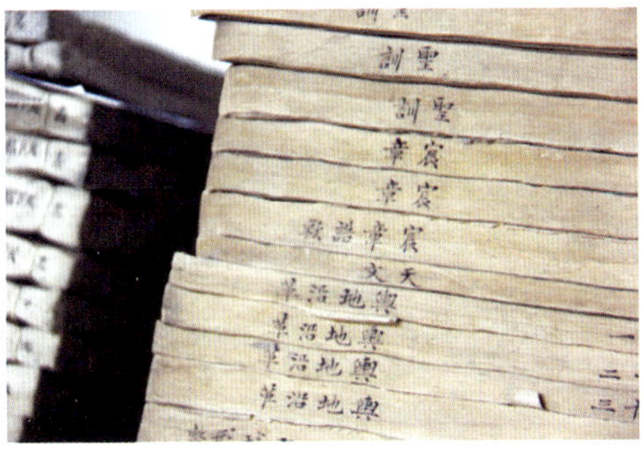

Section 5

Western Literature

The construction of Western literature collection of Chengdu Pubic Library is based on the three principles of highlighting the key points, continuity and supplementing the shortages. By the end of 2014, Western literature collections had reached 18, 573 volumes in 17, 940 titles as well as 1, 489 audiovisual materials. Among them, there were 867 volumes of English books in 15, 256 titles, and 2, 706 volumes of German books in 2, 684 titles.

Western library resources are mainly made up of English and German literature. In English literature collection, the largest proportion comes from the top five categories:

literature for 33%, language for 10%, art for 8%, history and geography for 8%, economy for 7%. In German literature collection, language learning books and comprehensive books account for 50% respectively. Literature and books about Germany total more than 1, 200 categories, accounting for about two-thirds of the comprehensive books, and the audio-visual materials are all for German language learning. German literature is mainly in the form of popular books, and is featuring early childhood picture books, and is supplemented by research information. Books and materials of the German Information Center are provided mainly by Goethe-Institut Beijing, with language learning books being a collection focus, accounting for about half of the total. They are divided into elementary, intermediate, advanced German, career German, hearing, DaF, ZD, and reference books, etc. Comprehensive books cover economy, society, art, industry, literature, history, geography and natural sciences, mostly selected from new books of famous German publishing houses.

Our Photographers
良友全國攝影旅行團

孔子集語
孔子集語
孔子集語
孔子集語

09

Chapter 9

High-quality Literature

Section 1

Rare Books Collection

1. *New Engraved Ancient and Modern Daya North Palace Poems* (Six Chüan), selected by Chen Jinqing (Ming Dynasty), edited by Chen Dalai (Ming Dynasty)

Ming Dynasty (1604) Ko'pen, Six Ts'e; Length of K'uang: 18. 6cm, Width of K'uang: 13. 7cm; 10 lines for each half Yeh, 20 characters for each line; Pai k'ou, Single pien.

2. *Two Chüan of Mudan Ting*, compiled by Tang Xianzu (Ming Dynasty), composed by Ye Tang (Qing Dynasty)

Qing Dynasty (1792) Ko'pen, Two Ts'e; Length of K'uang: 18. 6cm, Width of K'uang: 13. 1cm; 6 lines for each half Yeh, 18 characters for each line; Pai k'ou, Single Yü Wei, double pien.

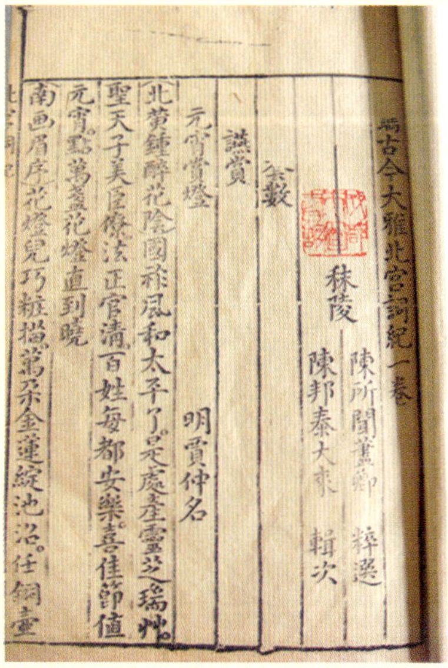

3. ***Lin Zhongcheng Letters*****, compiled by Lin Zhaoyuan (Qing Dynasty)**

Qing Dynasty Shou kao pen, Three Ts'e; Pai wen.

4. ***Zhengshi Zhouyi*****, annotated by Zheng Xuan (Han Dynasty), edited by Wang Yinglin (Song Dynasty), supplemented by Hui Dong (Qing Dynasty)**

Qing Dynasty (1756) Ko'pen, One Ts'e; Length of K'uang: 17. 6cm, Width of K'uang: 13. 6cm; 10 lines for each half Yeh, 21 characters for each line; Pai k'ou, Single Yü Wei, Single pien.

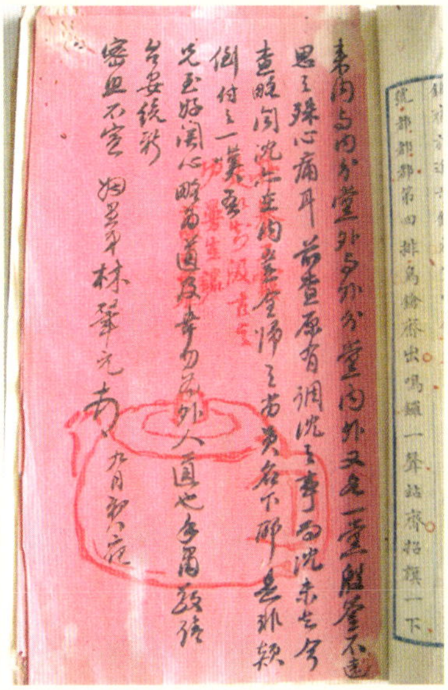

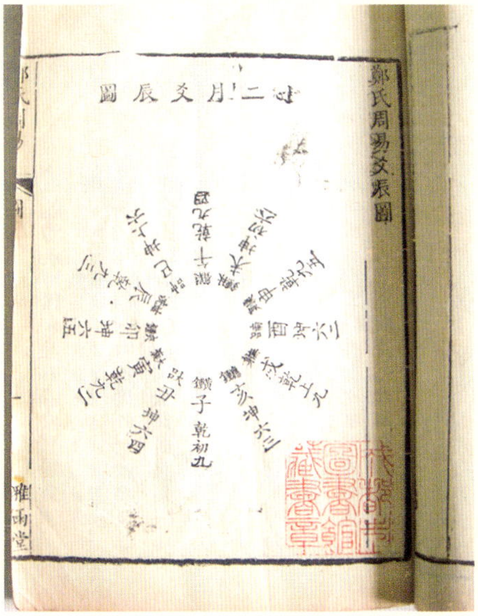

5. ***Confucius Jiyu*** **(Twenty-two Chüan), edited by Luo Dunyan (Qing Dynasty)**

Qing Dynasty (1854) Shou kao pen, Four Ts'e; Length of K'uang: 17. 4cm, Width of K'uang: 11. 7cm; 8 lines for each half Yeh, 21 characters for each line; Pai k'ou, red Yü Wei, double pien.

6. *Shanhaijing*, by Guo Pu (Jin Dynasty), proofread by Sun Xingyan (Qing Dynasty)

Qing Dynasty Ko'pen, Two Ts'e; Length of K'uang: 18cm, Width of K'uang: 13.2cm; 11 lines for each half Yeh, 21 characters for each line; Hei k'ou, Single Yü Wei, Single pien.

7. *Jieziyuan Huazhuan*, Painted by Wang Anjie (Qing Dynasty)

Qing Dynasty Ko'pen, Three Ts'e; Length of K'uang: 21.8cm, Width of K'uang: 14cm; 9 lines for each half Yeh, 20 characters for each line; Pai k'ou, Single pien.

8. *Huayang Guozhi* (Twelve Chüan), compiled by Chang Qu (Jin Dynasty), proofread by Li Diaoyuan (Qing Dynasty)

Qing Dynasty (1781) Ko'pen, Four Ts'e; Length of K'uang: 18.8cm, Width of K'uang: 13.5cm; 10 lines for each half Yeh, 20 characters for each line; Pai k'ou, Single Yü Wei, double pien.

9. *Tangtu Mingsheng Tuhui* (Six Chüan), edited and painted by Gangtian Yushan

Qing Dynasty (1805) Ko'pen, Six Ts'e; Length of K'uang: 20.5cm, Width of K'uang: 15.3cm; 11 lines for each half Yeh, 27 characters for each line; Pai k'ou, Single pien.

10. *Shileifu* (Thirty Chüan), Compiled and annotated by Wu Shu (Song Dynasty)

Ming Dynasty (1566) Ko'pen, Five Ts'e; Length of K'uang: 19cm, Width of K'uang: 14.5cm; 20 lines for each half Yeh, 20 characters for each line; Single Yü Wei, Double pien.

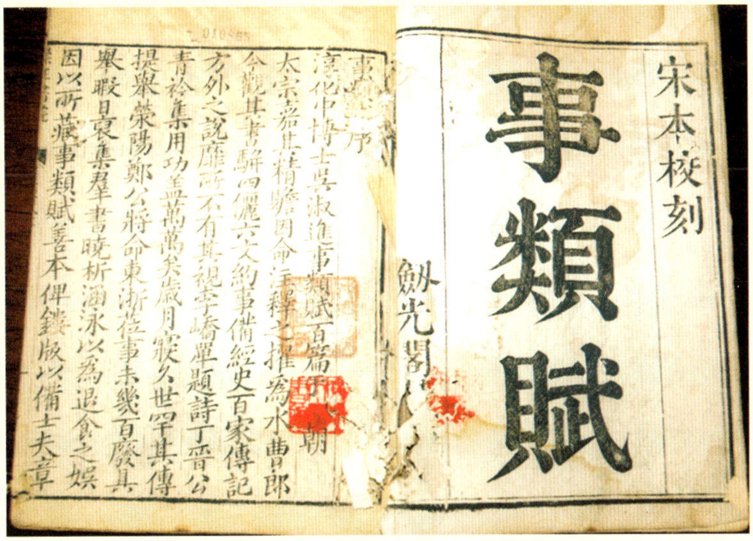

11. *Quantang Qilü Fenyunji Qijue Fenyunji*, edited by Cheng Zurun (Qing Dynasty)

Qing Dynasty (1856) Shou kao pen, Sixteen Ts'e; 9 lines for each half Yeh, 21 characters for each line; Pai k'ou, Single pien for *Qijue.*

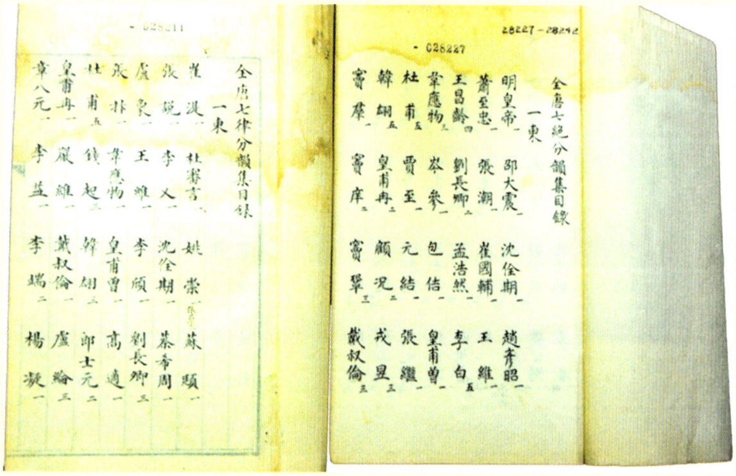

12. *Shixian Hongmi* (Two Chüan Fulu One Chüan), compiled by Zhu Yizun (Qing Dynasty)

Qing Dynasty Ko'pen, Two Ts'e; Length of K'uang: 18.2cm, Width of K'uang: 12.8cm; 9 lines for each half Yeh, 20 characters for each line; Pai k'ou.

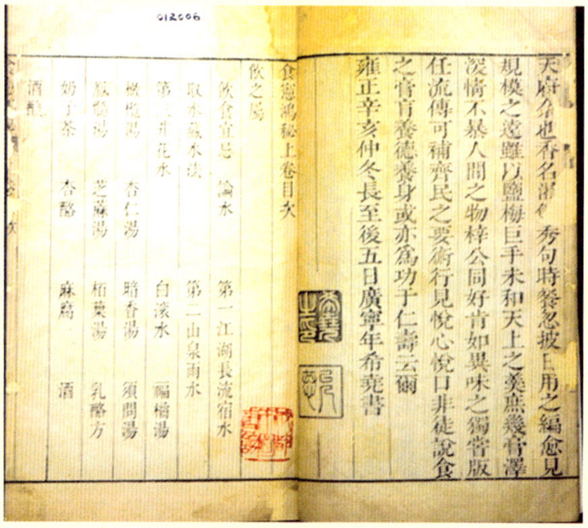

13. *Nanshi* (Eighty Chüan), compiled by Li Yanshou (Tang Dynasty)

Qing Dynasty (1880) Ko'pen, Sixteen Ts'e; Length of K'uang: 17.5cm, Width of K'uang: 13cm; 13 lines for each half Yeh, 21 characters for each line; Hei k'ou, double pien.

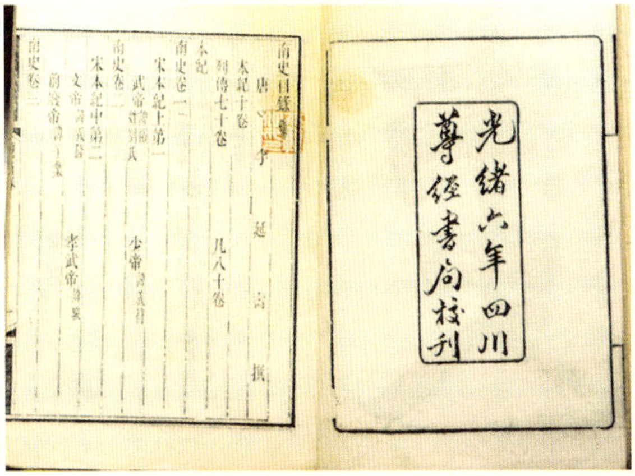

14. *Shimo Juanhua* (Six Chüan), compiled by Zhao Han (Ming Dynasty)

Ming Dynasty (1618) Ko'pen, Four Ts'e; Length of K'uang: 21.5cm, Width of K'uang: 13.5cm; 8 lines for each half Yeh, 18 characters for each line; Pai k'ou, Single pien.

15. Boruzhai *Chongxiu Xuanhe Bogutu* (Thirty Chüan), compiled by Wang Fu (Song Dynasty), revised by Cheng Shizhuang (Ming Dynasty)

Ming Dynasty (1588) Bo Ruzhai Ko'pen, Twenty-four Ts'e; Length of K'uang: 23.8cm, Width of K'uang: 15cm; 8 lines for each half Yeh, 17 characters for each line; Pai k'ou, Single pien.

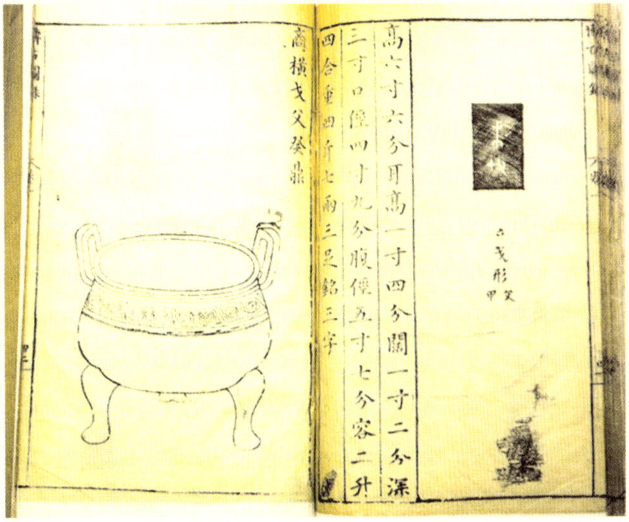

16. *Sichuan Tongzhi* (Forty-seven Chüan, Shou One Chüan), by Huang Tinggui (Qing Dynasty), compiled by Zhang Jinsheng (Qing Dynasty)

Qing Dynasty (1733) Ko'pen, Forty-eight Ts'e; Length of K'uang: 20.6cm, Width of K'uang: 14.1cm; 9 lines for each half Yeh, 21 characters for each line; Pai k'ou, Single Yü Wei, Double pien.

17. Chengdu Zunjing Shuyuan *Shuxuebao*, compiled by Song Yuren (Qing Dynasty)

Qing Dynasty (1898) Ch'ien yin pen, Nine Ts'e; Length of K'uang: 19cm, Width of K'uang: 12.2cm; 13 lines for each half Yeh, 25 characters for each line; Hei k'ou, double Yü Wei, double pien.

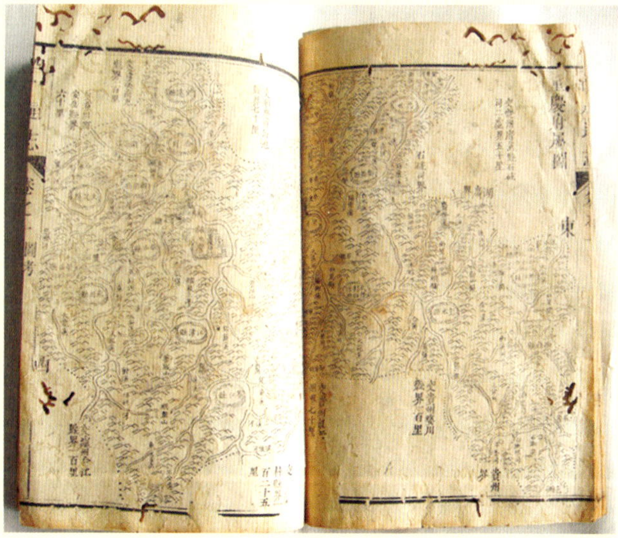

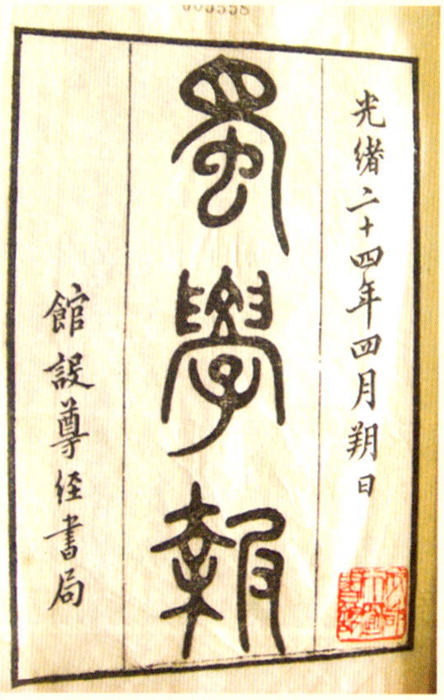

Section 2

Books and Periodicals of the Republic of China

1. Books of the Republic of China

(1) *Biography and Figure of Qing Dynasty Scholars*, compiled by Ye Yanlan and Ye Gongchuo (the Republic of China)

Shou kao pen, One Ts'e; 15 lines for each half Yeh, 23 characters for each line.

(2) *Zhonghua Jingxiang* (Published by Liangyou Book Company in 1934)

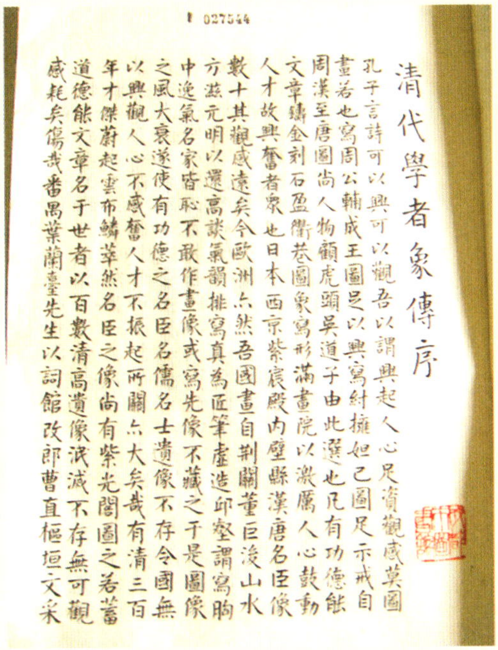

清代學者象傳序

孔子言詩可以興可以觀吾以謂興起人心足資觀感莫圖畫若也寫周公輔成王圖足以興寫紂擁妲己圖足示戒自周漢至唐圖尚人物顧虎頭吳道子由此選也凡有功德能文章鑄金刻石盈衢巷圖象寫形滿畫院以激厲人心鼓動人才故興奮者衆也日本西京紫宸殿內壁縣漢唐名臣像數十其觀感遠矣今歐洲亦然吾國畫自荆關董巨浚山水方滋元明以還高談氣韻排寫真為匠筆虛造邱壑謂寫胸中逸氣名家皆恥不敢作畫像式寫先像不藏之于是圖像之風大衰遂使有功德之名臣名儒名士遺像不存令國無以興觀人心不感奮人才不振起所關亦大矣哉有清三百年才傑蔚起雲布鱗萃然名臣之像尚有紫光閣圖之若蓄道德能文章名于世者以百數清高遺像泯滅不存無可觀感耗矣傷哉番禺葉蘭臺先生以詞館改郎曹直樞垣文采

Our Photographers　良友全國攝影旅行團

(3) *Sichuan Yangqin Changci*

Shou kao pen, Sixteen Ts'e; Length of K'uang: 13.5cm, Width of K'uang: 9.4cm; 8 lines for each half Yeh, 18 characters for each line; Pai k'ou, Single Yü Wei.

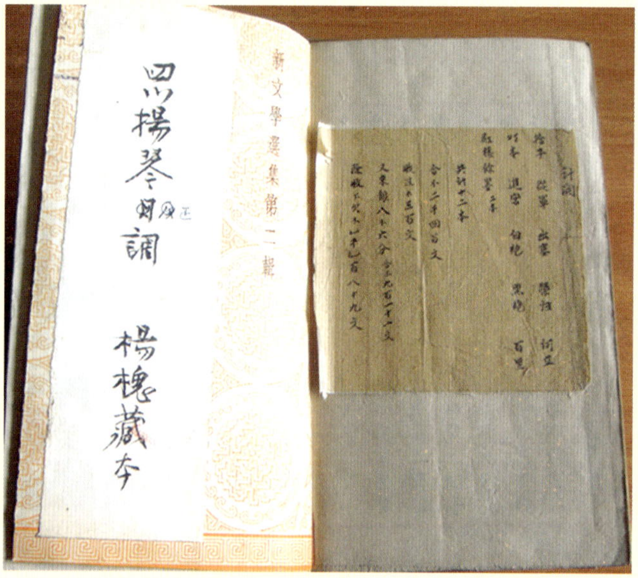

(4) *Chuanju Changci*

Shou kao pen and Ko'pen, Eight Ts'e; Pai k'ou, Single Yü Wei.

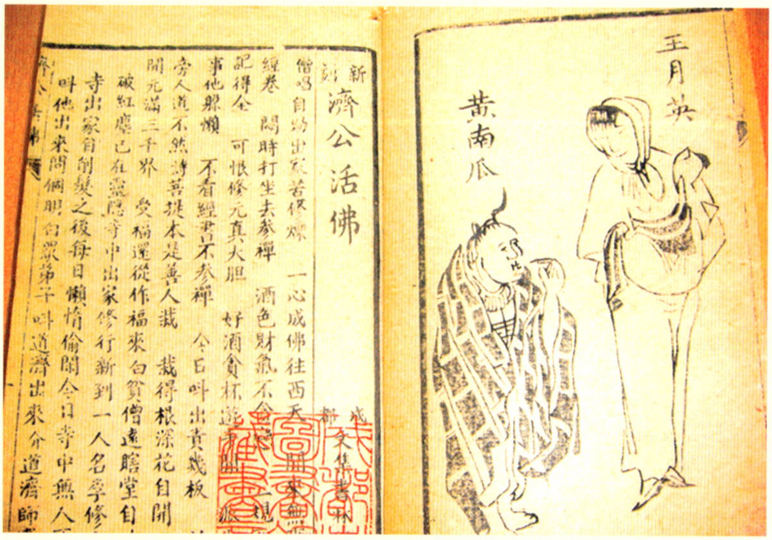

(5) *Mountain Emei Zhi* (Twelve Chüan), compiled by Jiang Chao (Qing Dynasty)

1929 Ch'ung yin pen, Four Ts'e; Length of K'uang: 21. 7cm, Width of K'uang: 14. 5cm; 10 lines for each half Yeh, 20 characters for each line, Pai k'ou, Single Yü Wei.

(6) Chuanbian County Map, compiled by Chuankang Bianzheng Training Unit

1928 Shi yin pen, One Ts'e.

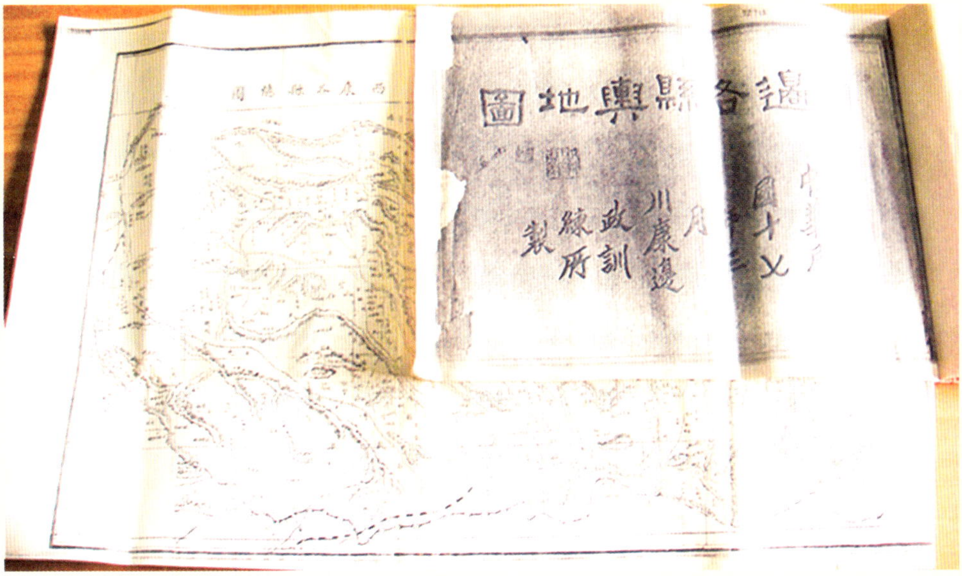

2. Journals of the Republic of China

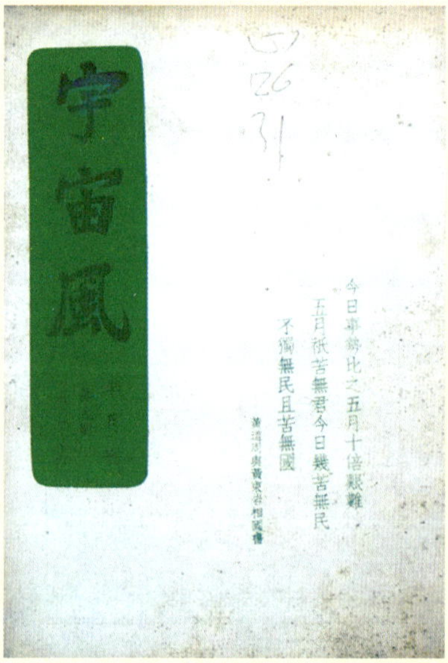

(1) *Universe Wind*

The journal was founded in September 1935 in Shanghai. It was edited by Lin Yutang, Tao Kangde, Lin Hanlu and others, and issued by Universe Wind Press. Its literary ideas are of the same tune with *The Analects*: to promote "humor" and "spirituality". In addition to prose, it also published a number of fiction and poetry items, and Lao She's *Rickshaw Boy* had been serialized in the journal. After the outbreak of the Anti-Japanese War, the journal moved to Guangzhou. In October 1938, after Guangzhou was occupied by the enemy, the journal stopped publication. It reopened several times in Guilin, Chongqing and other places, ending in August 1947 after publishing a total of 152 issue.

(2) *New China*

It was founded in January 1933 in Shanghai and published fortnightly. In August 1937, after publishing Number 15, Volume 5 it stopped publication. It resumed publication in Chongqing in 1943 but changed to monthly. After publishing Number 11, Volume 6 in 1947, it returned to Shanghai, and changed back to fortnightly with a new volume. In 1951 after publication of Number 12, Volume 4 it stopped publication.

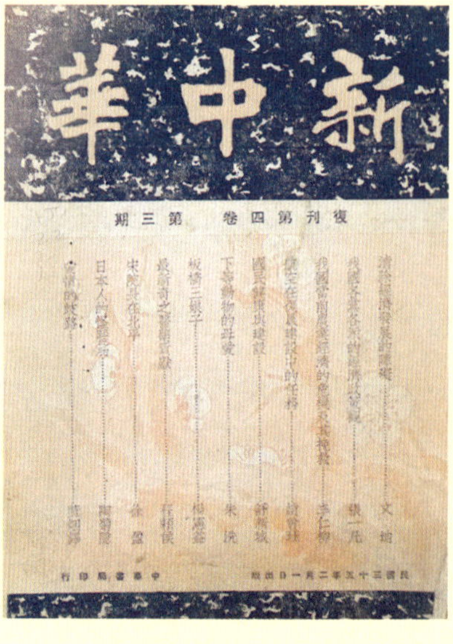

(3) *Children's World*

It was founded in January 1922 in Shanghai, but suspended publication for several months during the "1. 28" Event of the Anti-Japanese War in 1932. After resuming publication it was changed into a fortnightly journal. In 1937, after the outbreak of the "8. 13" Battle of Shanghai, the journal again suspended publication. In October 1937 it resumed publication in Hong Kong, and stopped publication after Hong Kong was occupied by enemy forces. The first chief editor was Zheng Zhenduo. From Number 2, Volume 5 of 1923 it was edited by Xu Qingchang and others. The journal was once popular at home and also exported to Singapore and Japan.

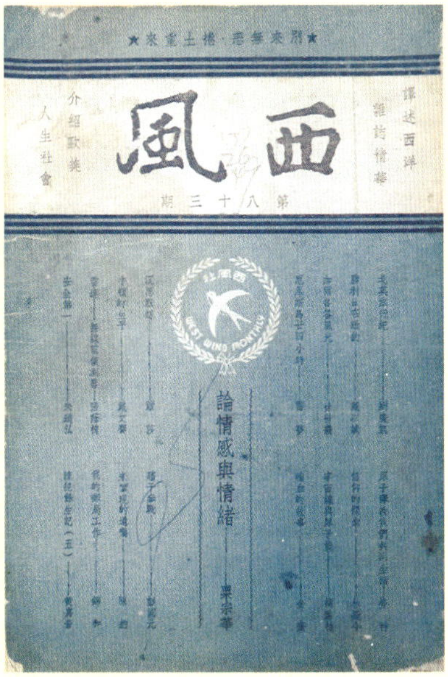

(4) *West Wind*

Founded in September 1936 in Shanghai, *West Wind* was one of the early comprehensive publications that introduced Western society to a domestic audience. In December 1941, after the outbreak of the Pacific War, *West Wind* suspended publication with a total of 65 issues. In July 1944 it resumed publication in Chongqing, the number of issues following the previous one, and in December 1945 moved back to Shanghai.

(5) ***Popular Science Monthly***

It was a science journal founded in 1933 by Science Society of China in Shanghai. The concept of *Popular Science Monthly* was "to study the nature of things and improve people's living condition", and it soon became a famous popular science journal with a circulation surpassing many well-known literary journals, and was exported overseas.

3. Newspapers of the Republic of China

(1) ***New News***

It was founded on September 1, 1929 in Chengdu, and published daily. *New News* was the most influencial private commercial newspaper published before the 1950s among Sichuan newspapers with the longest duration and the largest circulation. At the beginning, there were three sheets, and later it increased to four sheets. The newspaper was famous for local news, with local characteristics, attracting a number of local readers, and also very popular with readers outside the county.

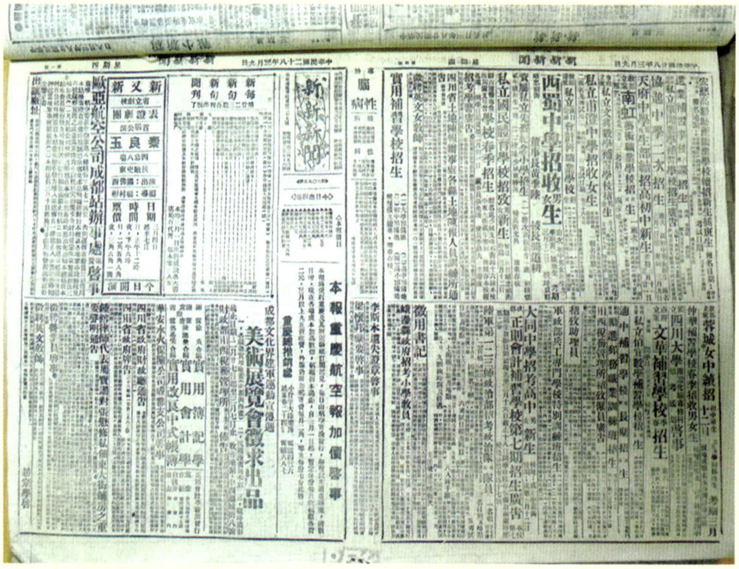

(2) *New Shu Newspaper*

Founded on February 1, 1921 in Chongqing, *New Shu Newspaper* was a newspaper founded by members of Young China Association in Sichuan. At the time, of the local newspapers, *New Shu Newspaper* was the product of the New Culture Movement (around the time of the May 4th Movement in 1919) spreading in Sichuan, with the mission of spreading new ideas and new culture, and was nationally influencial. From the spring of 1923 to the summer of 1925, Xiao Chu'nv was appointed the chief commentator, writing nearly a thousand editorials and commentary articles of a million words, and the newspaper became the propaganda place of new culture and Marxism. During the Anti-Japanese War, it was also a private newspaper with economic independence, advocating unity against Japan and democratic progress.

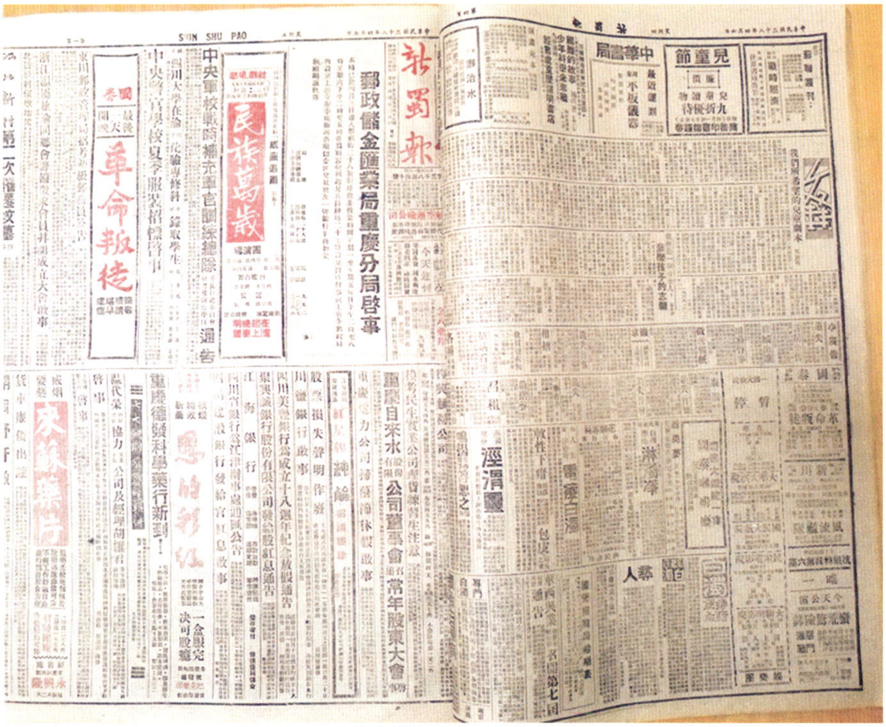
SHIN SHU PAO

新蜀報

中央軍校戰時補充軍官訓練班通告

郵政儲金匯業局重慶分局啓事

中華書局

兒童節

重慶自來水公司

(3) *Xinmin Newspaper*

It was founded on September 9, 1929 in Nanjing, and moved to Chongqing on January 15, 1938. The newspaper was successively published by 5 presses and in 8 versions in the country. Guo Moruo, Ba Jin, Lao She, Xia Yan, Tian Han, Nie Gan'nu, Wu Zuguang, Ma Yanxiang and other famous cultural writers were invited to the newspaper as chief editors or supplement editors. The newspaper focused on social news, and the supplement was quite distinctive, especially paying attention to the layout and titles, with a great impact on the readers and the press. After the founding of the PRC the versions in the country were stopped, and only the Shanghai edition continued to publish, and was renamed *Xinmin Evening News* in 1958.

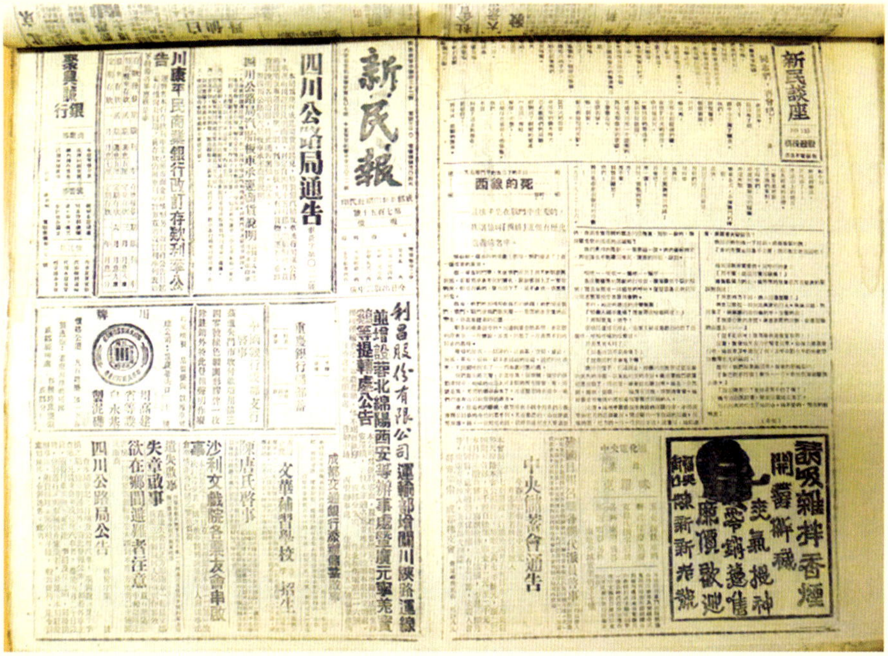

新民報

四川公路局通告

新民談座

(4) *West China Daily*

Founded on March 15, 1934 in Chengdu, at the beginning it was published as a folio, and then expanded to four quartos. The newspaper was founded by Liu Xiang, a local power, KMT Chuankang Suijing Office director. After Liu Xiang became Chairman of the Sichuan Provincial Government, the newspaper became an organ of the Sichuan Provincial Government. The newspaper, for a period of time, was a place of anti-Japanese propaganda, exposing the KMT as authoritarian. In May 1945 it was forced to stop publication. Then the KMT Central Propaganda Department appointed Liu Baixin as president, making the newspaper a KMT propaganda tool. In the spring of 1947, after Zhao Xingzhou took it over, with the help of the Communist Party's New Democratic Reading Group, it gradually made progress, reducing the number of current discussions, adding supplements, and using witty sarcasm to expose the dark rule of the KMT. In August 1949, on the eve of the final liberation of Sichuan, the newspaper stopped publication.

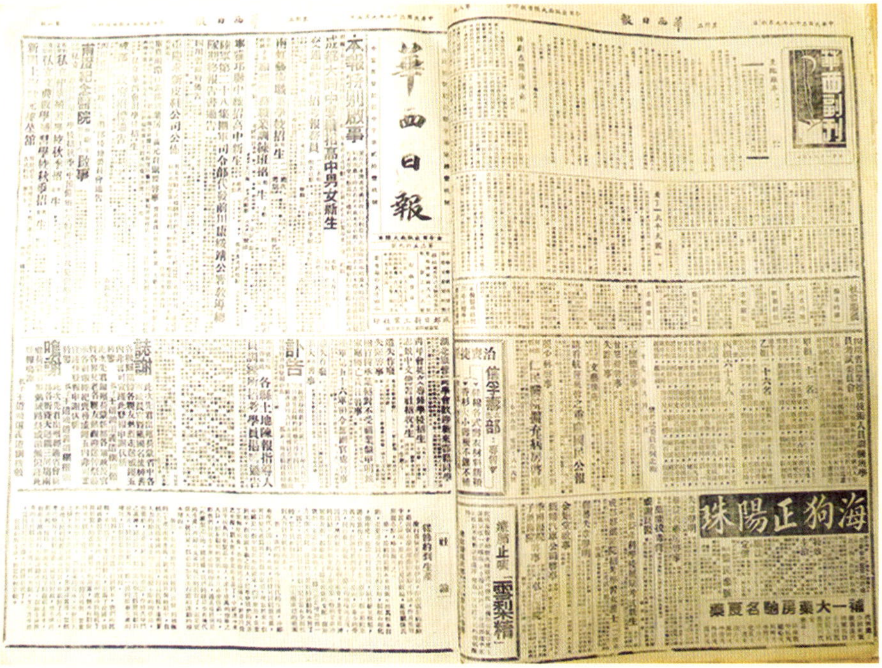
華西日報

本報特別啟事

海狗正陽珠

(5) *The Party Army Daily*

Originally founded in June 1931 in Nanjing, on January 1, 1939, the newspaper moved to Chengdu, as the KMT Central Military organ. After the outbreak of the Anti-Japanese War it moved westward with the school, published once in Tongliang and other places, then moved to Chengdu and began to release to society. At the beginning the newspaper had two layouts respectively for the big-sheet and small-sheet publications, and after a year developed into a broadsheet only publication. In addition to editorials and messages, the newspaper also set a comprehensive literary supplement called *Blood Flowers* and many other special issues. On July 10, 1945 it was renamed *Huangpu Daily*, and the address was No. 143 Jianghan Road. The first, second and third places of business were set on Ci'tang Street, Chunxi Road and Dongda Street. Deng Wenyi, Director of the Political Department was appointed as the president. The newspaper stopped publication on the eve of the liberation of Chengdu.

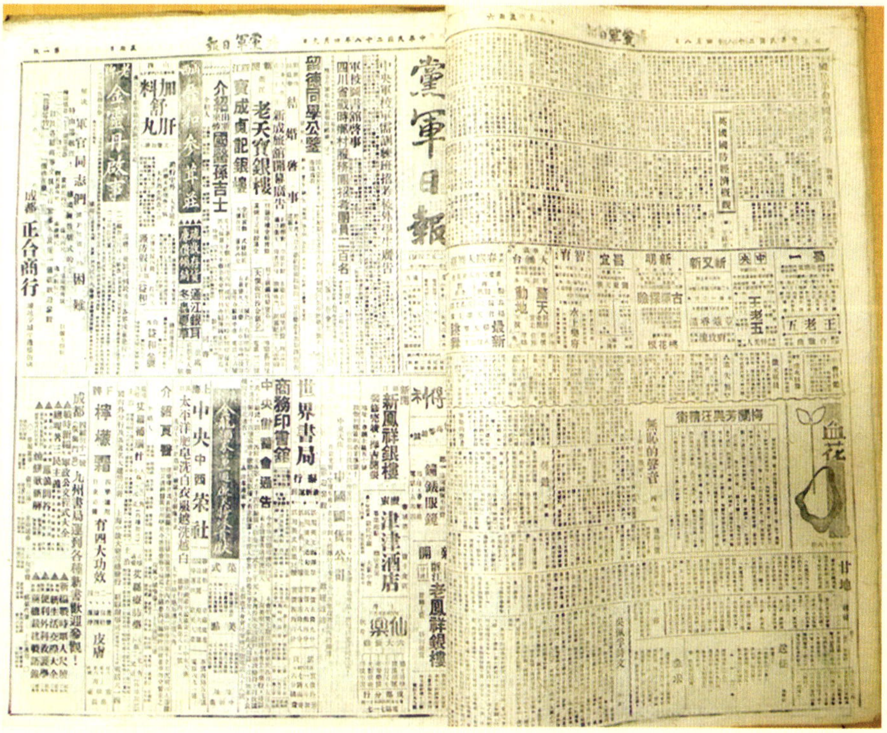

黨軍日報

血花

(6) *National Gazette*

Founded on April 22, 1912 in Chengdu, the newspaper was an early private newspaper in Sichuan, merging *Chinese National Newspaper* and *Sichuan Gazette.* On January 23, 1915, due to the disclosure of Yuan Shikai cronies to Sichuan, the newspaper was closed down by the Provost Marshal Department for the reason that it was "shaking the morale of the army". On August 4 of the same year, it resumed publication, chaired by Li Chengbo. On May 1, 1935 it stopped publication. The newspaper lasted 24 years, with a total of 7, 925 issues.

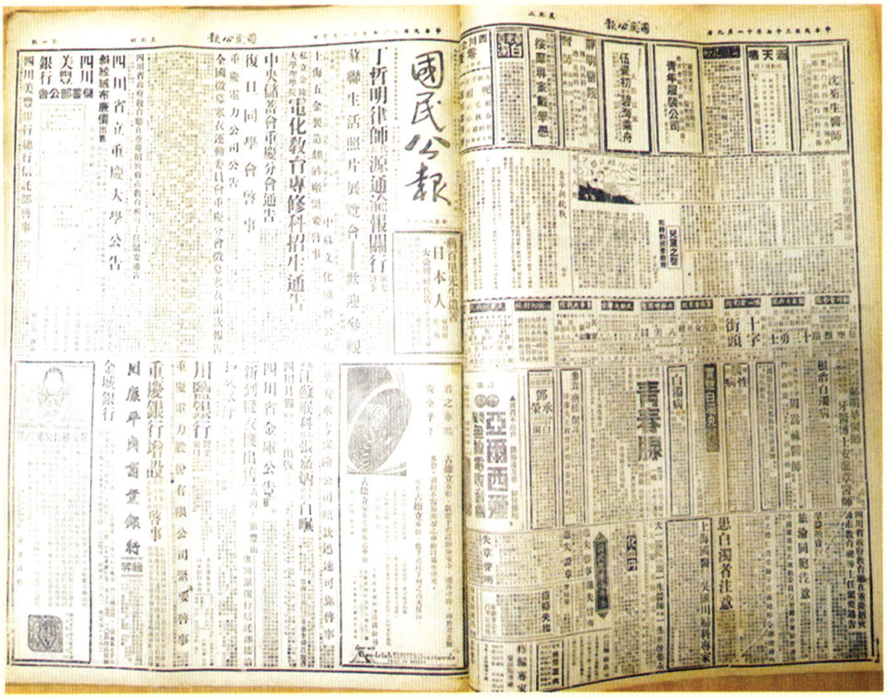
國民公報

Section 3

Local Literature

1. *The General Situation of Chengdu*

This book was written on the eve of the liberation of Chengdu by Communist Party organizations. Detailed information covering the administration of Chengdu, community groups, important industry, utilities, finance, trade, tax policy, education, agriculture and irrigation, and culture at the time was provided, reflecting the complete political, economic and cultural situation of Chengdu, being of great historical value.

2. *Selected Cultural and Historical Data of Chengdu*

This book chronicles Chengdu's politics, economy, culture, history and other facts, providing an authentic and comprehensive historical series, with a high value to historical researchers. The book was edited by Chengdu CPPCC Literature and History Learning Department and published by Sichuan People's Press.

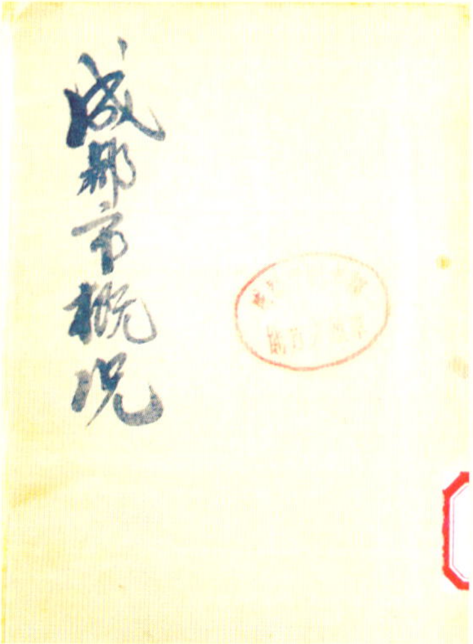

3. *Chengdu Streets Chorography*

This book selectively describes the old streets that existed before the establishment of the PRC and with certain cultural connotations. Using Chengdu rivers and bridges as the narrative framework, through the introduction of different streets, the book describes the history and culture of Chengdu, which is an essential book to understand the city of Chengdu. This book was published by Sichuan Education Publishing House.

4. *General History of Chengdu*

This book is the first general history since the founding of Chengdu 2,300 years ago. The book has seven volumes, divided into the Shu Period, the Qin, Han, Three Kingdoms (Shu) Period, the Sui, Northern and Southern Dynasties Period, the Five Dynasties (Former and Latter Shu), Song Dynasty Period, the Yuan and Ming Period and the Qing Dynasty Period, the Republic of China Period, and each period constitutes a volume. The book has a total of 3.357 million words. *General History of Chengdu* is divided into three parts: "Overview", "Special subjects" and "Events", which cover Chengdu's economic, political, cultural and social evolution and development, focusing on the basic outline for the development of urban civilization. *General History of Chengdu* focuses on the history of the development of Chengdu city, but is not limited to it: it is the evolution of the history of the contemporary rural and urban civilization of Chengdu. The book was compiled by the Chengdu Academy of Social Organization, and published by Sichuan People's Press.

5. *Chengdu Overview*

Early in 1909 – 1910 it was published in several volumes by *Popular Newspaper* in Chengdu. It featured detailed history, with illustrations, depicting the climate, rivers, streets, towns, schools, businesses, agriculture, local specialties, postal services, monuments, landmarks, customs, and even folk language, songs, and so on of Chengdu during the late Qing Dynasty, which is a precious historical record for social studies of Chengdu in the late Qing Dynasty. It has been reprinted several times in recent years, and this is the 2014 version by Sichuan Tiandi Press.

6. *Historical Sites of Chengdu City*

Chengdu was one of the first batch of national historical and cultural cities identified by the State Council, and this book constitutes a systematical research and discussion about the development and change of Chengdu over two thousand years, from 310 BC to 1949 AD, which provides important reference materials for historical research on Chengdu. It was compiled by Sichuan Province Literary History, and published by Chengdu Times Press in 2006.

7. *Brief History of Sichuan Opera*

The book divides Sichuan Opera's history into incubation period, infancy period, growth period, development period, prosperity period, change period, revival period and decline period. It combines the special relationship of Sichuan arts heritage, that is to say, its own internal laws of development, with economy, politics, folklore, and culture within a certain period of time, describing Sichuan Opera predecessors' hard experiences and the vicissitudes of Sichuan Opera. The book was published in 1997 by Sichuan Tiandi Press.

8. *Chengdu in Li Jieren's Eyes*

Old Chengdu spokesperson, Mr. Li Jieren told the readers about Chengdu in his eyes from history, titles, dialects and more than twenty other aspects in this book. In 2001, to commemorate the contribution of the famous modern Chinese writer and translator Li Jieren to Chengdu culture, Zeng Zhizhong and You Deyan compiled the book, and it was published by Sichuan Literature and Art Publishing House. This is the reprinted version in 2007.

9. *Chengdu Poetry Overview*

This book is a collection of chant poetry for Chengdu from refined scholars. The works can be traced from ancient times to 1949 AD. It is also a reference book for retrieving information about different categories of Chengdu poetry, and contains more than 2, 000 poems, aiming to prove history through poetry, and explain poetry by history, so that poetry and history can enlighten and embrace each other. The book can be appreciated, and referenced by historians, folklorists, sociologists, poets, teachers and students, as well as readers who love Chengdu. It was published by Huaxia Press in 2008.

10. *Collection of Chengdu Folklore*

This book is a collection of outstanding oral folk stories in Chengdu covering thousands of years, with a total of 850 folktales, 759 folk songs, and over 1, 600 proverbs, with a total of about 1. 7 million words. Chen Haodong is the chief editor, and the book was published by Sichuan People's Press in 1991.

11. *Chengdu Dialect*

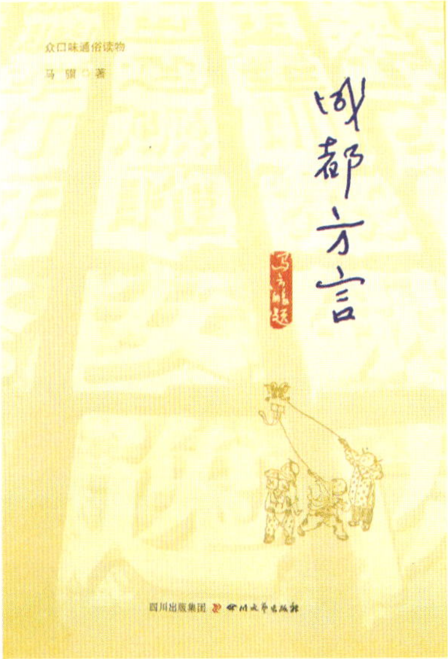

The book is a collection of traditional Chengdu dialect and modern dialect after years of the author's collecting and sorting. In content and vocabulary, it has surpassed all the previous books on Sichuan dialect. Thoroughly choreographed, it is easy to search for items, which helps readers who love Chengdu dialect to learn. The author is Ma Ji, and it was published by Sichuan Literature and Art Publishing House in 2012.

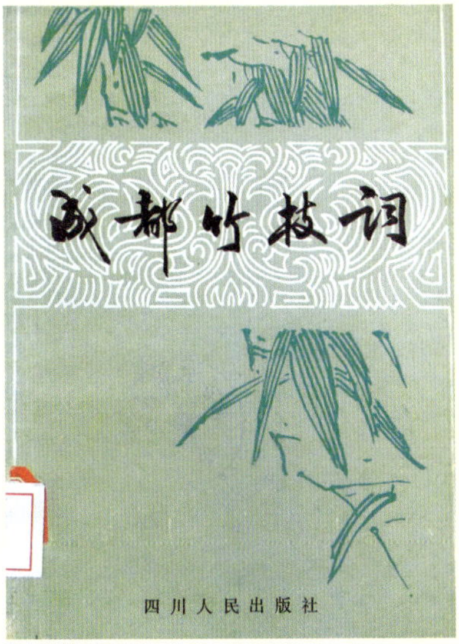

12. *Chengdu Zhuzhi Lyrics*

Zhuzhi lyrics were a type of folk lyrics used in the Bashu region in the Tang dynasty. It is a kind of folk song, full of the beauty of rhythm and melody, and it can be performed as solo, duet, chorus and other forms. This book is a total set of quite detailed Chengdu Zhuzhi lyrics featuring "full" and "true". Readers can have a glimpse of Chengdu custom's development over the centuries. It was edited by Yang Xie and published by Sichuan People's Press in 1982.

13. *Sichuan Cultural Celebrities of Different Dynasties*

Bashu region is a glorious place. In this land, there have been many famous people with outstanding contributions, who have left us plenty of great cultural heritage. This book describes the main activities of ancient Sichuan's famous writers and artists, showing the important remaining sites from their lives. This book was written by Yuan Tingdong and Zhang Zhilie, and published by Sichuan People's Press in 1985.

Section 4

Manuscripts of Celebrities

1. *To the Base of the Tree*, *Untitled Set* by Ba Jin

Ba Jin (1904 -2005) was from Chengdu, Sichuan Province, but his family originated from Jiaxing, Zhejiang Province. Formerly known as Li Yaotang, a modern writer, publisher and translator, Ba Jin is known as one of the most influential writers since the May 4th New Culture Movement. He was also an outstanding Chinese literary master of the 20th century and a contemporary Chinese literary giant. His master works are as follows: "The Torrent Trilogy": *Home*, *Spring*, *Autumn*; "The Love Trilogy": *Fog*, *Rain*, *Electricity*. Manuscripts like *To The Tree Base*, *Untitled Set* are the postscripts for his prose works *Random Thoughts*. The manuscripts were given as a present by Ba Jin when Chengdu Pubic Library staff went to visit him in the 1980s.

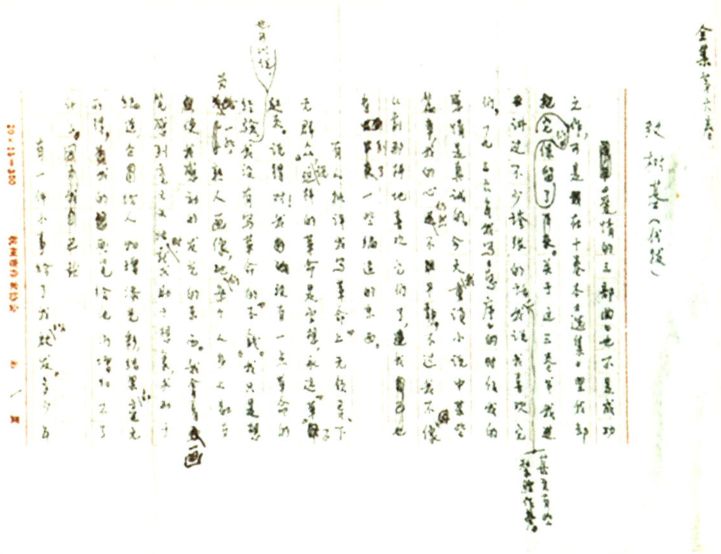

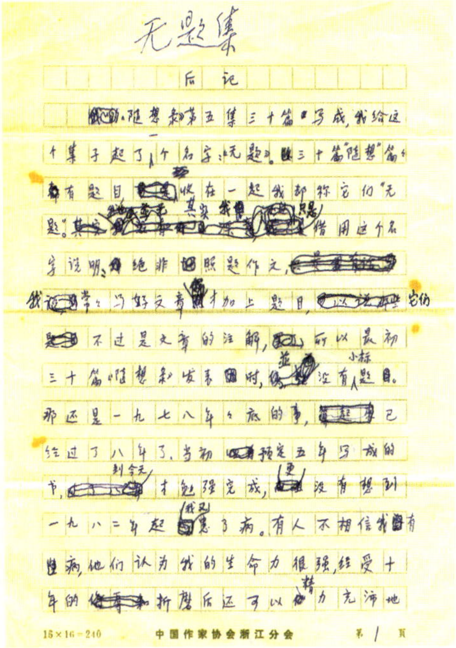
无题集
后记
16×16=240 中国作家协会浙江分会

2. *A Playing Style* (*a suite of poems*) by Shu Ting

Shu Ting (1952 –), whose family originates in Quanzhou, Fujian Province, is a famous contemporary poetess. She became famous in Chinese poetry in the late 1970s, and she is a representative figure of hazy poetry. Her masterworks are as follows: the poetry anthologies *Brigantine*, *Flower-de-luce That Can Sing*, *Archaeopteryx*, prose works *Mist in Heart* and so on. The manuscripts are a group of lyrical poetry according to her experiences during a short residence in San Francisco, written in a hazy style.

The following famous manuscripts mostly are donations from *Star Poetry* or *Young Writers* to Chengdu Pubic Library, so commonly there are annotations on the manuscripts.

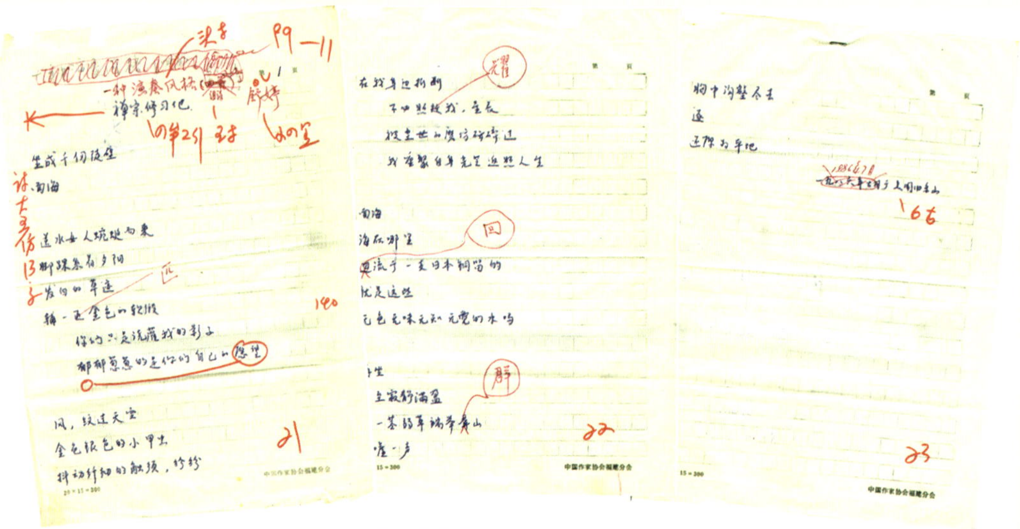

3. *Back to Xinjiang* by Wang Meng

Wang Meng (1934 –), from Nanpi, Hebei Province, is a contemporary writer and scholar. He is one of the most creative contemporary writers who remain creative, and served as the Minister of Culture, vice president of China Writers Association. His representatives are *Long Live Youth* and so on. His works reflect the history of the Chinese people on the bumpy road ahead. These manuscripts are a poem written by Wang Meng when he returned to Xinjiang. Wang Meng had been working for many years in Xinjiang, and the poem expressed his love for Xinjiang.

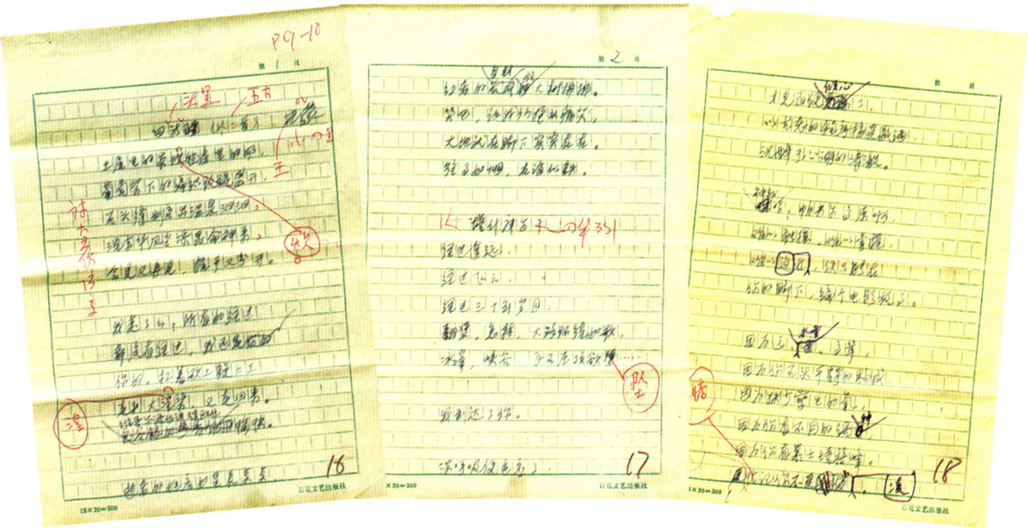

4. *Needs and Possibilities* by Zhou Keqin

Zhou Keqin (1936 –1990), from Jianyang, Sichuan Province, is a contemporary writer. He is familiar with the peasants, and his works mostly reflect rural life. In 1979 he published the novel *Xu Mao and His Daughters*, which is the deep reflection of rural life in the "Cultural Revolution". This novel was adapted into film, TV play and drama, and thus won the first Mao Dun Literature Award. The representative works of Zhou Keqin are *The Shi Brothers and Sisters*, *Xu Mao and His Daughters*, *Autumn Confusion* and so on. The manuscripts show Zhou Keqin's thoughts and reflections on the creation of novels, which is full of life experience.

5. *How to Face Wilderness* by A Lai

A Lai (1959 –), a contemporary writer, is the winner of the fifth Mao Dun Literature Award, President of Sichuan Province Writers Association, as well as vice president of China Writers Association. In 1982 he started writing poetry, and in the late 1980s he turned to fiction writing. His novel *Settled* won the fifth Mao Dun Literature Award in 2000. His representative works are poetry anthology *Lengmo River*, novel collections *Blood of The Old Year* and *Silversmith Under the Moonlight*, novels *Settled* and *Empty Mountain*. The manuscripts are descriptions and praise of natural scenery on the Tibetan plateau. The poetry is not long, but ethereal and vigorous.

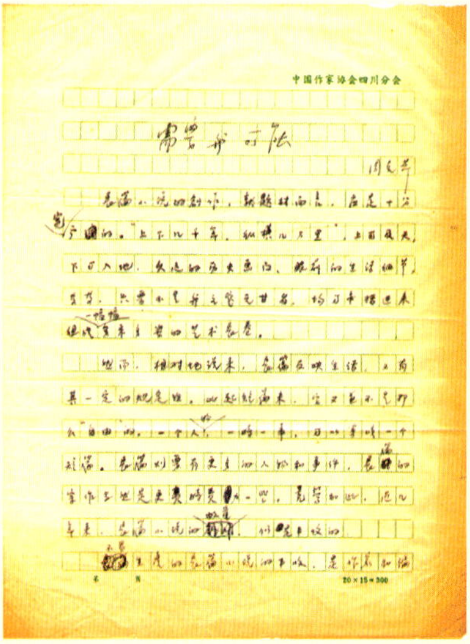

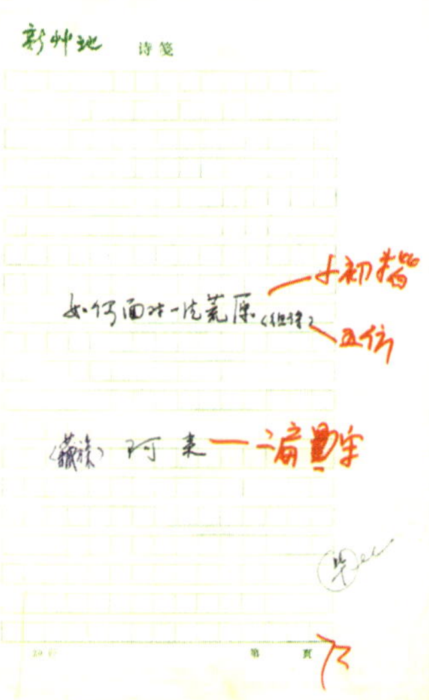

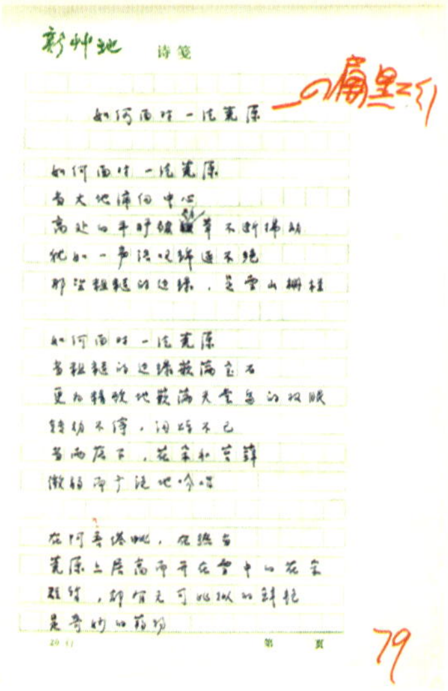

6. *Variegated Landscape* by Lei Shuyan

Lei Shuyan (1942 – 2013), from Jingyang, Shaanxi Province, was a contemporary poet and writer, and former deputy editor of *Poetry*, executive vice president of Lu Xun Literature Institute, a member of National Committee of China Writers Association. He won various literary awards, and a number of his poems were translated into foreign languages and published abroad. His representative works are poetry anthologies *The Grass Singing*, *Parents River*, *Riding the Dust*, *Passion Days*, and prose collections *Xuanchang Grass*, *Autumn* and so on. The manuscripts are a suite of poems, expressing the author's love of nature.

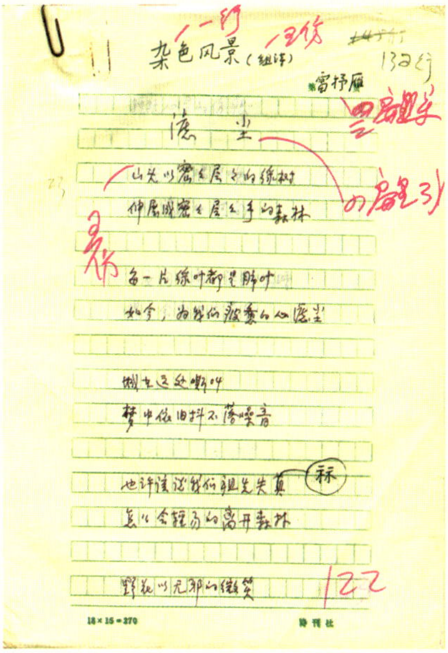
杂色风景（组诗）
雷抒雁
落尘
18×15=270
诗刊社

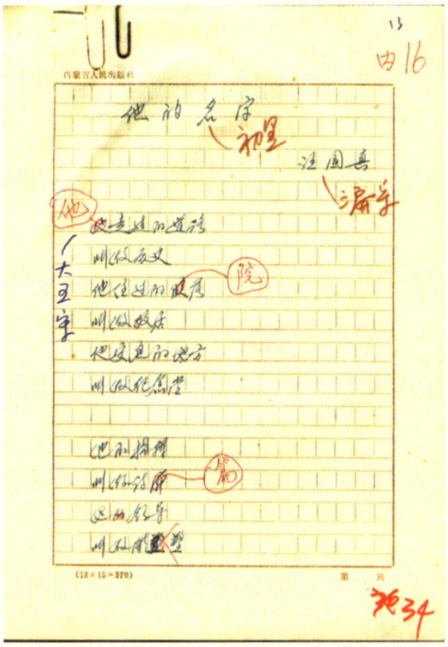
内蒙古人民出版社
他的名字
汪国真
(18×15=270)

7. *His Name* by Wang Guozhen

Wang Guozhen (1956 – 2015) graduated from Department of Chinese, Jinan University, and he was a contemporary poet. He was the former deputy director of the editorial department of *China Art Yearbook*, the columnist of *Liaoning Youth*, *China Youth*, and *Girlfriend*. He began writing poetry in 1985, and his first collection of poems was published in 1990 as *The Young Tide*. He was popular in the 1990s, and "Married with Happiness" and "Love of Life" were the most popular. Wang Guozhen's manuscripts are unique in his personal style: the poetry is short, but full of philosophy and reveries.

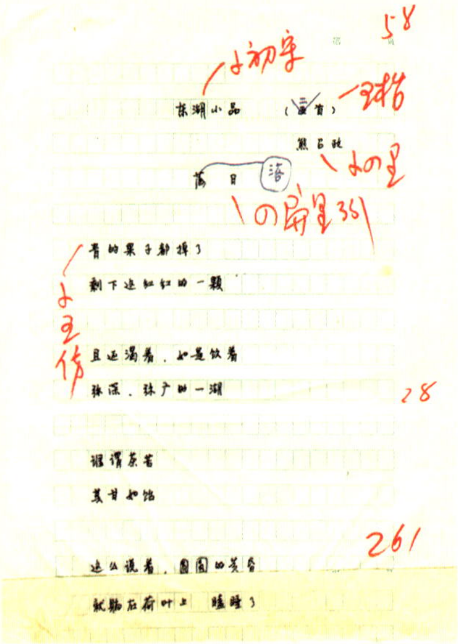

8. *East Lake* by Xiong Zhaozheng

Xiong Zhaozheng (1953 –), from Yingshan, Hubei Province, is a contemporary poet and writer. He was the vice president of Writers Association of Hubei Province, and is now a member of National Committee of China Writers, Chairman of Literature Federation of Hubei Province. His representative works include novels *Zhong Wang*, *Plum Key*, poetry anthologies *In the Mountains*, *Singing for Girls*, *Song of the South*, *Cherry on the Desert*, *Magic Bottle*, prose collections *Chan Tour*, *Shepherd Boy by the Stream*, reportage *Sun Family*, documentary literature *Oriental Prince Kung Fu* and so on. The manuscripts show Xiong Zhaozheng's short poem about East Lake, which is simple and beautiful.

9. *A Wave* by Liu Zhanqiu

Liu Zhan Qiu (1935—), from Wuhu, Anhui Province, is a famous contemporary poet, translator and critic. He is former deputy editor of *Poetry*, vice president of Chinese Prose Poetry Society, known as "King of lyrics". His representative works are 22 poem anthologies such as *Life Joy*, *Untitled Lyrics*, *People*, *Love*, *Landscape*, *Distant Guitar*, *Melody of Lyrics*, some of which were translated into English, French, Japanese, German, Italian, Russian, Spanish, Korean, and many other languages. "*Rain's Four Seasons*, *Just Find a Seat for Himself*" and other prose were selected into primary and secondary language textbooks and reading materials. The manuscripts are a farewell to his daughter studying in the United States with a total of three poems, expressing the author's love for his daughter.

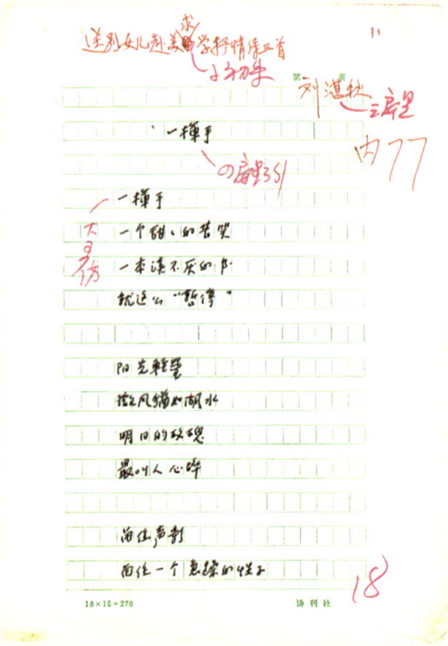

10. *Communication on Landscape Poetry—from Tu'an to Yan Ming* by Tu'an

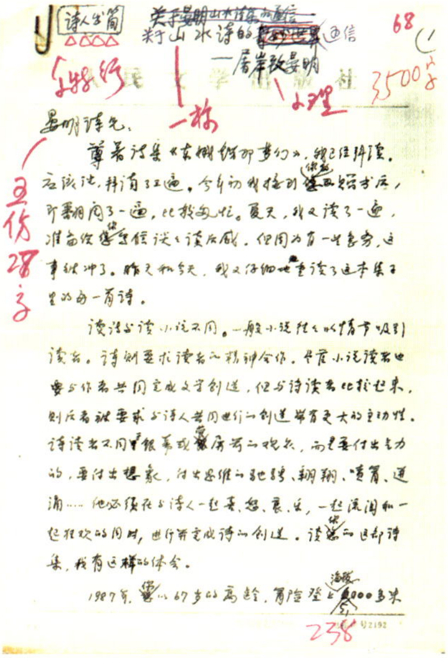

Tu'an (1923 –) is a literary translator, writer and editor from Changzhou City, Jiangsu Province. He was the former managing editor and editorial director of *Theatre News*, and editor in chief of People's Literature Publishing House. He translated and published *Shakespeare Sonnets*, *Poetry Workers in the Soviet Union*, and Yugoslav playwright Nusic's play *The Minister's Wife*. The manuscript was a book review after reading Yan Ming's *Dong'e Cuona Dream*, focusing on the writing of landscape poetry.

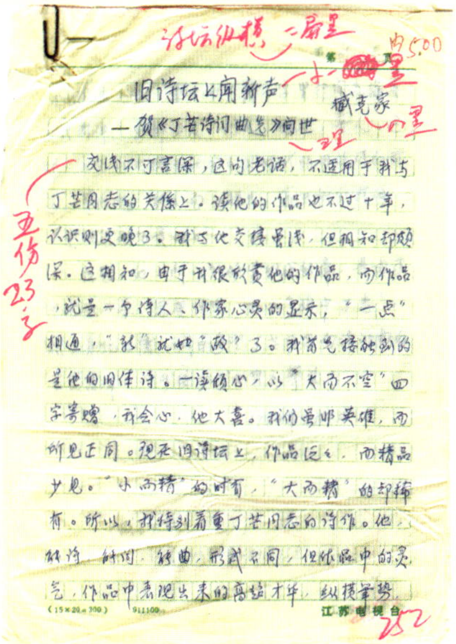

11. *Hear the New Sound* by Zang Kejia

Zang Kejia (1905 – 2004), from Weifang City, Shandong Province, was an excellent student of the poet Wen Yiduo, an outstanding poet, as well as a famous writer and editor. He served as the honorary vice chairman of China Writers Association, president of the Poetry Institute of China, honorary president of Mao Zedong's Poetry Association, and honorary president of China Society of Writing. His works won several awards, and had been translated into many languages, having a broad impact at home and abroad. The manuscripts are recommendation by Zang Kejia for the book selected works of *Ding Mang*, praising Ding Mang's talent in poetry.

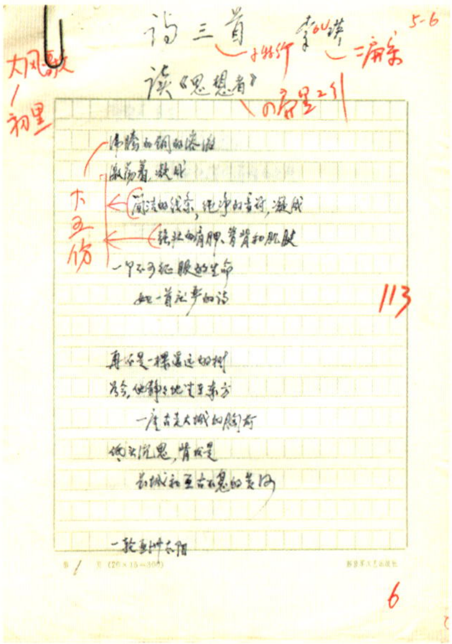
诗三首
读《思想者》

12. *Reading "The Thinker"* by Li Ying

Li Ying (1926 –) comes from Jinzhou, Liaoning Province. He served as a reporter, literary journal editor, head of Art Publishing House, the minister of Culture Department of the General Political Department, member of Presidium of China Writers Association, vice chairman of China Federation of Literary and Art Circles. Now he serves as the honorary member of China Federation of Literature and Art Circles and China Writers Association, vice president of China Society of Poetry and member of editorial board of *Poetry*. His representative works include poetry anthologies *Shichengdi Qingmiao*, *Gun*, *I Am Proud That I Am a Tree*, *Spring Smile*, *Life Is a Leaf*, *My China*, *Journey to America*, *Burning Battlefield*, poem *January Grief* and so on. The manuscripts are a poem after seeing the sculpture of Rodin "The Thinker", in a dignified and deep style.

13. *Inkstand* by Ouyang Jianghe

Ouyang Jianghe (1956 –), from Luzhou, Sichuan Province, is a famous poet. His writing philosophy has a great impact on Chinese poetry since the 1990s. His representative works include *Glass Factory*, *Love of the Planned Economy Era*, *Crossing the Square in the Evening*, *The Last Illusion*, *Listening and Talking in the Chair*, *Café*, *Snow*, *Glass through Words*, *Who Will Go and Who Will Stay*, *Tears of Things*, collection of commentaries *Standing by Fiction* and so on. The manuscripts continue the "Misty" style, and the expression is full of imagination and meticulous observation.

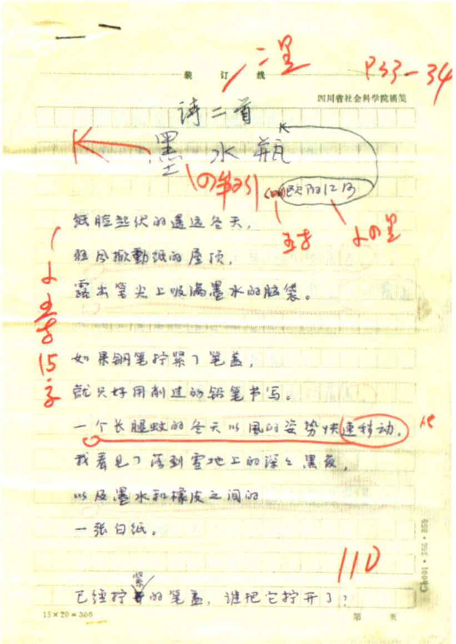
诗二首
墨水瓶

14. *Heart* by Zou Jingzhi

Zou Jingzhi (1952 –), from Nanchang, Jiangxi Province, is a contemporary poet, member of China Writers Association, editor of *Poetry*, and is called "China's No. 1 screenwriter". His representative works include *Piper*, *Earth*, *Legend of Liulichang*, *Emperor Kang Xi's Journey*, *Ji Xiaolan*, *Love Bible*, *Sophora Flower in May*, *Because of Love*, *Plain Shots*, *Clothes*, *Journey of the Juveniles* and so on. The manuscripts are early poems by Zou Jingzhi, with rich mood.

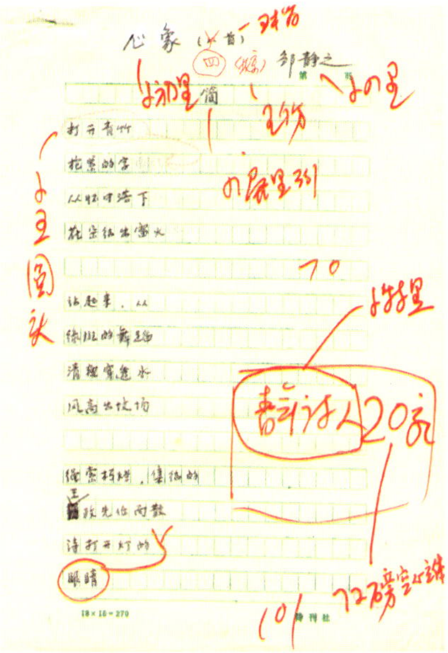

Section 5

Collection of Calligraphy and Painting

1. *Qiuxing Figure* by Xu Beihong

Xu Beihong (1895 – 1953), from Yixing, Jiangsu Province, was a modern painter and art educator. He was good at drawing people, animals, birds and flowers, advocating realism, emphasizing the painting reform and integration with Western painting techniques, focusing on the ideological content of the work, and had a great influence on the Chinese painting then. He was especially famous for drawing horses.

2. *Flowers and Insects* by Hu Youzeng

Hu Youzeng (1867 –1931), formerly known as Qi Quan, was from Chongzhou, Sichuan Province. In his early days, he studied with his older brother in Beijing, and studied hard by imitating famous paintings. After returning to Sichuan, he settled in Chengdu, making a living by painting. The restaurant name of former underground Communist Party member Che Yaoxian was written by Hu Youzeng. His paintings are meticulous and vivid, and he was especially good at drawing insects in fall, and was also called "Nine Autumns Hu".

3. *The Sparrows* by Bi Lianzhou

Bi Lianzhou (1843—1938) had a deep knowledge of the art of painting. He permeated his own life experience in pen and ink, making his work full of life passion. In his life, he didn't chase for fame and did not attached to the powerful, and was a folk painter.

4. *Jinjie Gaofeng Figure* by Liang Youming

Liang Youming (1906 – 1984), from Shunde County, Guangdong Province, was a modern Chinese painter. Liang Youming and his twin brother Liang Zhongming learned watercolor, painting and drawing with their older brother Liang Dingming in an early age, and later joined the army. He edited some revolutionary periodicals.

5. *The Five Rats* by Zhai Daogang

Zhai Hao, also named as Zhai Daogang, was from Chengdu, Sichuan Province. He was a student of Zhang Daqian. His representative works are *Xiandong Yinju Figure* and so on.

6. *The Chrysanthemums* by Wu Lixian

Wu Lixian (1869 – 1938), also named as Shuben, was called Autumn Garden Farmer, etc. He was from Yangzhou and was good at painting figures, landscapes, flowers and birds, as well as poetry and carving. After middle age he mainly drew chrysanthemums, so he was called "Chrysanthemum Genius Wu". Wu Lixian was appreciated by Wang Yiting and sold paintings in Shanghai. Wu Lixian, together with Miu Guying and Xie Gongzhan, were called "the three Chrysanthemums of Shanghai".

7. *Ink Bamboos Fan*, *Chrysanthemums and Stones Fan*, *Moon and Plum Blossoms Fan* by Liu Ziqian

Liu Xiling (1848 - 1923), also named as Zi Qian, and Ziwen Jushi, was from Zhejiang and lived in Sichuan. In his old age, because of deafness, his signature on paintings was Deaf Person. Many paintings of Liu Xiling were selected as national and world museum collections. His work *Guihu Chunyan Figure* won the gold medal of the 1915 Panama Exposition.

8. *Fu Shou Mianchang Figure* by Shangguan Zhou

Shangguan Zhou (1665 –?) was from Changting Nanshan, Fujian Province. Formerly known as Shixian, later renamed as Zhou, he was a famous painter in the Qing Dynasty. He was good at poetry, calligraphy, seal cutting, and especially painting. His works include *Wanxiaotang Huazhuan*, *Qiaogui Figure*, *The God of Longevity*, *Su Wu Muyang Figure*. *Wanxiaotang Huanzhuan* is the most famous one. On the basis of accurate historical data and artistic ideas, he painted 120 figures, which has an impact on future generations.

9. *Magu Xianshou* by Wang Gongwu

Wang Gongwu, also called Jieqing, was from Gushi, Henan Province. In 1860 he successfully became a scholar. He was a painter, and was especially good at painting dragons, landscapes, flowers, people and ladies. In 1868 he was appointed as magistrate of Ba County, in 1874 he was appointed as magistrate of Fushun County, in 1880 he was appointed as magistrate of Guan County, and in 1882 he was appointed as magistrate of Jiangjin County.

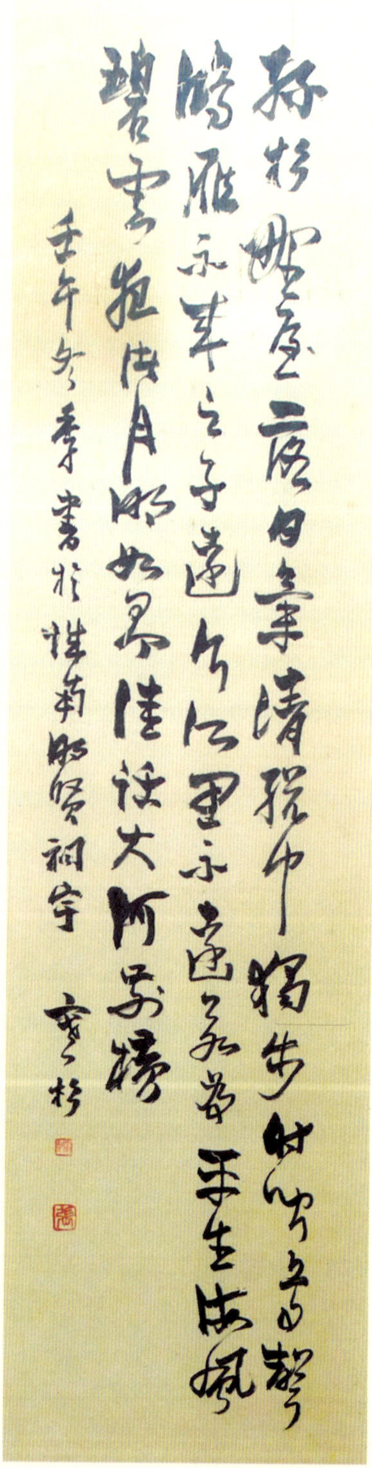

10. *Xingshu Shiwenzhou* by Zhang Hanshan

Zhang Hanshan (1880 – 1969), whose name was Jing, was also known as Zhongmin, Jinzhu Villager, Muji Sanren, Chuanyan'an Zhuren, Meiying Wanshu'an Zhuren. He was born in Guiyang. Zhang Hanshan was knowledgeable and good at poetry, calligraphy and painting. He participated in the Revolution of 1911. After the founding of PRC he went to Shaanxi and joined the Jiusan Society, served as deputy director of the Northwest History Studies, counselor of the Northwest Administrative Committee, representative of the Shaanxi Provincial People's Congress, standing committee member of the second and third CPPCC Committee of Shaanxi Province, etc.

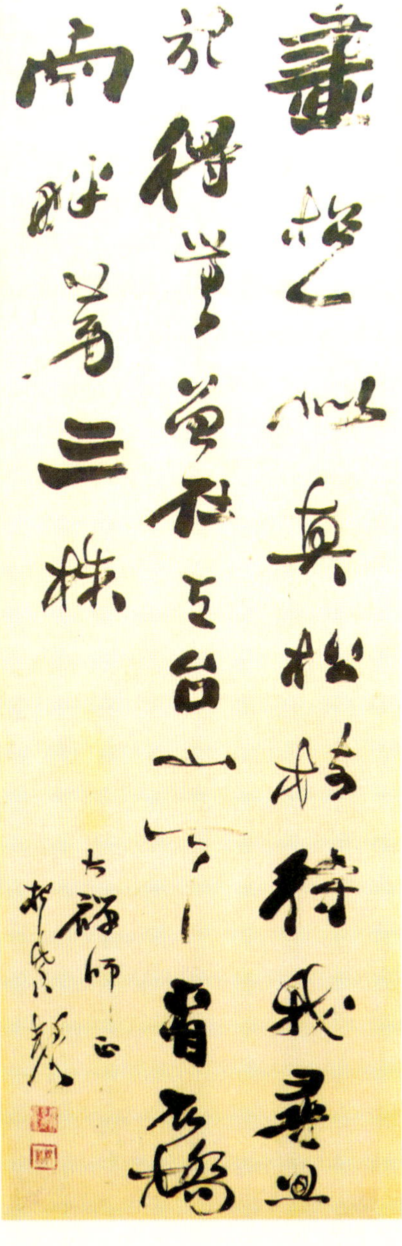

11. *Xingshu Lun Huasongzhou* by Chen Ouke

Chen Ouke was from Chongqing, Sichuan Province. In 1897 he became a scholar. He was outgoing and good at drawing and writing. His calligraphy imitated Zhao Mengfu's style, which showed strength and beauty.

Section 6

Publications of Chengdu Pubic Library

1. *World Cultural and Natural Heritage of Sichuan Province Historical Literature Series* 26 Volumes

Compiled by Chengdu Pubic Library and relevant scholars from Sichuan University for a few years, the series contains a lot of rare literature and is the result of world heritage protection practice of Sichuan Province. The literature is divided into three categories: world cultural heritage, world natural heritage, and world cultural and natural heritage. (Shanghai Jiaotong University Press, 2012)

2. *Southwest China Geographic and Historical Periodicals* (47 Volume)

Southwest China Geographic and Historical Periodicals is a large series about regional history and geography literature. It is the initial results of the 2011 National Social Science Fund project "Research on the scientific expeditions in Yunnan, Guizhou, Sichuan by modern Westerners and their influence", as well as the results of Chengdu Library's 2013—2014 annual project. The periodicals have a comprehensive and systematic collection and collation of geographic literature about southwest China for the first time, in a total of more than 500 species, providing great convenience for people engaged in history and geography of southwest China. The periodicals attach great importance to collecting and collating rare geographic literature about southwest China, which is of great literature and historical value. (Bashu Publishing House, 2014)

3. *Siku Wencong*

Siku Wencong was founded by Chengdu Pubic Library to sum up all kinds of ancient and modern Chinese history literature. Articles related to bibliography, versions, collation, identification, textual research and other aspects were included. The series advocates simple style of study, providing an exchanging opportunity for scholars, and also arouses the attention of literature collecting and researching, providing a platform for sorting and researching published literature. The publication of *Siku Wencong* is irregular, and till now two volumes have been published. (Shanghai Jiaotong University Press, 2013, 2014)

4. *Union Catalog of Ancient Books in Chengdu*

Since 1995, Chengdu Pubic Library has organized professionals of the city's public libraries to record the ancient books collected by the city, district, and county libraries. After six years of efforts, the catalog was compiled, containing a total of 12, 310 kinds of ancient books, accounting for more than 300, 000 copies. The books were divided into Confucian classics, historical records, philosophical writings, miscellaneous works, and series. There are 1, 698 kinds of books in Confucian classics, 3, 231 kinds of books in historical records, 2, 794 kinds of books in philosophical writings, 4, 081 kinds of books in miscellaneous works and 506 kinds of books in series. There are also 857 kinds of rare books published before Song, Yuan, Ming and Qing Dynasties. The publication of this catalog fills the gap in union catalog of ancient books in Chengdu, providing a wealth of literature resources for the study of Chinese cultural heritage. (Sichuan University Press, 2004)

5. *Chengdu Pubic Library Rare Book Bibliography*

The bibliography collects 3, 711 books of 281 kinds of ancient books with great value in Chengdu Pubic Library since Qianlong Emperor period, Qing Dynasty. In the book, there are 556 Ming Dynasty engraved books in 51 kinds, 3, 106 Qing Dynasty engraved books in 215 kinds, 27 manuscripts in 6 kinds, and 22 old transcriptions in 9 kinds. The books were divided into Confucian classics, historical records, philosophical writings, miscellaneous works and series. The publication of the book fills the gap in catalog of good editions in Chengdu Pubic Library and provides convenience for readers to search for ancient books more efficiently. (Sichuan University Press, 2004)

6. *Sichuan Library and Chengdu Pubic Library: Collected Works of a Century*

The book was compiled by Chengdu Pubic Library and Sichuan Library at the 100th anniversary of Chengdu Pubic Library. Sichuan Library and Chengdu Pubic Library have the same origin. The authors of this book are the staff who had worked in Sichuan Library and Chengdu Pubic Library since 1912, and the book is a collection and collation of scholarly articles since the establishment of Chengdu Pubic Library. The book objectively reflects the status and development of Chengdu Pubic Library through the century. (Sichuan University Press, 2013)

Postscript

For the booming Chinese public libraries, the publication of "Series of China's City Libraries in the 21st Century" series is a big event to celebrate. In the 21st century, city libraries of China have developed rapidly. In the condition of buildings, the quality of librarians, the service mode, collection development, reading promotion and other aspects, libraries have implemented a lot of useful changes, and have become an important force for urban civilization development and the urban and rural public cultural service system.

Chengdu Pubic Library, founded in 1912, has a history of more than a hundred years, but in this long-term development process, it has not got a chance to give a comprehensive and objective summary and description of the historical changes and the current situation of the library from the height of the city's cultural image. This coincided with the "Series of China's City Libraries in the 21st Century" series soliciting contributions, so we have the rare opportunity to re-sort and review the history of Chengdu Pubic Library. Here, special thanks must be given to the planners, organizers and publishing units of the series, without whose hard work and labor, this series recording the development and changes of city libraries in China and gathering the efforts and wisdom of generations of library staff and scholars would not come out.

A library with a long history can reflect the history of the development of a city, and even a region. The library embodies the essence and soul of urban civilization. It is a sign and a memory of regional cultural heritage. In the process of constantly combing and supplementing Chengdu Library's century of history, we strongly felt the exemplary leading role of the library in the cultural evolution of an area. For China's public libraries, which are now in an important stage of cultural development, carefully summarizing and recording the history, experience and practice of city and library development has an important theoretical and practical significance for boosting the urban cultural development process, and enhancing the overall image of the library and promoting public cultural services.

This book is the collective wisdom of the writing group, and each writer has read a large amount of literature, summing up the practice over the years of work with great effort. Among them, Guo Xing was the chief editor of "Chengdu Culture and Chengdu Pubic Library" section, and Zhang Yi, Luo Ling, Xiao Jiaojiao, Zhang Yi, and Li Hongbo participated in the writing of this section; Zhang Yi was the chief editor of "The City Library and City Services" section, and Duan Jingyan, Yang Lizhi, Zhang Bai, Dai Ruixue, Liu Yingjie, Wang Chengjia, Guo Youke, Zhang Yi, Wu Yang, Xiao Jiaojiao, Yu Tao, Wang Jing, and Liu Xi participated in the writing of this section; and Zhang Bai was the chief editor of "Library Resource System and Documents" section, Liu Yingjie, Dai Ruixue, Zhang Yi, Guo Youke, Tu Yingge, Xiao Jiaojiao, Peng Yicheng, and Liu Wei participated in the writing of this section. Xiao Ping was responsible for modifications, and Zhang Yi and Zhang Yi were responsible for pictures, refereeing and proofreading.

In the writing and reviewing process, we had received great support from Professor Xu Jianhua of the Department of Information Resource Management, Nankai University, Wang Zongyi, the research librarian of Shanghai Library, and Wang Yunshi, deputy director of Tianjin University Press, especially Wang Zongyi, who was hardworking with carefulness in reviewing and revising the whole book and made many valuable comments and suggestions so that the logic and the writing could be rigorous and perfected.

In the process of compiling the book, we had in-depth exchanges with the other libraries in the series and learned from each other, gaining a lot of valuable experience. The whole compiling team put a lot of effort into it, and with sincere cooperation, ensured the timely completion of the book. Here we express our heartfelt gratitude for their hard work!

This book is mainly based on our current literature and practices, and biases are inevitable. Besides, the content covers a wide range, so mistakes and shortcomings are inevitable. Reader's criticism is welcome!

Note: Copywriters of certain pictures we failed to contact, so please contact Chengdu Pubic Library after seeing this book so that we can give you a small reward for your work.